呼伦贝尔学院民族学研究系列丛书

现代教育技术教学应用研究

萨仁高娃◎著

中央民族大学出版社

图书在版编目（CIP）数据

现代教育技术教学应用研究：蒙古文 / 萨仁高娃著 .-- 北京：中央民族大学出版社，2021.12

ISBN 978-7-5660-1605-8

Ⅰ . ①现… Ⅱ . ①萨… Ⅲ . ①教育技术学—教学研究—蒙古语（中国少数民族语言） Ⅳ . ① G40-057

中国版本图书馆 CIP 数据核字（2019）第 277316 号

现代教育技术教学应用研究

著　　者　萨仁高娃
责任编辑　满福玺
特邀编辑　青格勒图
责任校对　特木尔巴根
封面设计　汤建军
出版发行　中央民族大学出版社
　　　　　北京市海淀区中关村南大街 27 号　　邮编：100081
　　　　　电话：（010）68472815（发行部）（010）68932218（总编室）
　　　　　传真：（010）68932751（发行部）（010）68932447（办公室）
经 销 者　全国各地新华书店
印 刷 者　北京鑫宇图源印刷科技有限公司
开　　本　787×1092　1/16　印张：14.5
字　　数　250 千字
版　　次　2021 年 12 月第 1 版　2021 年 12 月第 1 次印刷
书　　号　ISBN 978-7-5660-1605-8
定　　价　82.00 元

ᠤᠷᠢᠳᠤ ᠦᠭᠡ

[illegible] 《 [illegible] 》(2010 — 2020) [illegible] 2010 [illegible] 1985 [illegible] 20 [illegible]

[illegible]

[illegible]

[illegible] 2001 [illegible] 2000 [illegible]

[illegible] 2001 [illegible]

ᠭᠠᠷᠴᠠᠭ

[illegible]

1994 ᠣᠨ ᠳᠤ ᠠᠮᠧᠷᠢᠺᠠ ᠶᠢᠨ ᠰᠤᠷᠭᠠᠨ ᠬᠦᠮᠦᠵᠢᠯ ᠦᠨ ᠬᠠᠷᠢᠯᠴᠠᠭ᠎ᠠ ᠪᠠ ᠬᠠᠷᠢᠯᠴᠠᠭ᠎ᠠ ᠲᠧᠭᠨᠢᠭ ᠦᠨ ᠨᠡᠶᠢᠭᠡᠮᠯᠢᠭ (ᠬᠣᠯᠪᠣᠭᠠᠯᠠᠭᠰᠠᠨ AECT ᠭᠡᠬᠦ) ᠶᠢ ᠬᠡᠯᠡᠨ

[illegible]

[illegible]

[illegible]

[illegible]

2. [illegible] ::

[illegible] 20 [illegible] (Frederic Burk) [illegible] 1912 [illegible] 1913 [illegible] ::

[illegible] (Johann Amos Comenius) [illegible] ::

1. [illegible]

([illegible]) [illegible]

[illegible] ::

[illegible]

ᠵᠠᠰᠠᠭᠳᠠᠪᠠ ᠶᠢ ᠬᠡᠷᠡᠭᠵᠢᠭᠦᠯᠬᠦ ᠨᠢᠭᠡ ᠪᠣᠯᠪᠠ ᠃ ᠲᠡᠭᠡᠬᠦ ᠪᠡᠷ ᠪᠠᠭᠰᠢ ᠨᠠᠷ ᠤᠨ ᠺᠣᠮᠫᠢᠦ᠋ᠲ᠋ᠧᠷ ᠦᠨ ᠲᠤᠰᠠᠯᠠᠮᠵᠢᠲᠤ ᠰᠤᠷᠭᠠᠨ ᠬᠦᠮᠦᠵᠢᠯ ᠦᠨ ᠰᠤᠳᠤᠯᠭ᠎ᠠ ᠶᠢ ᠺᠣᠮᠫᠢᠦ᠋ᠲ᠋ᠧᠷ ᠦᠨ ᠲᠤᠰᠠᠯᠠᠮᠵᠢᠲᠤ ᠰᠤᠷᠭᠠᠨ ᠬᠦᠮᠦᠵᠢᠯ ᠦᠨ ᠣᠨᠣᠯ ᠤᠨ ᠰᠠᠭᠤᠷᠢ ᠶᠢ ᠬᠡᠷᠡᠭᠵᠢᠭᠦᠯᠬᠦ ᠳᠤ ᠬᠦᠷᠬᠡᠵᠦ ᠪᠣᠯᠤᠨ᠎ᠠ ᠃ ᠲᠡᠭᠡᠬᠦ ᠪᠡᠷ ᠬᠦᠮᠦᠵᠢᠯ ᠦᠨ ᠰᠤᠳᠤᠯᠭ᠎ᠠ ᠶᠢ ᠺᠣᠮᠫᠢᠦ᠋ᠲ᠋ᠧᠷ ᠦᠨ ᠲᠤᠰᠠᠯᠠᠮᠵᠢᠲᠤ ᠰᠤᠷᠭᠠᠨ ᠬᠦᠮᠦᠵᠢᠯ ᠦᠨ ᠬᠡᠷᠡᠭᠵᠢᠭᠦᠯᠦᠯᠲᠡ ᠶᠢᠨ ᠪᠣᠳᠤᠲᠤ ᠠᠵᠢᠯ ᠳᠤ ᠬᠡᠷᠡᠭᠯᠡᠬᠦ ᠳᠤ ᠰᠤᠷᠭᠠᠨ ᠬᠦᠮᠦᠵᠢᠯ ᠦᠨ ᠰᠠᠨᠠᠭ᠎ᠠ ᠰᠡᠳᠬᠢᠯ ᠦᠨ ᠰᠤᠳᠤᠯᠭ᠎ᠠ ᠶᠢ ᠬᠠᠮᠤᠷᠤᠭᠰᠠᠨ ᠪᠤᠢ ᠃ ᠰᠤᠷᠭᠠᠨ ᠬᠦᠮᠦᠵᠢᠯ ᠦᠨ ᠰᠠᠨᠠᠭ᠎ᠠ ᠰᠡᠳᠬᠢᠯ ᠦᠨ ᠰᠤᠳᠤᠯᠭ᠎ᠠ ᠪᠣᠯ ᠰᠤᠷᠤᠯᠴᠠᠭᠴᠢ ᠶᠢᠨ ᠰᠤᠷᠤᠯᠴᠠᠬᠤ ᠶᠠᠪᠤᠴᠠ ᠶᠢ ᠳᠠᠭᠠᠨ ᠰᠤᠳᠤᠯᠵᠤ ᠂ ᠰᠤᠷᠭᠠᠨ ᠬᠦᠮᠦᠵᠢᠯ ᠦᠨ ᠠᠵᠢᠯ ᠤᠨ ᠪᠦᠬᠦ ᠯᠢᠭ ᠰᠢᠯᠳᠠᠭᠠᠨ ᠢ ᠬᠠᠮᠤᠷᠤᠨ᠎ᠠ ᠃

3. ᠬᠦᠮᠦᠵᠢᠯ ᠦᠨ ᠰᠤᠳᠤᠯᠭ᠎ᠠ ᠂ ᠫᠷᠣᠭ᠌ᠷᠠᠮ ᠤᠨ ᠰᠤᠷᠭᠠᠯᠲᠠ ᠬᠢᠭᠡᠳ ᠺᠣᠮᠫᠢᠦ᠋ᠲ᠋ᠧᠷ ᠦᠨ ᠲᠤᠰᠠᠯᠠᠮᠵᠢᠲᠤ ᠰᠤᠷᠭᠠᠨ ᠬᠦᠮᠦᠵᠢᠯ ᠦᠨ ᠬᠠᠷᠢᠯᠴᠠᠭ᠎ᠠ ᠪᠠ ᠬᠦᠮᠦᠵᠢᠯ ᠦᠨ ᠰᠤᠳᠤᠯᠭ᠎ᠠ ᠪᠣᠯ ᠺᠣᠮᠫᠢᠦ᠋ᠲ᠋ᠧᠷ ᠦᠨ ᠲᠤᠰᠠᠯᠠᠮᠵᠢᠲᠤ ᠰᠤᠷᠭᠠᠨ ᠬᠦᠮᠦᠵᠢᠯ ᠦᠨ ᠬᠦᠭᠵᠢᠯ ᠦᠨ ᠲᠡᠭᠦᠬᠡᠨ ᠳᠦ ᠴᠢᠬᠤᠯᠠ ᠨᠥᠯᠦᠭᠡ ᠦᠵᠡᠭᠦᠯᠵᠡᠢ ᠃ ᠬᠦᠮᠦᠵᠢᠯ ᠦᠨ ᠰᠤᠳᠤᠯᠭ᠎ᠠ ᠶᠢᠨ ᠰᠤᠷᠭᠠᠨ ᠬᠦᠮᠦᠵᠢᠯ ᠳᠦ ᠬᠡᠷᠡᠭᠯᠡᠭᠳᠡᠬᠦ ᠨᠢ ᠰᠤᠷᠭᠠᠯᠲᠠ ᠶᠢᠨ ᠮᠠᠰᠢᠨ ᠪᠣᠯᠤᠨ ᠫᠷᠣᠭ᠌ᠷᠠᠮ ᠤᠨ ᠰᠤᠷᠭᠠᠯᠲᠠ ᠠᠴᠠ ᠡᠬᠢᠯᠡᠯᠲᠡᠢ ᠃ ᠫᠷᠣᠭ᠌ᠷᠠᠮ ᠤᠨ ᠰᠤᠷᠭᠠᠯᠲᠠ ᠶᠢᠨ ᠰᠠᠨᠠᠭ᠎ᠠ ᠪᠣᠯ ᠠᠩᠭ᠎ᠠ ᠶᠢᠨ 《 ᠰᠤᠷᠭᠠᠯᠲᠠ ᠶᠢᠨ ᠮᠠᠰᠢᠨ 》 ᠤᠨ ᠰᠤᠷᠭᠠᠨ ᠬᠦᠮᠦᠵᠢᠯ ᠦᠨ ᠰᠡᠳᠬᠢᠯᠭᠡ ᠳᠦ ᠲᠤᠯᠭᠤᠷᠢᠯᠠᠭᠰᠠᠨ ᠪᠠᠢᠨ᠎ᠠ ᠃ ᠰᠺᠢᠨᠧᠷ (B.F.SKinner) ᠤᠨ 《 ᠫᠷᠣᠭ᠌ᠷᠠᠮ ᠤᠨ ᠰᠤᠷᠭᠠᠯᠲᠠ 》 ᠶᠢᠨ ᠰᠤᠷᠭᠠᠯᠲᠠ ᠶᠢᠨ ᠮᠠᠰᠢᠨ ᠤ ᠵᠠᠭᠪᠤᠷ ᠪᠣᠯ ᠰᠤᠷᠭᠠᠯᠲᠠ ᠶᠢᠨ ᠮᠠᠰᠢᠨ ᠢ ᠪᠣᠯᠪᠠᠰᠤᠷᠠᠭᠤᠯᠤᠯ ᠪᠣᠯᠤᠨ ᠪᠠ ᠰᠺᠢᠨᠧᠷ (B.F.SKinner) ᠂ ᠺᠷᠠᠦ᠋ᠳᠧᠷ (Borman Crowder) ᠤᠨ ᠰᠤᠷᠭᠠᠯᠲᠠ ᠶᠢᠨ ᠮᠠᠰᠢᠨ ᠪᠣᠯᠤᠨ᠎ᠠ ᠃ 1954 ᠣᠨ ᠳᠤ ᠰᠺᠢᠨᠧᠷ ᠪᠣᠯᠤᠨ ᠫᠷᠣᠭ᠌ᠷᠠᠮ ᠲᠠᠢ ᠪᠠᠢᠨ᠎ᠠ ᠃ ᠲᠡᠭᠡᠬᠦ ᠰᠠᠨᠠᠭ᠎ᠠ ᠶᠢ ᠰᠤᠷᠭᠠᠯᠲᠠ ᠶᠢᠨ ᠮᠠᠰᠢᠨ ᠤ ᠬᠡᠷᠡᠭᠯᠡᠭᠡᠨ ᠳᠦ ᠬᠡᠷᠡᠭᠵᠢᠭᠦᠯᠵᠦ ᠂ ᠫᠷᠧᠰᠰᠢ (S.pressey) ᠪᠠ ᠡᠬᠢᠯᠡᠨ ᠬᠢᠵᠦ ᠰᠤᠷᠭᠠᠯᠲᠠ ᠶᠢᠨ ᠮᠠᠰᠢᠨ ᠤ ᠰᠠᠨᠠᠭ᠎ᠠ ᠳᠤ ᠰᠠᠢᠵᠢᠷᠠᠭᠤᠯᠵᠤ ᠂ ᠣᠳᠣ ᠪᠡᠷ ᠬᠦᠮᠦᠨ ᠦ ᠰᠤᠷᠭᠠᠯᠲᠠ ᠶᠢᠨ ᠮᠠᠰᠢᠨ ᠪᠣᠯᠭᠠᠵᠤ ᠰᠤᠷᠭᠠᠯᠲᠠ ᠶᠢᠨ ᠰᠤᠷᠤᠯᠴᠠᠭᠰᠠᠨ ᠤ ᠳᠠᠷᠠᠭ᠎ᠠ ᠃ ᠰᠤᠷᠭᠠᠯᠲᠠ ᠶᠢᠨ ᠮᠠᠰᠢᠨ ᠢ ᠬᠡᠷᠡᠭᠯᠡᠵᠦ ᠰᠤᠷᠤᠯᠴᠠᠭᠴᠢ ᠶᠢᠨ ᠪᠠᠢᠢᠳᠠᠯ ᠢ ᠪᠠᠢᠴᠠᠭᠠᠨ ᠰᠢᠯᠭᠠᠬᠤ ᠂ ᠰᠤᠷᠭᠠᠬᠤ ᠠᠵᠢᠯ ᠢ ᠠᠦ᠋ᠲ᠋ᠣ᠋ᠮᠠᠲ᠋ᠵᠢᠭᠤᠯᠬᠤ ᠲᠤ ᠬᠦᠷᠬᠡᠵᠦ ᠪᠣᠯᠤᠨ᠎ᠠ ᠂

ᠬᠡᠪᠯᠡᠯ ᠦᠨ ᠰᠢᠨᠵᠢᠯᠡᠭᠡ ᠳᠦ᠂ ᠳᠠᠢ ᠡᠷ（戴尔）ᠤᠨ 1946 ᠣᠨ ᠳᠤ ᠬᠡᠪᠯᠡᠭᠦᠯᠦᠭᠰᠡᠨ《ᠨᠡᠶᠢᠭᠡᠮ ᠬᠡᠯᠡ ᠰᠢᠨᠵᠢᠯᠡᠯ》ᠬᠡᠮᠡᠬᠦ ᠨᠠᠶᠢᠷᠠᠭᠤᠯᠤᠭᠰᠠᠨ ᠪᠢᠴᠢᠭ ᠪᠠᠢᠨ᠎ᠠ᠃ ᠡᠨᠡ ᠪᠣᠯ ᠨᠡᠶᠢᠭᠡᠮ ᠬᠡᠯᠡ ᠰᠢᠨᠵᠢᠯᠡᠯ ᠦᠨ ᠨᠡᠷ᠎ᠡ ᠶᠢ ᠬᠡᠷᠡᠭᠯᠡᠭᠰᠡᠨ ᠡᠬᠢᠯᠡᠯ ᠪᠣᠯᠤᠨ᠎ᠠ᠂ ᠲᠡᠷᠡ ᠦᠶ᠎ᠡ ᠳᠦ ᠨᠡᠶᠢᠭᠡᠮ ᠬᠡᠯᠡ ᠰᠢᠨᠵᠢᠯᠡᠯ ᠪᠣᠯ ᠪᠢᠷᠠᠭᠤ ᠰᠢᠨᠵᠢᠯᠡᠭᠡᠨ ᠦ ᠬᠡᠮᠵᠢᠶ᠎ᠡ ᠳᠦ ᠪᠠᠢᠵᠤ ᠬᠡᠯᠡ ᠰᠢᠨᠵᠢᠯᠡᠯ ᠦᠨ ᠰᠠᠯᠠᠭ᠎ᠠ ᠪᠣᠯᠵᠤ ᠴᠢᠳᠠᠭ᠎ᠠ ᠦᠭᠡᠢ ᠪᠠᠢᠪᠠ᠃ ᠡᠨᠡ ᠨᠢ ᠬᠡᠯᠡ ᠰᠢᠨᠵᠢᠯᠡᠯ ᠦᠨ 10 ᠣᠨ ᠤ ᠲᠦᠦᠬᠡᠨ ᠳᠦ ᠨᠡᠶᠢᠭᠡᠮ ᠬᠡᠯᠡ ᠰᠢᠨᠵᠢᠯᠡᠯ ᠦᠨ ᠰᠤᠳᠤᠯᠭᠠᠨ ᠤ ᠬᠥᠭᠵᠢᠯ ᠢ ᠢᠯᠡᠷᠬᠡᠶᠢᠯᠡᠵᠦ ᠪᠣᠯᠤᠨ᠎ᠠ᠃ ᠡᠬᠢᠨ ᠦ ᠦᠶ᠎ᠡ ᠳᠦ ᠨᠡᠶᠢᠭᠡᠮ ᠬᠡᠯᠡ ᠰᠢᠨᠵᠢᠯᠡᠯ ᠦᠨ ᠰᠤᠳᠤᠯᠭᠠᠨ ᠤ ᠠᠷᠭ᠎ᠠ ᠪᠠᠷᠢᠯ ᠢ ᠲᠣᠳᠤᠷᠬᠠᠶᠢᠯᠠᠵᠤ᠂ ᠨᠡᠶᠢᠭᠡᠮ ᠬᠡᠯᠡ ᠰᠢᠨᠵᠢᠯᠡᠯ ᠦᠨ ᠦᠨᠳᠦᠰᠦᠨ ᠦᠵᠡᠯ ᠢ ᠪᠣᠯᠪᠠᠰᠤᠷᠠᠭᠤᠯᠵᠤ᠂ ᠬᠡᠯᠡ ᠶᠢᠨ ᠨᠡᠶᠢᠭᠡᠮ ᠦᠨ ᠴᠢᠨᠠᠷ ᠢ ᠲᠣᠳᠤᠯᠠᠵᠤ ᠡᠬᠢᠯᠡᠭᠰᠡᠨ ᠪᠣᠯᠤᠨ᠎ᠠ᠃

3. ᠨᠡᠶᠢᠭᠡᠮ ᠬᠡᠯᠡ ᠰᠢᠨᠵᠢᠯᠡᠯ ᠦᠨ ᠰᠤᠳᠤᠯᠭᠠ ᠶᠢᠨ ᠡᠬᠢᠯᠡᠯ ᠦᠨ ᠦᠶ᠎ᠡ᠂ ᠨᠡᠶᠢᠭᠡᠮ ᠬᠡᠯᠡ ᠰᠢᠨᠵᠢᠯᠡᠯ ᠦᠨ ᠰᠤᠳᠤᠯᠭᠠ ᠶᠢᠨ ᠣᠨᠣᠯ ᠤᠨ ᠪᠠᠶᠢᠷᠢ ᠪᠣᠯᠪᠠᠰᠤᠷᠠᠭᠰᠠᠨ ᠦᠶ᠎ᠡ᠃ 1947 ᠣᠨ ᠳᠤ ᠬᠡᠪᠯᠡᠭᠰᠡᠨ ᠵᠣᠬᠢᠶᠠᠯ ᠳᠤ ᠨᠡᠶᠢᠭᠡᠮ ᠬᠡᠯᠡ ᠰᠢᠨᠵᠢᠯᠡᠯ ᠦᠨ ᠰᠤᠳᠤᠯᠭᠠ ᠶᠢᠨ ᠠᠷᠭ᠎ᠠ ᠵᠠᠮ ᠢ ᠲᠣᠳᠤᠷᠬᠠᠶᠢᠯᠠᠭᠰᠠᠨ ᠪᠠᠶᠢᠨ᠎ᠠ᠃ ᠨᠡᠶᠢᠭᠡᠮ ᠬᠡᠯᠡ ᠰᠢᠨᠵᠢᠯᠡᠯ ᠦᠨ ᠰᠤᠳᠤᠯᠭᠠ 1906 ᠣᠨ ᠳᠤ ᠬᠡᠪᠯᠡᠭᠦᠯᠦᠭᠰᠡᠨ《ᠬᠡᠯᠡ ᠶᠢᠨ ᠨᠡᠶᠢᠭᠡᠮ ᠦᠨ ᠰᠤᠳᠤᠯᠭᠠ》ᠬᠡᠮᠡᠬᠦ ᠪᠢᠴᠢᠭ᠂ 20 ᠵᠠᠭᠤᠨ ᠤ ᠡᠬᠢᠨ ᠦ

2. ᠬᠡᠯᠡ ᠶᠢᠨ ᠨᠡᠶᠢᠭᠡᠮ ᠦᠨ ᠰᠤᠳᠤᠯᠭᠠ ᠶᠢᠨ ᠡᠬᠢ ᠦᠬᠦᠰᠦᠯ ᠢ ᠲᠠᠯᠪᠢᠭᠰᠠᠨ ᠵᠢᠨ ᠱᠢ ᠳ᠋ᠦ᠋ᠨ（金士顿）ᠤ ᠪᠦᠲᠦᠭᠡᠯ ᠳᠦ ᠨᠡᠶᠢᠭᠡᠮ ᠬᠡᠯᠡ ᠰᠢᠨᠵᠢᠯᠡᠯ ᠦᠨ ᠰᠤᠳᠤᠯᠭᠠ ᠶᠢᠨ ᠦᠨᠳᠦᠰᠦ ᠪᠠᠢᠭᠤᠯᠤᠭᠳᠠᠭᠰᠠᠨ ᠪᠠᠶᠢᠨ᠎ᠠ᠃ ᠨᠡᠶᠢᠭᠡᠮ ᠬᠡᠯᠡ ᠰᠢᠨᠵᠢᠯᠡᠯ ᠦᠨ ᠰᠤᠳᠤᠯᠭᠠ ᠶᠢᠨ ᠬᠦᠷᠢᠶ᠎ᠡ ᠶᠢ ᠲᠣᠳᠤᠷᠬᠠᠶᠢᠯᠠᠪᠠ᠃ ᠡᠨᠡ ᠦᠶ᠎ᠡ ᠳᠦ ᠬᠡᠯᠡ ᠰᠢᠨᠵᠢᠯᠡᠯ ᠦᠨ ᠰᠤᠳᠤᠯᠭᠠ 17 ᠵᠠᠭᠤᠨ ᠤ ᠡᠬᠢᠨ ᠡᠴᠡ ᠡᠬᠢᠯᠡᠵᠦ ᠬᠥᠭᠵᠢᠭᠰᠡᠨ ᠪᠣᠯᠤᠨ᠎ᠠ᠃ ᠨᠡᠶᠢᠭᠡᠮ ᠬᠡᠯᠡ ᠰᠢᠨᠵᠢᠯᠡᠯ

1. ᠨᠡᠶᠢᠭᠡᠮ ᠬᠡᠯᠡ ᠰᠢᠨᠵᠢᠯᠡᠯ ᠦᠨ ᠰᠤᠳᠤᠯᠭᠠ ᠶᠢᠨ ᠦᠨᠳᠦᠰᠦ ᠨᠡᠶᠢᠭᠡᠮ ᠬᠡᠯᠡ ᠰᠢᠨᠵᠢᠯᠡᠯ ᠦᠨ ᠰᠤᠳᠤᠯᠭᠠ ᠶᠢᠨ ᠡᠬᠢ ᠦᠬᠦᠰᠦᠯ

（ᠨᠢᠭᠡ）ᠨᠡᠶᠢᠭᠡᠮ ᠬᠡᠯᠡ ᠰᠢᠨᠵᠢᠯᠡᠯ ᠦᠨ ᠰᠤᠳᠤᠯᠭᠠ ᠶᠢᠨ ᠡᠬᠢ ᠦᠬᠦᠰᠦᠯ

ᠰᠤᠳᠤᠯᠭᠠ ᠶᠢᠨ ᠰᠢᠨᠵᠢᠯᠡᠭᠡ ᠶᠢ ᠬᠡᠯᠡ ᠶᠢᠨ ᠪᠣᠳᠠᠳᠠᠢ ᠪᠠᠢᠳᠠᠯ ᠲᠠᠢ ᠬᠣᠯᠪᠣᠨ ᠰᠤᠳᠤᠯᠵᠤ ᠪᠠᠢᠨ᠎ᠠ᠃
ᠡᠨᠡ ᠨᠢ ᠨᠡᠶᠢᠭᠡᠮ ᠬᠡᠯᠡ ᠰᠢᠨᠵᠢᠯᠡᠯ ᠦᠨ ᠰᠤᠳᠤᠯᠭᠠ ᠶᠢ ᠪᠣᠯᠪᠠᠰᠤᠷᠠᠭᠤᠯᠬᠤ ᠳᠤ ᠴᠢᠬᠤᠯᠠ ᠠᠴᠤᠭ᠎ᠠ ᠲᠠᠢ ᠪᠣᠯᠤᠨ᠎ᠠ᠃

[illegible]

20 [illegible]

[illegible]

4. [illegible]

[illegible]

[illegible] · 1939 [illegible] :: [illegible] · 1936 [illegible] · [illegible] · [illegible] ·

2. [illegible] · [illegible] ::

[illegible] · [illegible] · [illegible] :: [illegible] · [illegible] · [illegible] :: [illegible] · [illegible] :: [illegible] :: [illegible] · [illegible] · [illegible] :: [illegible] · [illegible] · [illegible] · [illegible] · [illegible] 《 [illegible] :: 》 [illegible] :: [illegible] :: 20 [illegible]

1. [illegible]

([illegible]) [illegible]

[illegible] ::

[illegible] ::

[illegible] · [illegible] · [illegible] :: [illegible] :: [illegible] · [illegible] · [illegible] · [illegible] · [illegible] · [illegible]

3. ᠮᠡᠷᠭᠡᠵᠢᠯ ᠦᠨ ᠨᠡᠷ᠎ᠡ ᠲᠣᠮᠢᠶ᠎ᠠ …

2. … 1949 … 1953 … 1958 … 1960 … 1966 …

1. … 1949 ᠣᠨ ᠤ 11 ᠰᠠᠷ᠎ᠠ … 1950 …

3. … 20 … 1940 …

[illegible] · [illegible] · [illegible] :: 1980 [illegible] · [illegible]) 575 · [illegible] ([illegible]) [illegible] ([illegible]) 1500 [illegible]) [illegible] 43 · [illegible] ([illegible] :: [illegible] 1 · [illegible] :: 1979 [illegible] 2 [illegible] 28 [illegible] :: 1986 [illegible] · [illegible] · [illegible] :: 7 [illegible] :: 1978 [illegible] 2 [illegible] · [illegible] ……》·《 [illegible] · [illegible] · [illegible] ::》[illegible] :: [illegible] :《 [illegible] · [illegible]

1978 [illegible]
([illegible]) [illegible]
[illegible] ::

[illegible] · [illegible] · [illegible] · [illegible] · [illegible] · [illegible] · [illegible] :: [illegible] :: [illegible] · [illegible] · [illegible] ::

[illegible]

5. [illegible]

4. [illegible]

3. [illegible]

2. [illegible]

1. [illegible]

([illegible]) [illegible]

[illegible] 30000 [illegible] ([illegible]) 500 [illegible] 3000 [illegible] 1990 [illegible] 10 [illegible] 1 [illegible] 1987 [illegible] 1986 [illegible] 7 [illegible] 1 [illegible]

[illegible]

[illegible]

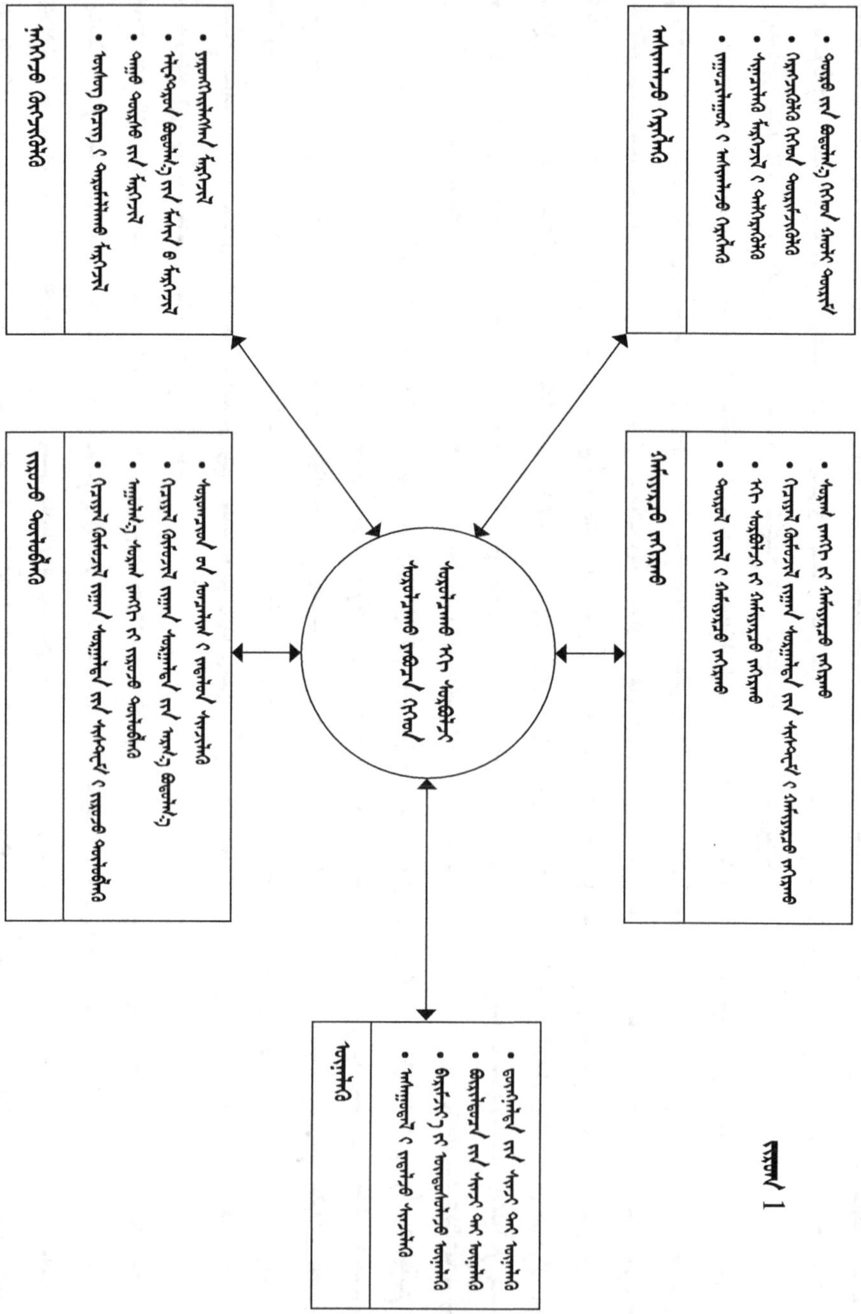

ᠵᠢᠷᠤᠭ 1

[illegible]

[illegible] 21 [illegible]

[illegible]

[illegible]

([illegible])

[illegible]

1977 [illegible]

ᠬᠦᠰᠦᠨᠦᠭ᠍ᠲᠦ 1

[illegible]	[illegible]	[illegible]
[illegible]	[illegible]	[illegible]
[illegible]	[illegible]	[illegible]
[illegible]	[illegible]	[illegible]
[illegible]	[illegible]	[illegible]
[illegible]	[illegible]	[illegible]

[illegible]

[illegible]

1. [illegible]

[illegible]

[illegible]

[illegible]

[illegible]

[illegible]

([illegible]) [illegible]

2. [illegible]

[illegible]

3. [illegible]

[illegible]

4. [illegible]

[illegible]

[illegible] 650 MB [illegible] 34 [illegible]

[illegible] 《 [illegible]

[illegible] 》 [illegible]

5. [illegible]

[illegible]

1. [illegible]

[illegible]

[illegible]

2. [illegible]

[illegible]

3. [illegible]

[illegible]

4. [illegible]

[illegible]

[illegible]

- 25 -

[illegible]

[illegible]

[illegible]

[illegible]

([illegible]) [illegible]

[illegible]

3. [illegible]

[illegible]

2. [illegible]

[illegible]

[illegible]

[illegible]

[illegible]

[illegible]

[illegible] ::
[illegible]
([illegible]) [illegible]
[illegible] ([illegible] 2 [illegible]) ::

[illegible] :: [illegible] 2 [illegible] (http://www.eduyun.cn) [illegible] ::

[illegible] ::

([illegible]) [illegible]

[illegible]

[illegible] ::

[illegible] :: [illegible] :: [illegible]

[illegible] 2

[illegible]	[illegible]
[illegible]	[illegible]
[illegible]	[illegible]
[illegible]	[illegible]
[illegible]	[illegible]
[illegible]	[illegible]
[illegible]	[illegible]
[illegible]	[illegible]
[illegible]	[illegible]
[illegible]	[illegible]
[illegible]	[illegible]

2.

1.

2006 ᠣᠨ ᠤ ...

[illegible]

[illegible]

([illegible]) [illegible]

[illegible]

[illegible] wps [illegible]

[illegible] Powerpoint [illegible]

[illegible]

[illegible]

[illegible]

4. [illegible]

[illegible]

[illegible]

(1) [illegible]

[illegible]

1. [illegible] 2 [illegible]

[illegible]

([illegible]) [illegible]

[illegible]

3. [illegible]

[illegible]

2. [illegible]

[illegible]

1. [illegible]

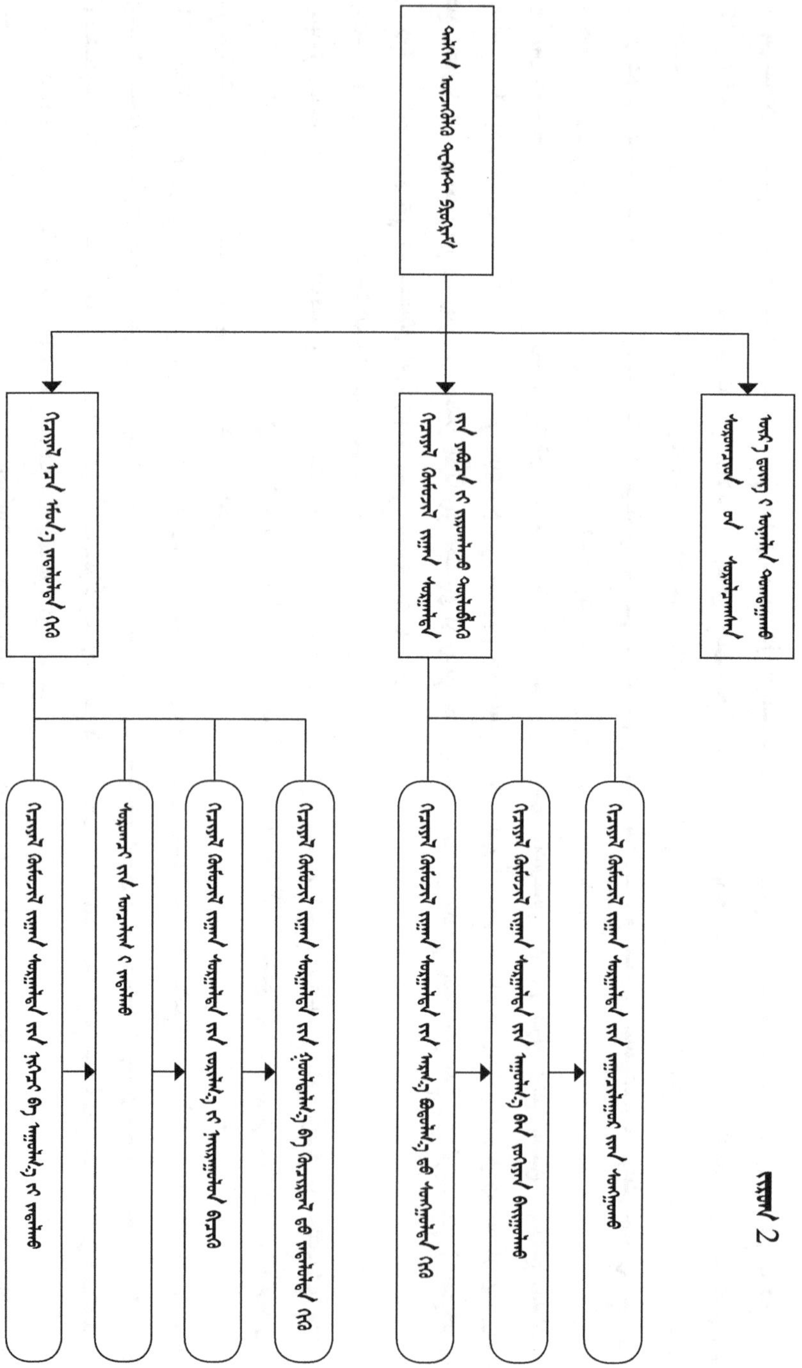

[illegible]

(4) [illegible]

[illegible]

(3) [illegible]

[illegible]

(2) [illegible]

[illegible]

(2) ᠭᠠᠵᠠᠷ ᠪᠠᠶᠢᠳᠠᠯ ᠤᠨ ᠰᠢᠨᠵᠢᠯᠡᠭᠡ ᠶᠢᠨ ᠠᠷᠭ᠎ᠠ

(1) ᠭᠠᠵᠠᠷ ᠪᠠᠶᠢᠳᠠᠯ ᠤᠨ ᠰᠢᠨᠵᠢᠯᠡᠭᠡ ᠶᠢᠨ ᠠᠷᠭ᠎ᠠ ᠪᠣᠯᠤᠨ ᠬᠡᠷᠡᠭᠯᠡᠭᠡ ᠨᠢ

2. ᠭᠠᠵᠠᠷ ᠪᠠᠶᠢᠳᠠᠯ ᠤᠨ ᠰᠢᠨᠵᠢᠯᠡᠭᠡ ᠶᠢᠨ ᠠᠷᠭ᠎ᠠ

ᠬᠠᠮᠤᠭ ᠡᠬᠢᠨ ᠤ ᠰᠤᠷᠭᠠᠯᠲᠠ ᠶᠢᠨ ᠮᠡᠳᠡᠭᠡᠯᠡᠯ ᠦᠨ ᠲᠧᠬᠨᠢᠭ ᠦᠨ ᠰᠤᠷᠭᠠᠯᠲᠠ ᠳᠤ ᠨᠢ ᠡᠬᠢᠯᠡᠭᠡᠳ Powerpoint ᠪᠠ wps ᠰᠤᠷᠭᠠᠯᠲᠠ ᠶᠢᠨ ᠠᠷᠭ᠎ᠠ ᠃ ᠬᠠᠮᠤᠭ ᠡᠬᠢᠨ ᠤ

3. [illegible] ::

4. [illegible] ::

5. [illegible] ::

6. [illegible] ::

7. [illegible] ::

([illegible]) [illegible]

[illegible] ::

1. [illegible] ::

[illegible] ::

2. [illegible] ::

3. [illegible] ::

[illegible] ::

([illegible]) [illegible]

[illegible] ::

1. [illegible] ::

[illegible] ::

1. Powerpoint ᠤᠨ《ᠡᠬᠢᠯᠡᠯ》ᠴᠣᠪᠣᠷᠠᠯ ᠤᠨ ᠴᠣᠪᠣᠭ ᠬᠣᠣᠰᠣᠨ ᠭᠠᠷᠴᠠᠭ ᠤᠨ ᠬᠡᠪ ᠵᠠᠭᠪᠤᠷ ᠢ ᠰᠣᠩᠭᠣᠬᠤ ᠬᠠᠭᠤᠳᠠᠰᠤ ᠲᠠᠢ ᠲᠣᠪᠴᠢ ᠶᠢ ᠳᠠᠷᠤᠬᠤ

ᠡᠬᠢᠯᠡᠯ᠂ ᠭᠠᠳᠠ ᠵᠢᠷᠤᠭᠯᠠᠯ ᠤᠨ ᠬᠠᠷᠢᠴᠠᠭ᠎ᠠ ᠲᠠᠢ ᠬᠠᠷᠢᠯᠴᠠᠬᠤ ᠬᠡᠰᠡᠭ ᠲᠠᠢ ᠵᠢᠷᠤᠮ ᠢ ᠰᠣᠩᠭᠣᠪᠠᠰᠤ᠂ Powerpoint ᠪᠡᠷ ᠭᠠᠷᠴᠠᠭ ᠢ ᠭᠠᠷᠭᠠᠵᠤ ᠬᠡᠪ ᠬᠠᠭᠤᠳᠠᠰᠤ

Powerpoint ᠤᠨ《ᠲᠣᠬᠢᠷᠠᠭᠤᠯᠬᠤ》ᠴᠣᠪᠣᠷᠠᠯ ᠤᠨ ᠬᠤᠪᠢᠶᠠᠷᠢᠯ ᠪᠠ ᠳᠡᠯᠭᠡᠴᠡ᠂ ᠬᠠᠷᠠᠯ ᠬᠡᠰᠡᠭ᠂ ᠳᠣᠣᠷᠠ ᠤᠨ ᠳᠡᠭᠡᠷᠡ ᠤᠨ ᠬᠤᠪᠢᠷᠠᠯ᠂ ᠰᠣᠩᠭᠣᠯᠲᠠ ᠲᠠᠢ ᠳᠡᠭᠡᠷᠡ ᠤᠨ ᠬᠤᠪᠢᠷᠠᠯ᠂

ᠶᠢ ᠪᠠᠶᠢᠨ ᠬᠣᠶᠠᠷ ᠪᠣᠯᠤᠨ ᠪᠠᠶᠢᠨ᠎ᠠ᠃ ᠡᠳᠦᠭᠡ Powerpoint 2010 ᠪᠡᠷ ᠵᠢᠱᠢᠶᠡᠯᠡᠪᠡᠯ᠂ ᠡᠬᠢᠯᠡᠯ ᠬᠠᠭᠤᠳᠠᠰᠤ ᠡᠬᠢᠯᠡᠨ ᠬᠡᠪᠯᠡᠯ ᠦᠨ ᠳᠠᠷᠤᠭᠤᠯ ᠬᠤᠳᠠᠯ ᠬᠠᠷᠢᠴᠠᠭ᠎ᠠ ᠶᠢ

Powerpoint ᠪᠤᠶᠤ wps ᠤᠨ ᠡᠬᠢᠯᠡᠯ ᠬᠠᠭᠤᠳᠠᠰᠤ ᠵᠢᠷᠤᠮ ᠢ ᠬᠣᠶᠠᠷ ᠪᠣᠯᠤᠨ ᠳᠤᠷ ᠪᠣᠯᠵᠤ᠂ ᠵᠢᠷᠤᠭ ᠡᠬᠢᠯᠡᠨ ᠳᠦ ᠪᠡᠨ ᠲᠣᠬᠢᠷᠠᠭᠤᠯᠤᠯᠲᠠ ᠭᠠᠷᠭᠠᠬᠤ ᠬᠤᠷᠳᠤᠨ ᠡᠭᠦᠳᠬᠦ

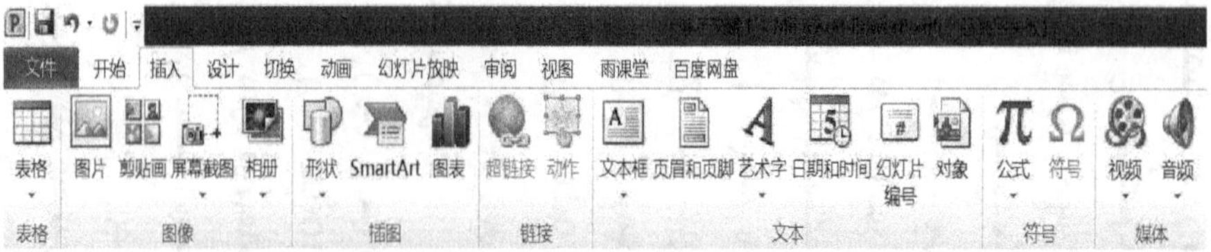

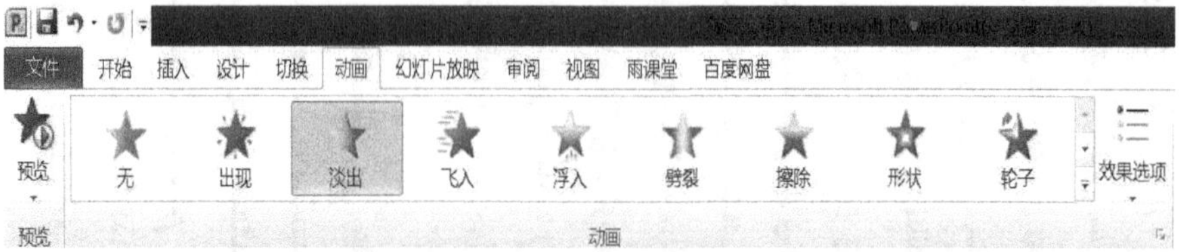

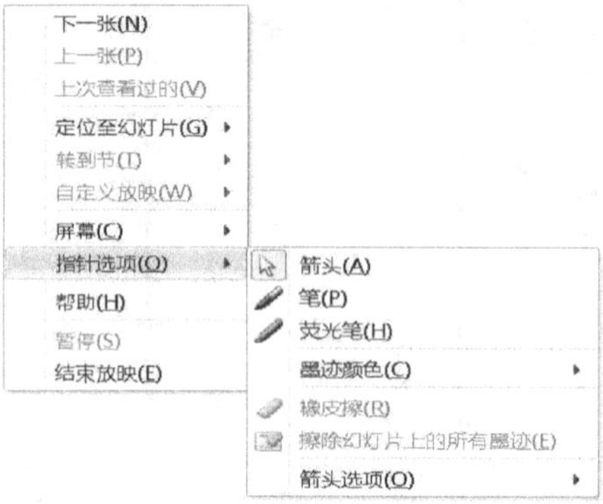

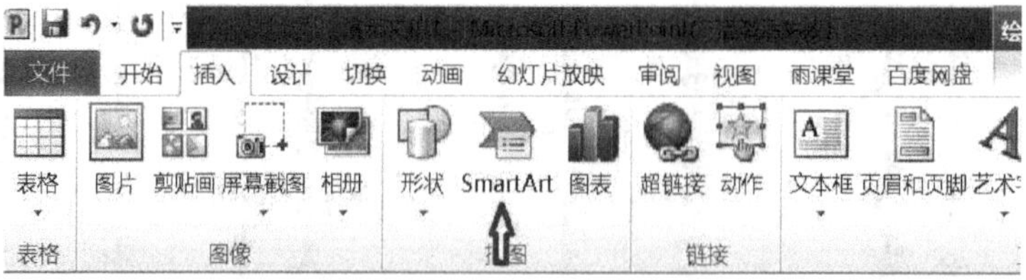

ᠵᠢᠷᠤᠭ 3·4·5·6·7·8

ᠳᠠᠮᠵᠢᠭᠤᠯᠵᠤ ᠬᠡᠪᠯᠡᠬᠦ ᠳᠦ ᠠᠯᠢᠪᠠ ᠦᠭᠡ ᠶᠢᠨ ᠰᠢᠨᠵᠢ ᠶᠢ ᠲᠣᠳᠣᠷᠬᠠᠢ ᠦᠵᠡᠭᠦᠯᠬᠦ ᠳᠦ ᠲᠤᠰᠠᠲᠠᠢ ᠪᠣᠯᠤᠨ᠎ᠠ ::
ᠪᠠᠢᠷᠢ ᠲᠠᠢ ᠪᠠᠢᠷᠢᠯᠠᠭᠤᠯᠬᠤ ᠰᠢᠨᠵᠢ ᠪᠠ ᠦᠭᠡ ᠶᠢᠨ ᠬᠠᠷᠢᠴᠠᠭ᠎ᠠ ᠶᠢ ᠲᠣᠳᠣᠷᠬᠠᠢ ᠦᠵᠡᠭᠦᠯᠬᠦ ᠳᠦ ᠲᠤᠰᠠᠲᠠᠢ ᠪᠣᠯᠤᠨ᠎ᠠ ::

Powerpoint ᠤᠨ ᠡᠨᠡ ᠴᠢᠳᠠᠮᠵᠢ ᠶᠢ ᠰᠠᠢᠲᠤᠷ ᠠᠰᠢᠭᠯᠠᠪᠠᠯ ᠰᠤᠷᠭᠠᠨ ᠬᠦᠮᠦᠵᠢᠯ ᠦᠨ ᠦᠷ᠎ᠡ ᠦᠷᠥ ᠶᠢ ᠳᠡᠭᠡᠭᠰᠢᠯᠡᠭᠦᠯᠬᠦ ᠳᠦ ᠲᠤᠰᠠᠲᠠᠢ ᠪᠣᠯᠤᠨ᠎ᠠ ::

iSpringFree ᠪᠦᠷᠢᠨ ᠬᠡᠷᠡᠭᠰᠡᠯ ᠦᠨ ᠬᠡᠷᠡᠭᠯᠡᠭᠡ

ᠲᠤᠰ ᠬᠡᠷᠡᠭᠰᠡᠯ ᠲᠦ ᠬᠠᠮᠤᠷᠤᠭᠳᠠᠬᠤ ᠬᠡᠷᠡᠭᠰᠡᠯ ᠪᠣᠯ ᠰᠦᠯᠵᠢᠶ᠎ᠡ ᠳᠡᠭᠡᠷ᠎ᠡ ᠡᠴᠡ ᠲᠠᠲᠠᠵᠤ ᠠᠪᠴᠤ ᠬᠡᠷᠡᠭᠯᠡᠵᠦ ᠪᠣᠯᠬᠤ ᠦᠨ᠎ᠡ ᠳᠦᠯᠦᠭᠡ ᠬᠡᠷᠡᠭᠰᠡᠯ ᠪᠣᠯᠤᠨ᠎ᠠ ᠂ ᠲᠡᠭᠦᠨ ᠢ ᠰᠤᠷᠢᠯᠳᠠᠭᠤᠯᠤᠭᠰᠠᠨ ᠤ ᠳᠠᠷᠠᠭ᠎ᠠ Powerpoint ᠤᠨ ᠬᠡᠷᠡᠭᠯᠡᠭᠡᠨ ᠦ ᠲᠣᠪᠴᠢ ᠳᠤ ᠨᠡᠮᠡᠭᠳᠡᠨ᠎ᠡ ᠂ ᠲᠡᠭᠦᠨ ᠢ ᠬᠡᠷᠡᠭᠯᠡᠨ Powerpoint ᠤᠨ ᠡᠳ ᠪᠠᠶᠠᠯᠢᠭ ᠢ ᠬᠦᠷᠪᠡᠯ ᠵᠢᠷᠤᠭ (Flash) ᠤᠨ ᠬᠡᠯᠪᠡᠷᠢ ᠳᠦ ᠰᠢᠯᠵᠢᠭᠦᠯᠦᠨ ᠬᠥᠷᠪᠦᠯᠵᠦ ᠴᠢᠳᠠᠨ᠎ᠠ ᠪᠥᠭᠡᠳ ᠵᠢᠷᠤᠭ ᠳᠦᠷᠰᠦ ᠶᠢᠨ ᠴᠢᠨᠠᠷ ᠢ ᠳᠡᠭᠡᠭᠰᠢᠯᠡᠭᠦᠯᠵᠦ ᠴᠢᠳᠠᠨ᠎ᠠ ::

iSpringFree ᠢ ᠲᠠᠲᠠᠵᠤ ᠠᠪᠤᠭᠠᠳ ᠤᠭᠰᠠᠷᠠᠬᠤ ᠦᠶ᠎ᠡ ᠳᠦ ᠰᠣᠩᠭᠣᠯᠲᠠ ᠶᠢᠨ ᠲᠣᠪᠴᠢ ᠶᠢ ᠳᠠᠷᠤᠨ ᠤᠭᠰᠠᠷᠠᠭᠠᠷᠠᠢ ᠂ ᠤᠭᠰᠠᠷᠠᠭᠰᠠᠨ ᠤ ᠳᠠᠷᠠᠭ᠎ᠠ ᠬᠦᠷᠪᠦᠯ ᠵᠢᠷᠤᠭ ᠤᠨ ᠡᠬᠢ ᠲᠥᠭᠡᠷᠢᠭ ᠦᠨ ᠪᠠᠢᠳᠠᠯ ᠢᠶᠠᠷ ᠬᠠᠳᠠᠭᠠᠯᠠᠵᠤ ᠪᠣᠯᠤᠨ᠎ᠠ ::

(ᠳᠥᠷᠪᠡ) iSpringFree ᠪᠦᠷᠢᠨ ᠬᠡᠷᠡᠭᠰᠡᠯ ᠦᠨ ᠰᠢᠯᠵᠢᠭᠦᠯᠬᠦ ᠠᠷᠭ᠎ᠠ ᠶᠢ ᠵᠢᠷᠤᠭ 7 ᠳᠦ ᠦᠵᠡᠭᠦᠯᠪᠡ ::

SmartArt ᠤᠨ ᠬᠡᠷᠡᠭᠯᠡᠭᠡ ᠪᠠᠷ ᠮᠡᠳᠡᠭᠡᠯᠡᠯ ᠦᠨ ᠬᠠᠷᠢᠯᠴᠠᠭ᠎ᠠ ᠶᠢ ᠦᠵᠡᠭᠦᠯᠵᠦ ᠪᠣᠯᠤᠨ᠎ᠠ ᠂ SmartArt ᠤᠨ ᠵᠢᠷᠤᠭ ᠢ ᠪᠦᠲᠦᠭᠡᠬᠦ ᠳᠦ ᠳᠠᠷᠠᠭᠠᠯᠠᠯ ᠂ ᠳᠠᠪᠬᠤᠷᠯᠠᠯ ᠂ ᠬᠠᠷᠢᠴᠠᠭ᠎ᠠ ᠂ ᠲᠣᠷ ᠵᠢᠷᠤᠭ ᠵᠡᠷᠭᠡ ᠣᠯᠠᠨ ᠲᠦᠷᠦᠯ ᠦᠨ ᠵᠢᠷᠤᠭ ᠪᠠᠢᠳᠠᠭ ᠂ ᠲᠡᠭᠦᠨ ᠢ ᠰᠣᠩᠭᠣᠨ ᠬᠡᠷᠡᠭᠯᠡᠬᠦ ᠳᠦ ᠲᠤᠰᠠᠲᠠᠢ ᠪᠣᠯᠤᠨ᠎ᠠ ::

Powerpoint ᠤᠨ SmartArt ᠵᠢᠷᠤᠭ ᠢ ᠰᠣᠩᠭᠣᠨ ᠬᠡᠷᠡᠭᠯᠡᠬᠦ ᠳᠦ ᠳᠣᠣᠷᠠᠬᠢ ᠠᠯᠬᠤᠮ ᠢᠶᠠᠷ ᠬᠡᠷᠡᠭᠵᠢᠭᠦᠯᠦᠨ᠎ᠡ ::

(ᠲᠠᠪᠤ) SmartArt ᠤᠨ ᠬᠡᠷᠡᠭᠯᠡᠭᠡᠨ ᠬᠡᠷᠡᠭᠯᠡᠬᠦ

ᠵᠢᠷᠤᠭ 6 ᠳᠦ ᠦᠵᠡᠭᠦᠯᠪᠡ ::

3. Powerpoint ᠤᠨ ᠬᠠᠭᠤᠳᠠᠰᠤ ᠶᠢ ᠬᠠᠳᠠᠭᠠᠯᠠᠬᠤ ᠳᠤ ᠰᠣᠩᠭᠣᠭᠰᠠᠨ ᠵᠢᠷᠤᠭ ᠢ ᠬᠠᠳᠠᠭᠠᠯᠠᠬᠤ ᠳᠤ 《 ᠵᠢᠷᠤᠭ ᠲᠤ ᠬᠠᠳᠠᠭᠠᠯᠠᠬᠤ 》 ᠤᠨ ᠵᠢᠷᠤᠭ ᠲᠤ ᠬᠡᠷᠡᠭᠯᠡᠭᠦᠯᠦᠨ᠎ᠡ ᠂ ᠬᠠᠳᠠᠭᠠᠯᠠᠬᠤ ᠪᠠᠢᠷᠢ ᠶᠢ ᠰᠣᠩᠭᠣᠨ ᠬᠡᠷᠡᠭᠯᠡᠪᠡᠯ ᠵᠢᠷᠤᠭ 5 ᠳᠦ ᠦᠵᠡᠭᠦᠯᠪᠡ ::

2. Powerpoint ᠤᠨ 《 ᠬᠡᠪᠯᠡᠬᠦ ᠰᠣᠩᠭᠣᠯᠲᠠ 》 ᠲᠣᠪᠴᠢ ᠶᠢᠨ 《 ᠬᠡᠪ ᠵᠢᠷᠤᠭ 》 ᠳᠦ ᠵᠢᠷᠤᠭ ᠢ ᠰᠣᠩᠭᠣᠬᠤ ᠂ ᠲᠡᠭᠦᠨ ᠢ ᠬᠡᠪᠯᠡᠬᠦ ᠬᠡᠯᠪᠡᠷᠢ ᠶᠢ ᠰᠣᠩᠭᠣᠨ ᠬᠡᠪᠯᠡᠬᠦ ᠦᠶ᠎ᠡ ᠶᠢ ᠵᠢᠷᠤᠭ ᠳᠦ ᠦᠵᠡᠭᠦᠯᠪᠡ ::

[illegible] ::

2. [illegible] ::

1. [illegible] ::

[illegible] ::

5. [illegible]

4. [illegible] ::

[illegible] ::

[illegible]

3. [illegible] ::

2. 《[illegible]》 [illegible] ::

[illegible] ::

1. [illegible] ::

[illegible] ::

[illegible] 9 [illegible] ::

([illegible]) [illegible] ([illegible]) [illegible] ::

[illegible]

4. [illegible] ::

[illegible]

3. [illegible] ::

[illegible]

2. [illegible] ::

[illegible] ::

1. [illegible] ::

([illegible]) [illegible] ([illegible]) [illegible]

[illegible]

[illegible] (MOOC) [illegible] ::

3. [illegible]

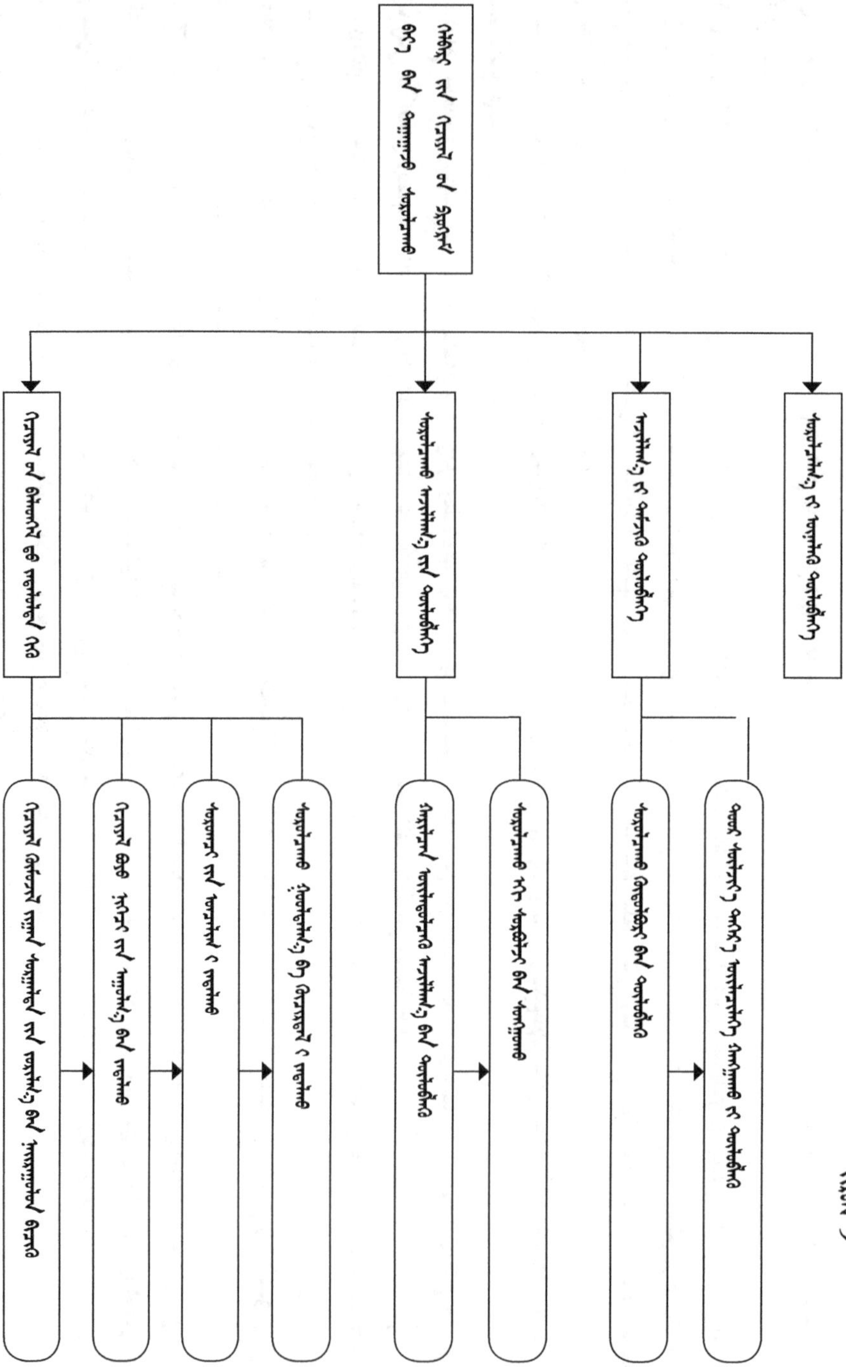

ᠵᠢᠷᠤᠭ 9

[illegible]

(3) [illegible]

(2) [illegible]

[illegible]

(1) [illegible]

[illegible]

3. [illegible]

[illegible]

2. [illegible]

(4)

ᠬᠦᠰᠦᠨᠦᠭ 3

ᠫᠷᠣᠭ᠌ᠷᠠᠮ ᠲᠥᠷᠥᠯ	ᠫᠷᠣᠭ᠌ᠷᠠᠮ ᠤᠨ ᠨᠡᠷ᠎ᠡ
ᠳᠦᠷᠰᠦ ᠪᠢᠴᠢᠯᠭᠡ ᠶᠢᠨ ᠬᠠᠪᠰᠤᠷᠤᠮᠵᠢ ᠮᠠᠲ᠋ᠧᠷᠢᠶᠠᠯ ᠨᠠᠶᠢᠷᠠᠭᠤᠯᠬᠤ ᠪᠠᠭᠠᠵᠢ ᠬᠡᠷᠡᠭᠰᠡᠯ	Premiere、After Effects
ᠳᠠᠭᠤ ᠶᠢᠨ ᠪᠢᠴᠢᠯᠭᠡ ᠶᠢᠨ ᠬᠠᠪᠰᠤᠷᠤᠮᠵᠢ ᠮᠠᠲ᠋ᠧᠷᠢᠶᠠᠯ ᠨᠠᠶᠢᠷᠠᠭᠤᠯᠬᠤ ᠪᠠᠭᠠᠵᠢ ᠬᠡᠷᠡᠭᠰᠡᠯ	Sound Forge、Cool Edit、Audition
ᠬᠥᠳᠡᠯᠦᠮᠡᠯ ᠮᠠᠲ᠋ᠧᠷᠢᠶᠠᠯ ᠨᠠᠶᠢᠷᠠᠭᠤᠯᠬᠤ ᠪᠠᠭᠠᠵᠢ ᠬᠡᠷᠡᠭᠰᠡᠯ	Flash、3DS MAX、Maya
ᠵᠢᠷᠤᠭ ᠳᠦᠷᠰᠦ · ᠳᠦᠷᠰᠦ ᠵᠢᠷᠤᠭ ᠮᠠᠲ᠋ᠧᠷᠢᠶᠠᠯ ᠨᠠᠶᠢᠷᠠᠭᠤᠯᠬᠤ ᠪᠠᠭᠠᠵᠢ ᠬᠡᠷᠡᠭᠰᠡᠯ	Photoshop、CorelDraw、Fireworks

ᠬᠦᠰᠦᠨᠦᠭ 4

ᠫᠷᠣᠭ᠌ᠷᠠᠮ ᠲᠥᠷᠥᠯ	ᠫᠷᠣᠭ᠌ᠷᠠᠮ ᠤᠨ ᠨᠡᠷ᠎ᠡ
ᠳᠡᠯᠭᠡᠴᠡ ᠶᠢᠨ ᠳᠦᠷᠰᠦ ᠪᠢᠴᠢᠯᠭᠡ ᠶᠢᠨ ᠬᠠᠪᠰᠤᠷᠤᠮᠵᠢ ᠮᠠᠲ᠋ᠧᠷᠢᠶᠠᠯ ᠨᠠᠶᠢᠷᠠᠭᠤᠯᠬᠤ ᠪᠠᠭᠠᠵᠢ ᠬᠡᠷᠡᠭᠰᠡᠯ	Camtasia Studio
ᠬᠠᠷᠢᠯᠴᠠᠭᠠᠲᠤ ᠬᠢᠴᠢᠶᠡᠯ ᠤᠨ ᠬᠠᠪᠰᠤᠷᠤᠮᠵᠢ ᠮᠠᠲ᠋ᠧᠷᠢᠶᠠᠯ ᠨᠠᠶᠢᠷᠠᠭᠤᠯᠬᠤ ᠪᠠᠭᠠᠵᠢ ᠬᠡᠷᠡᠭᠰᠡᠯ	Articulate Studio、Storyline、Lectora、iSpring
ᠰᠦᠯᠵᠢᠶᠡᠨ ᠦ ᠨᠢᠭᠤᠷ ᠳᠡᠯᠭᠡᠴᠡ ᠶᠢᠨ ᠬᠢᠴᠢᠶᠡᠯ ᠤᠨ ᠬᠠᠪᠰᠤᠷᠤᠮᠵᠢ ᠮᠠᠲ᠋ᠧᠷᠢᠶᠠᠯ ᠨᠠᠶᠢᠷᠠᠭᠤᠯᠬᠤ ᠪᠠᠭᠠᠵᠢ ᠬᠡᠷᠡᠭᠰᠡᠯ	FrontPage、Dreamweaver
ᠦᠵᠡᠭᠦᠯᠬᠦ ᠲᠠᠶᠢᠯᠪᠤᠷᠢ ᠹᠠᠶᠢᠯ	PowerPoint、WPS ᠦᠵᠡᠭᠦᠯᠬᠦ ᠲᠠᠶᠢᠯᠪᠤᠷᠢ

PPT ᠬᠠᠭᠤᠳᠠᠰᠤ ᠢ ᠬᠡᠷᠡᠭ ᠲᠦᠷᠭᠡᠨ ᠪᠣᠯᠭᠠᠨ ᠪᠤᠢ ᠣᠯᠠᠨ ᠲᠥᠷᠥᠯ ᠦᠨ ᠬᠡᠯᠪᠡᠷᠢ ᠳᠤ ᠬᠤᠪᠢᠷᠠᠭᠤᠯᠵᠤ ᠪᠣᠯᠬᠤ ᠰᠤᠷᠭᠠᠨ ᠬᠥᠮᠦᠵᠢᠯ ᠦᠨ ᠨᠠᠶᠢᠷᠠᠭᠤᠯᠬᠤ ᠪᠠᠭᠠᠵᠢ ᠪᠣᠯᠤᠨ᠎ᠠ ᠪᠡᠷ PPT ᠬᠠᠭᠤᠳᠠᠰᠤ

iSPring Pro ᠪᠣᠯ ᠲᠤᠰᠬᠠᠢ ᠶᠢᠨ ᠬᠠᠷᠢᠯᠴᠠᠭᠤᠯᠬᠤ ᠪᠠᠶᠢᠳᠠᠯ ᠬᠢᠴᠢᠶᠡᠯ ᠦᠨ ᠰᠤᠷᠭᠠᠨ ᠬᠥᠮᠦᠵᠢᠯ ᠦᠨ ᠨᠠᠶᠢᠷᠠᠭᠤᠯᠬᠤ ᠫᠷᠣᠭ᠍ᠷᠠᠮ ᠤᠨ ᠨᠢᠭᠡ ᠨᠢ ᠪᠣᠯᠤᠨ᠎ᠠ ᠃ ᠡᠨᠡ ᠫᠷᠣᠭ᠍ᠷᠠᠮ ᠨᠢ

（ ᠵᠢᠷᠤᠭ ）ᠳᠣᠣᠷᠠᠬᠢ ᠵᠢᠷᠤᠭ ᠬᠢᠴᠢᠶᠡᠯ ᠦᠨ ᠰᠤᠷᠭᠠᠨ ᠬᠥᠮᠦᠵᠢᠯ ᠦᠨ ᠨᠠᠶᠢᠷᠠᠭᠤᠯᠬᠤ ᠫᠷᠣᠭ᠍ᠷᠠᠮ iSPring Pro ᠶᠢᠨ ᠬᠠᠭᠤᠳᠠᠰᠤ

ᠶᠢ ᠦᠵᠡᠭᠦᠯᠵᠦ ᠪᠠᠶᠢᠨ᠎ᠠ ）᠃

ᠰᠤᠷᠭᠠᠨ ᠬᠥᠮᠦᠵᠢᠯ ᠦᠨ ᠨᠠᠶᠢᠷᠠᠭᠤᠯᠬᠤ ᠬᠢᠴᠢᠶᠡᠯ ᠪᠡᠯᠡᠳᠬᠡᠯ ᠢ ᠲᠦᠷᠭᠡᠨ ᠳᠦ ᠬᠢᠭᠡᠳ ᠲᠥᠭᠡᠭᠡᠬᠦ ᠳᠦ ᠪᠡᠯᠡᠳᠬᠡᠨ ᠪᠣᠯᠭᠠᠵᠤ ᠥᠭᠴᠦ（ ᠵᠢᠱᠢᠶᠡᠯᠡᠪᠡᠯ ᠂ Flash ᠬᠠᠭᠤᠳᠠᠰᠤ ᠪᠤᠶᠤ HTML5 ᠳᠦ ᠬᠥᠷᠦ

ᠳᠦ ᠲᠥᠭᠡᠭᠡᠬᠦ ᠂ ᠪᠠᠷᠢᠮᠲᠠ ᠳᠦ ᠲᠥᠭᠡᠭᠡᠬᠦ ᠵᠡᠷᠭᠡ ᠰᠤᠷᠠᠭᠴᠢ ᠪᠠ ᠰᠤᠷᠤᠯᠴᠠᠭᠴᠢ ᠶᠢᠨ ᠬᠣᠭᠣᠷᠤᠨᠳᠤᠬᠢ ᠬᠠᠷᠢᠯᠴᠠᠨ ᠦᠢᠯᠡᠴᠢᠯᠡᠭᠡ ᠶᠢ ᠳᠡᠮᠵᠢᠨ᠎ᠡ ᠃ ᠪᠠᠭᠠᠵᠢ ᠶᠢᠨ ᠨᠡᠷ᠎ᠡ ： ᠳᠣᠣᠷᠠᠬᠢ ᠵᠢᠷᠤᠭ ᠬᠢᠴᠢᠶᠡᠯ ᠦᠨ

ᠬᠡᠯᠪᠡᠷᠢ ᠶᠢᠨ ᠳᠠᠭᠠᠭᠠᠷ ᠪᠣᠯᠭᠠᠨ᠎ᠠ ᠃ ᠰᠤᠷᠤᠯᠴᠠᠭᠠᠨ ᠤ ᠨᠡᠷ᠎ᠡ ： ᠰᠤᠷᠤᠯᠴᠠᠭᠠᠨ ᠪᠠ ᠰᠤᠷᠠᠭᠴᠢ ᠶᠢᠨ ᠬᠠᠷᠢᠯᠴᠠᠭ᠎ᠠ ᠶᠢ ᠨᠡᠮᠡᠭᠳᠡᠭᠦᠯᠬᠦ ᠵᠡᠷᠭᠡ ᠳᠡᠮᠵᠢᠨ᠎ᠡ ᠃ ᠵᠢᠱᠢᠶᠡᠯᠡᠪᠡᠯ ᠂ ᠪᠠᠭᠰᠢ ᠨᠠᠷ

ᠬᠠᠭᠤᠳᠠᠰᠤ ᠳᠤ ᠬᠢᠴᠢᠶᠡᠯ ᠦᠨ ᠰᠤᠷᠭᠠᠨ ᠬᠥᠮᠦᠵᠢᠯ ᠢᠶᠡᠨ ᠵᠢᠷᠤᠭ ᠂ ᠳᠣᠣᠷᠠᠬᠢ ᠵᠢᠷᠤᠭ ᠬᠢᠴᠢᠶᠡᠯ ᠦᠨ ᠰᠤᠷᠭᠠᠨ ᠬᠥᠮᠦᠵᠢᠯ ᠦᠨ ᠨᠠᠶᠢᠷᠠᠭᠤᠯᠬᠤ ᠫᠷᠣᠭ᠍ᠷᠠᠮ ᠤᠨ ᠬᠡᠰᠡᠭ ᠂ ᠠᠭᠤᠯᠭ᠎ᠠ ᠪᠤᠶᠤ ᠪᠤᠰᠤ

ᠵᠢᠷᠤᠭ ᠤᠨ ᠨᠡᠷ᠎ᠡ ： ᠬᠢᠴᠢᠶᠡᠯ ᠪᠡᠯᠡᠳᠬᠡᠯ ᠦᠨ ᠲᠥᠭᠡᠭᠡᠬᠦ ᠳᠦ ᠬᠢᠴᠢᠶᠡᠯ ᠦᠨ ᠰᠤᠷᠭᠠᠨ ᠬᠥᠮᠦᠵᠢᠯ ᠢᠶᠡᠨ ᠪᠠᠢᠭᠤᠯᠤᠨ᠎ᠠ（ PPT ᠬᠠᠭᠤᠳᠠᠰᠤ ᠪᠠᠢᠭᠤᠯᠤᠨ᠎ᠠ ）᠃ ᠳᠣᠣᠷᠠᠬᠢ ᠨᠡᠷ᠎ᠡ ： PPT

ᠳᠣᠣᠷᠠᠬᠢ ᠵᠢᠷᠤᠭ ᠬᠢᠴᠢᠶᠡᠯ ᠦᠨ ᠰᠤᠷᠭᠠᠨ ᠬᠥᠮᠦᠵᠢᠯ ᠦᠨ ᠨᠠᠶᠢᠷᠠᠭᠤᠯᠬᠤ ᠫᠷᠣᠭ᠍ᠷᠠᠮ ᠤᠨ ᠰᠤᠳᠤᠯᠭ᠎ᠠ ᠰᠢᠨᠵᠢᠯᠡᠭᠡ ᠪᠠ ᠳᠡᠯᠭᠡᠷᠡᠩᠭᠦᠢ ᠲᠠᠢᠯᠪᠤᠷᠢ ᠶᠢ ᠨᠡᠷ᠎ᠡ ᠶᠢᠨ ᠵᠢᠱᠢᠶᠡᠯᠡᠨ᠎ᠡ ᠃

（ ᠵᠢᠷᠤᠭ ）ᠳᠣᠣᠷᠠᠬᠢ ᠵᠢᠷᠤᠭ ᠬᠢᠴᠢᠶᠡᠯ ᠦᠨ ᠰᠤᠷᠭᠠᠨ ᠬᠥᠮᠦᠵᠢᠯ ᠦᠨ ᠨᠠᠶᠢᠷᠠᠭᠤᠯᠬᠤ ᠫᠷᠣᠭ᠍ᠷᠠᠮ ᠤᠨ ᠰᠤᠳᠤᠯᠭ᠎ᠠ ᠰᠢᠨᠵᠢᠯᠡᠭᠡ ᠵᠢᠱᠢᠶ᠎ᠡ

Adobe Captivate ᠂ iSPring ᠵᠡᠷᠭᠡ ᠪᠣᠯᠤᠨ᠎ᠠ ᠃

ᠬᠢᠴᠢᠶᠡᠯ ᠦᠨ ᠰᠤᠷᠭᠠᠨ ᠬᠥᠮᠦᠵᠢᠯ ᠦᠨ ᠨᠠᠶᠢᠷᠠᠭᠤᠯᠬᠤ ᠫᠷᠣᠭ᠍ᠷᠠᠮ ᠳᠤ ： Articulate Studio ᠂ Articulate Storyline ᠂ Lec — tora ᠂ Adobe Presenter ᠂

ᠬᠣᠯᠪᠣᠭ᠎ᠠ ᠲᠠᠢ ᠬᠢᠴᠢᠶᠡᠯ ᠦᠨ ᠰᠤᠷᠭᠠᠨ ᠬᠥᠮᠦᠵᠢᠯ ᠢᠶᠡᠨ ᠪᠣᠯ ᠡᠨᠡ ᠲᠥᠷᠥᠯ ᠦᠨ ᠬᠢᠴᠢᠶᠡᠯ ᠢ ᠰᠤᠷᠭᠠᠬᠤ ᠳᠤ ᠪᠡᠯᠡᠳᠬᠡᠨ᠎ᠡ ᠃ ᠡᠳᠡᠭᠡᠷ ᠪᠣᠯ ᠪᠦᠬᠦ ᠳᠣᠣᠷᠠᠬᠢ ᠨᠡᠷ᠎ᠡ

ᠪᠠᠶᠢᠳᠠᠯ ᠂ ᠪᠠᠭᠰᠢ ᠳᠣᠣᠷᠠᠬᠢ ᠰᠤᠷᠠᠭᠴᠢ ᠶᠢᠨ ᠬᠢᠴᠢᠶᠡᠯ ᠪᠡᠯᠡᠳᠬᠡᠯ ᠦᠨ ᠲᠥᠭᠡᠭᠡᠬᠦ ᠳᠦ ᠲᠤᠰᠠᠯᠠᠨ᠎ᠠ ᠶᠢ ᠰᠤᠷᠭᠠᠨ ᠬᠥᠮᠦᠵᠢᠯ ᠂ ᠰᠤᠷᠠᠭᠴᠢ ᠶᠢᠨ ᠬᠡᠷᠡᠭ ᠲᠦᠷᠭᠡᠨ ᠪᠣᠯ

ᠵᠢᠷᠤᠭ ᠲᠡᠭᠦᠨ ᠦ ᠬᠠᠷᠢᠯᠴᠠᠨ ᠦᠢᠯᠡᠴᠢᠯᠡᠭᠡ ᠪᠤᠶᠤ ᠰᠢᠯᠭᠠᠯᠲᠠ ᠶᠢᠨ ᠫᠷᠣᠭ᠍ᠷᠠᠮ ᠤᠨ ᠰᠤᠷᠤᠯᠴᠠᠭᠠᠨ ᠤ ᠬᠡᠰᠡᠭ ᠳᠦ ᠬᠢᠴᠢᠶᠡᠯ ᠦᠨ ᠪᠡᠯᠡᠳᠬᠡᠯ ᠦᠨ ᠲᠥᠭᠡᠭᠡᠬᠦ ᠳᠦ ᠪᠦᠬᠦ ᠳᠦ ᠰᠢᠯᠭᠠᠬᠤ ᠪᠠ

ᠳᠣᠣᠷᠠᠬᠢ ᠵᠢᠷᠤᠭ ᠬᠢᠴᠢᠶᠡᠯ ᠦᠨ ᠳᠦ ᠫᠷᠣᠭ᠍ᠷᠠᠮ ᠤᠨ ᠬᠡᠷᠡᠭᠯᠡᠭᠡ ᠂ ᠡᠨᠡ ᠲᠥᠷᠥᠯ ᠳᠤ ᠨᠢ ᠪᠠᠭᠰᠢ ᠲᠠᠢ ᠳᠦ ᠰᠤᠷᠠᠭᠴᠢ ᠳᠦ ᠬᠣᠯᠪᠣᠭᠳᠠᠬᠤ ᠂ ᠰᠤᠷᠠᠭᠴᠢ ᠳᠦ ᠬᠣᠯᠪᠣᠭᠳᠠᠬᠤ

ᠨᠠᠶᠢᠷᠠᠭᠤᠯᠬᠤ ᠫᠷᠣᠭ᠍ᠷᠠᠮ ᠪᠣᠯᠤᠨ᠎ᠠ ᠃ ᠨᠠᠶᠢᠷᠠᠭᠤᠯᠤᠯ ᠨᠢ ᠪᠠᠢᠭ᠎ᠠ ᠳᠤ ᠰᠢᠨᠡᠯᠡᠭ ᠪᠠᠷᠢᠮᠲᠠ ᠵᠢᠱᠢᠶᠡᠯᠡᠪᠡᠯ ᠡᠨᠡ ᠲᠥᠷᠥᠯ（ PPT ）ᠢ ᠰᠢᠨᠵᠢᠯᠡᠬᠦ ᠨᠣᠮᠣᠭᠠᠨ ᠲᠤᠬᠠᠢ ᠂

ᠵᠢᠷᠤᠭ ᠪᠡᠯᠡᠳᠬᠡᠯ ᠪᠣᠯ ᠨᠢᠭᠡᠨ ᠃ ᠡᠨᠡ ᠨᠢ ᠬᠡᠷᠡᠭ ᠵᠢᠷᠤᠭ ᠤᠨ ᠬᠡᠯᠪᠡᠷᠢ ᠶᠢᠨ ᠬᠡᠷᠡᠭ ᠲᠦᠷᠭᠡᠨ ᠪᠣᠯᠭᠠᠨ ᠪᠤᠢ ᠣᠯᠠᠨ ᠲᠥᠷᠥᠯ ᠦᠨ ᠬᠡᠯᠪᠡᠷᠢ ᠳᠦ ᠬᠢᠴᠢᠶᠡᠯ ᠦᠨ ᠰᠤᠷᠭᠠᠨ ᠬᠥᠮᠦᠵᠢᠯ

ᠪᠠᠷ ᠬᠢᠴᠢᠶᠡᠯ ᠳᠤ ᠬᠡᠷᠡᠭᠯᠡᠬᠦ ᠳᠤ ᠪᠤᠯᠤᠨ᠎ᠠ ᠳᠣᠣᠷᠠᠬᠢ ᠵᠢᠷᠤᠭ ᠬᠢᠴᠢᠶᠡᠯ ᠦᠨ ᠰᠤᠷᠭᠠᠨ ᠬᠥᠮᠦᠵᠢᠯ ᠦᠨ ᠨᠠᠶᠢᠷᠠᠭᠤᠯᠬᠤ ᠫᠷᠣᠭ᠍ᠷᠠᠮ（ Rapide — learning tools ）

（ ᠵᠢᠷᠤᠭ ）ᠳᠣᠣᠷᠠᠬᠢ ᠵᠢᠷᠤᠭ ᠬᠢᠴᠢᠶᠡᠯ ᠦᠨ ᠰᠤᠷᠭᠠᠨ ᠬᠥᠮᠦᠵᠢᠯ ᠦᠨ ᠨᠠᠶᠢᠷᠠᠭᠤᠯᠬᠤ ᠫᠷᠣᠭ᠍ᠷᠠᠮ

ᠵᠢᠷᠤᠭ ᠂ ᠳᠣᠣᠷᠠᠬᠢ ᠵᠢᠷᠤᠭ ᠬᠢᠴᠢᠶᠡᠯ ᠦᠨ ᠳᠦ ᠫᠷᠣᠭ᠍ᠷᠠᠮ ᠤᠨ ᠲᠤᠰᠬᠠᠢ ᠪᠠᠢᠭᠤᠯᠤᠯ ᠬᠠᠷᠢᠯᠴᠠᠭᠤᠯᠬᠤ ᠰᠤᠷᠭᠠᠯ ᠢ ᠰᠢᠨᠵᠢᠯᠡᠬᠦ ᠪᠠᠢᠳᠠᠯ

[illegible] Storyline [illegible] PowerPoint [illegible]

Articulate Storyline [illegible] Articulate Storyline [illegible]

4. [illegible]

3. Engage [illegible]

2. Quizmaker [illegible]

1. [illegible]

Articulate Quizmaker [illegible] Articulate Engage [illegible] Articulate Presenter [illegible]

Articulate Studio [illegible] Articulate Studio [illegible]

Narration [illegible]

Interaction [illegible]

Quiz [illegible]

Presentation [illegible] 10 [illegible] iSPring Pro [illegible]

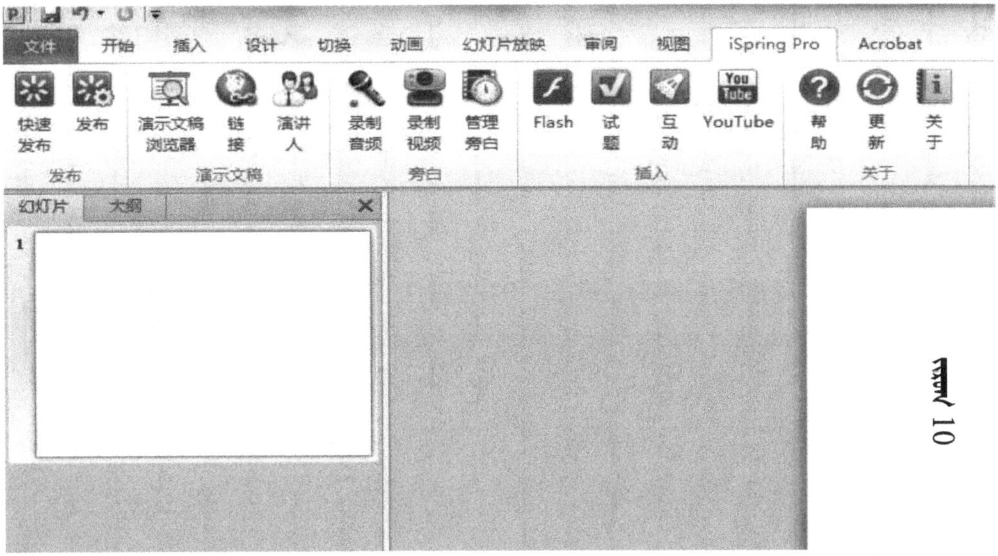
文件
开始
插入
设计
切换
动画
幻灯片放映
审阅
视图
iSpring Pro
Acrobat
快速发布
发布
演示文稿浏览器
链接
演讲人
录制音频
录制视频
管理旁白
Flash
试题
互动
YouTube
帮助
更新
关于
发布
演示文稿
旁白
插入
关于
幻灯片
大纲

ᠵᠢᠷᠤᠭ 10

[illegible]

([illegible]) [illegible]

[illegible] 10 [illegible]

[illegible] 1. [illegible]

[illegible] 2. [illegible] 3. [illegible]

[illegible] 4. [illegible]

[illegible]

([illegible]) [illegible]

1. [illegible]

2. [illegible]

3. [illegible]

([illegible]) [illegible]

[illegible]

[illegible] ::

([illegible]) [illegible]

1. [illegible] ::

2. [illegible] ::

([illegible]) [illegible]

[illegible] ::

1. PowerPoint [illegible] ::

2. [illegible] PPT [illegible] ::

3. [illegible] ::

4. [illegible] ::

5. [illegible] ::

6. [illegible] ::

[illegible] ::

[illegible]

[illegible] :: [illegible] :: [illegible] :: [illegible] :: [illegible] ::

[illegible]

([illegible]) [illegible]

1. [illegible] : [illegible] :: [illegible]

2. [illegible] : [illegible] : [illegible] :: [illegible] ::

[illegible] ([illegible]) [illegible] · BMP · JPG · GIF [illegible] PNG [illegible]

ᠪᠠ ᠳᠦᠷᠰᠦᠯᠡᠬᠦ ᠪᠠᠢᠳᠠᠯ ᠬᠡᠯᠪᠡᠷᠢ ᠬᠤᠪᠢᠷᠠᠭᠤᠯᠤᠨ᠎ᠠ :: office ᠤᠨ ᠬᠡᠷᠡᠭᠰᠡᠯ ᠳᠦᠷᠰᠦ ᠵᠢᠷᠤᠭ ᠲᠠᠢ ᠬᠣᠯᠪᠣᠭ᠎ᠠ ᠳᠤ ᠳᠦᠷᠰᠦᠯᠡᠭᠳᠡᠭ ᠪᠠᠢᠨ᠎ᠠ ::

（5）WMF ᠬᠡᠯᠪᠡᠷᠢ : ᠡᠨᠡ ᠬᠡᠯᠪᠡᠷᠢ ᠪᠣᠯ ᠲᠣᠭᠠᠨ ᠪᠠᠢᠷᠢᠰᠢᠯ ᠵᠢᠷᠤᠭ ᠳᠦᠷᠰᠦ᠂ ᠬᠡᠮᠵᠢᠶ᠎ᠡ ᠵᠢᠷᠤᠭᠯᠠᠯ ᠤᠨ ᠵᠢᠷᠤᠭ ᠳᠦᠷᠰᠦ ᠶᠢ ᠰᠠᠢᠨ ᠪᠠ ᠶᠢ ᠪᠠᠢᠭᠤᠯᠬᠤ᠂ Windows

（4）PNG ᠬᠡᠯᠪᠡᠷᠢ : ᠡᠨᠡ ᠬᠡᠯᠪᠡᠷᠢ ᠪᠣᠯ ᠳᠦᠷᠰᠦ ᠡᠨᠡ ᠤᠨ᠂ ᠬᠠᠳᠠᠭᠠᠯᠠᠭᠰᠠᠨ ᠲᠣᠭᠠᠨ᠂ ᠬᠠᠳᠠᠭᠠᠯᠠᠬᠤ ᠪᠠᠢᠳᠠᠯ ᠵᠢᠷᠤᠭ ᠳᠦᠷᠰᠦ ᠶᠢ ᠳᠦᠷᠰᠦᠯᠡᠬᠦ ᠬᠡᠷᠡᠭ ᠪᠠᠢᠨ alpha ᠰᠤᠪᠠᠭ

（3）GIF ᠬᠡᠯᠪᠡᠷᠢ : ᠡᠨᠡ ᠬᠡᠯᠪᠡᠷᠢ ᠪᠣᠯ ᠬᠢᠨ ᠲᠣᠭᠠᠴᠠ ᠳᠤ ᠰᠠᠢᠨ ᠲᠣᠭᠠᠨ ᠪᠠᠢᠳᠠᠯ ᠵᠢᠷᠤᠭ ᠳᠦᠷᠰᠦ ᠶᠢ ᠬᠠᠳᠠᠭᠠᠯᠠᠬᠤ ᠬᠡᠮᠵᠢᠶ᠎ᠡ ᠬᠡᠷᠡᠭ ᠬᠠᠳᠠᠭᠠᠯᠠᠬᠤ ᠪᠠᠢᠳᠠᠯ ᠪᠠ ᠳᠦᠷᠰᠦᠯᠡᠨ

（2）JPG ᠬᠡᠯᠪᠡᠷᠢ : ᠡᠨᠡ ᠬᠡᠯᠪᠡᠷᠢ ᠬᠠᠳᠠᠭᠠᠯᠠᠬᠤ ᠪᠠᠢᠳᠠᠯ ᠲᠣᠭ᠎ᠠ ᠶᠢ ᠲᠣᠬᠢᠷᠠᠭᠤᠯᠤᠨ᠂ ᠲᠣᠮᠣ ᠬᠡᠮᠵᠢᠶ᠎ᠡ ᠳᠤ ᠬᠠᠮᠤᠭ ᠰᠠᠢᠨ ᠨᠢ ᠪᠦᠬᠦ ᠪᠠᠢ ᠶᠢ ᠪᠠᠢᠭᠤᠯᠬᠤ ᠡᠳᠡᠭ ᠪᠠᠢ ᠬᠠᠮᠤᠭ

ᠲᠣᠬᠢᠷᠠᠮᠵᠢᠲᠠᠢ ᠪᠠᠢᠨ᠎ᠠ :: Windows ᠬᠡᠯᠪᠡᠷᠢ ᠶᠢ ᠬᠠᠮᠤᠭ ᠤᠨ ᠰᠠᠢᠨ ᠬᠡᠷᠡᠭᠯᠡᠬᠦ ᠳᠤ ᠳᠦᠷᠰᠦᠯᠡᠨ᠂ ᠪᠠᠢᠳᠠᠯ ᠪᠠᠢᠭᠤᠯᠤᠯᠲᠠ ᠬᠡᠮᠵᠢᠶ᠎ᠡ ᠶᠢ Web ᠬᠠᠭᠤᠳᠠᠰᠤ ᠲᠣᠬᠢᠷᠠᠬᠤ ᠵᠢᠷᠤᠭᠯᠠᠯ ᠤᠨ ᠳᠦᠷᠰᠦᠯᠡᠬᠦ

（1）BMP ᠬᠡᠯᠪᠡᠷᠢ : ᠡᠨᠡ ᠬᠡᠯᠪᠡᠷᠢ ᠶᠢ ᠵᠢᠷᠤᠭ ᠳᠦᠷᠰᠦ ᠳᠦᠷᠰᠦᠯᠡᠯ ᠤᠨ ᠬᠠᠳᠠᠭᠠᠯᠠᠬᠤ ᠪᠠᠢᠳᠠᠯ ᠲᠣᠭᠠᠨ ᠪᠠᠢᠬᠤ᠂ ᠰᠠᠢᠨ ᠪᠠ ᠶᠢ ᠲᠣᠮᠣᠬᠤ᠂ ᠡᠳᠡᠭ ᠲᠣᠬᠢᠷᠠᠨ ᠶᠢ ᠰᠠᠢᠨ

ᠵᠢᠷᠤᠭᠯᠠᠯ ᠬᠠᠭᠤᠷᠮᠠᠭ ᠬᠡᠷᠡᠭᠰᠡᠯ ᠦᠨ ᠵᠢᠷᠤᠭ ᠳᠦᠷᠰᠦ ᠤᠨ ᠬᠡᠯᠪᠡᠷᠢ ᠪᠠ WFM ᠵᠡᠷᠭᠡ ᠪᠠᠢ :: ᠡᠳᠡᠭᠡᠷ 5 ᠲᠦᠷᠦᠯ ᠬᠡᠯᠪᠡᠷᠢ ᠲᠠᠢ ::

[illegible] 5

[illegible]	WFM	Windows [illegible]
[illegible]	PNG	JPG [illegible] GIF [illegible]
	GIF	[illegible]
	JPG	JPEG [illegible]
	BMP	Windows [illegible]
	[illegible]	[illegible]

ᠪᠣᠯᠪᠠᠰᠤᠷᠠᠭᠤᠯᠬᠤ ᠬᠡᠷᠡᠭᠯᠡᠭᠡᠨ ᠪᠠᠶᠢᠭᠤᠯᠬᠤ ᠰᠢᠯᠢᠭᠳᠡᠭᠰᠡᠨ ᠭᠠᠷᠭᠠᠯᠳᠠ :: ᠡᠨᠡ Photoshop ᠰᠣᠹᠲ ᠤᠨ ᠲᠣᠰᠬᠠᠯ ᠤᠨ ᠰᠣᠩᠭᠣᠯᠲᠠ ᠶᠢᠨ ᠳᠠᠪᠬᠤᠷᠭ᠎ᠠ ᠶᠢᠨ ᠳᠣᠲᠣᠷᠠᠬᠢ ᠲᠣᠬᠢᠷᠠᠭᠤᠯᠤᠯ ᠬᠡᠮᠵᠢᠶ᠎ᠡ ᠶᠢ

ᠬᠡᠰᠡᠭ ᠦᠨ ᠵᠢᠷᠤᠭ ᠳᠠᠪᠬᠤᠷᠭ᠎ᠠ ᠶᠢᠨ ᠮᠠᠰᠺ ᠲᠣᠬᠢᠷᠠᠭᠤᠯᠬᠤ ᠪᠣᠯᠤᠨ᠎ᠠ :: Photoshop ᠰᠣᠹᠲ ᠤᠨ《ᠪᠠᠶᠢᠭ᠎ᠠ ᠲᠣᠬᠢᠷᠠᠭᠤᠯᠬᠤ ᠵᠢ ᠰᠣᠩᠭᠣᠬᠤ》ᠪᠣᠯᠤᠨ ᠬᠡᠰᠡᠭ ᠲᠠᠢ ᠬᠡᠰᠡᠭ ᠦᠨ ᠪᠣᠯᠤᠨ᠎ᠠ

ᠰᠣᠩᠭᠣᠭᠳᠠᠨ᠎ᠠ ᠪᠡᠷ ᠲᠣᠬᠢᠷᠠᠭᠤᠯᠤᠨ ᠲᠠᠲᠠᠬᠤ ᠪᠠᠶᠢᠭ᠎ᠠ ᠪᠡᠷ ᠳᠠᠪᠬᠤᠷᠭ᠎ᠠ ᠪᠣᠯᠤᠭᠰᠠᠨ ᠲᠤᠯᠠ ᠰᠣᠩᠭᠣᠭᠰᠠᠨ ᠪᠡᠷ ᠬᠠᠮᠢᠶ᠎ᠠ ᠬᠡᠰᠡᠭ ᠦᠨ ᠲᠣᠬᠢᠷᠠᠭᠤᠯᠬᠤ ᠲᠠᠲᠠᠬᠤ ᠪᠣᠯᠤᠨ᠎ᠠ :: ᠡᠨᠡ ᠲᠣᠬᠢᠷᠠᠭᠤᠯᠤᠯ Photoshop ᠰᠣᠹᠲ ᠤᠨ

1. ᠵᠢᠷᠤᠭ ᠳᠠᠪᠬᠤᠷᠭ᠎ᠠ ᠶᠢᠨ ᠱᠢᠨ᠎ᠡ ᠬᠡᠯᠪᠡᠷᠢ ᠶᠢ ᠪᠠᠶᠢᠭᠤᠯᠬᠤ Photoshop ᠰᠣᠹᠲ ᠤᠨ《ᠵᠢᠷᠤᠭ ᠳᠠᠪᠬᠤᠷᠭ᠎ᠠ — ᠵᠢᠷᠤᠭ ᠳᠠᠪᠬᠤᠷᠭ᠎ᠠ ᠶᠢᠨ ᠱᠢᠨ᠎ᠡ ᠪᠣᠯᠭᠠᠬᠤ》 ᠰᠣᠩᠭᠣᠭᠰᠠᠨ ᠤᠨ ᠳᠠᠷᠠᠭ᠎ᠠ ᠶᠢᠨ

ᠪᠠᠶᠢᠭᠤᠯᠬᠤ ᠪᠣᠯᠤᠮᠵᠢ ᠲᠠᠢ ᠲᠣᠨᠣᠭ ᠬᠡᠷᠡᠭᠰᠡᠯ ᠦᠨ ᠬᠠᠮᠢᠶᠠᠷᠤᠯᠲᠠ ᠪᠠᠶᠢᠭ᠎ᠠ ᠪᠣᠯᠤᠨ ᠬᠡᠰᠡᠭ ᠢ ᠵᠢᠷᠤᠭ ᠳᠠᠪᠬᠤᠷᠭ᠎ᠠ ᠶᠢᠨ ᠲᠣᠬᠢᠷᠠᠭᠤᠯᠬᠤ ᠪᠠᠷ ᠬᠡᠷᠡᠭᠯᠡᠭᠳᠡᠨ᠎ᠡ :: Photoshop ᠰᠣᠹᠲ

ᠶᠢᠨ ᠬᠡᠷᠡᠭᠯᠡᠭᠡᠨ ᠤᠨ ᠪᠣᠯᠪᠠᠰᠤᠷᠠᠭᠤᠯᠬᠤ ᠰᠣᠩᠭᠣᠭᠳᠠᠭᠰᠠᠨ ᠵᠢᠷᠤᠭ ᠳᠠᠪᠬᠤᠷᠭ᠎ᠠ ᠶᠢᠨ ᠳᠠᠷᠠᠭ᠎ᠠ ᠳᠠᠪᠬᠤᠷᠭ᠎ᠠ ᠪᠡᠷ ᠪᠠᠶᠢᠨ᠎ᠠ :: Photoshop ᠰᠣᠹᠲ ᠤᠨ ᠰᠢᠨ᠎ᠡ ᠪᠠᠶᠢᠭ᠎ᠠ ᠪᠡᠷ ᠪᠣᠯᠤᠨ᠎ᠠ ᠡᠨᠡ ᠬᠡᠰᠡᠭ

ᠵᠢᠷᠤᠭ ᠳᠠᠪᠬᠤᠷᠭ᠎ᠠ ᠰᠣᠩᠭᠣᠯᠲᠠ ᠲᠣᠬᠢᠷᠠᠭᠤᠯᠤᠯ ᠪᠡᠷ Adobe Photoshop ᠰᠣᠹᠲ ᠤᠨ ᠬᠡᠷᠡᠭᠯᠡᠭᠡᠨ ᠪᠠᠶᠢᠨ᠎ᠠ :: ᠲᠣᠪᠴᠢᠯᠠᠨ ᠨᠡᠷᠡᠯᠡᠬᠦ PS ᠭᠡᠵᠦ ᠨᠡᠷᠡᠯᠡᠨ᠎ᠡ :: ᠰᠣᠩᠭᠣᠭᠳᠠᠭᠰᠠᠨ ᠵᠢᠷᠤᠭ ᠳᠠᠪᠬᠤᠷᠭ᠎ᠠ

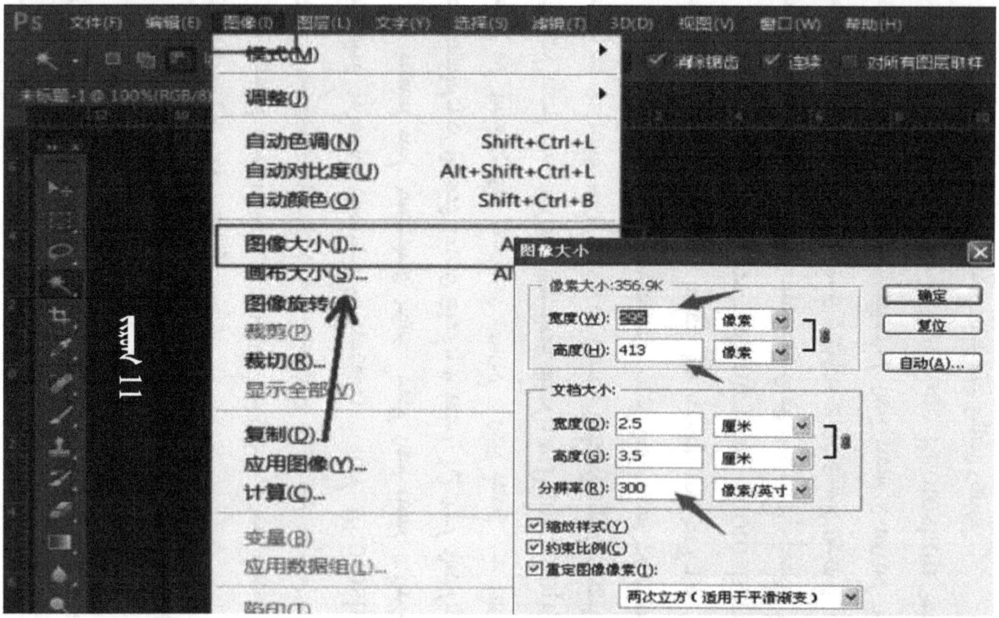

ᠵᠢᠷᠤᠭ 11

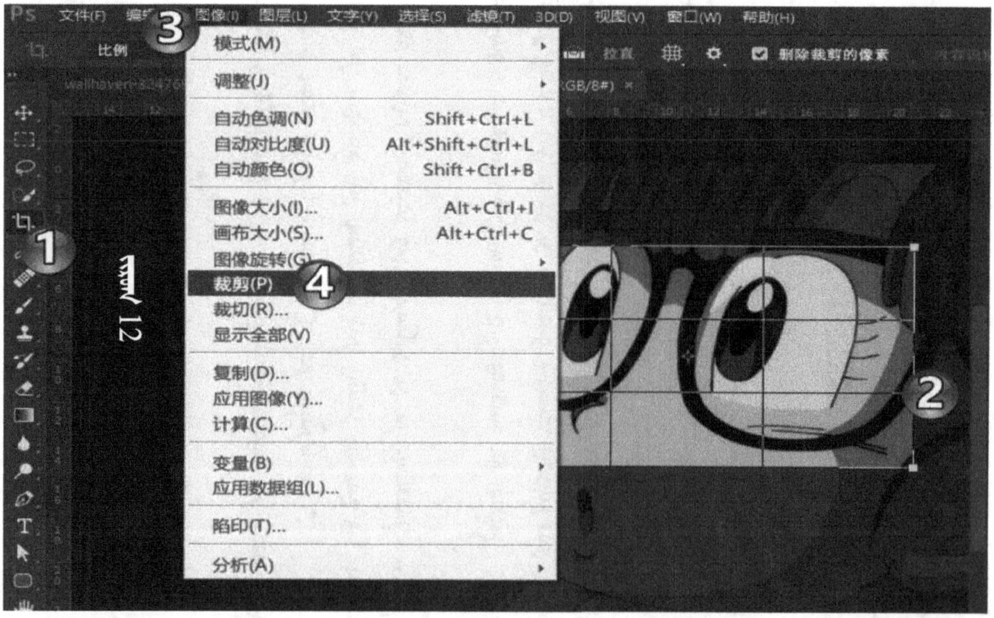

ᠵᠢᠷᠤᠭ 12

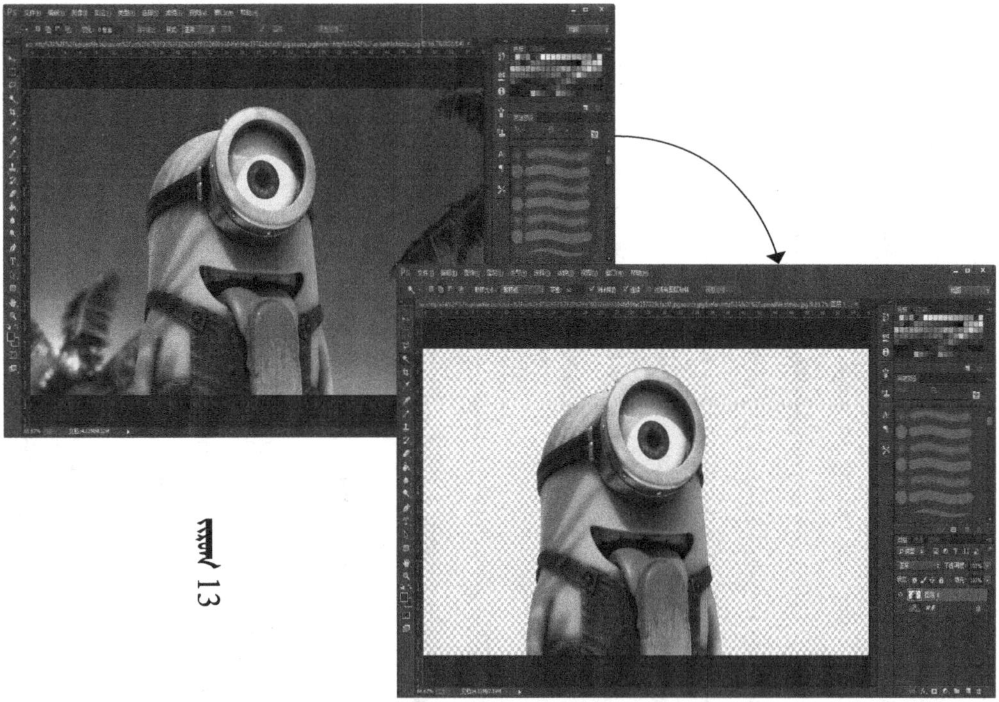

ᠵᠢᠷᠤᠭ 13

ᠵᠢᠷᠤᠭ 14

ᠬᠡᠷᠡᠭᠯᠡᠬᠦ ᠶᠢᠨ ᠪᠣᠯᠤᠮᠵᠢ ᠶᠢ ᠬᠠᠩᠭᠠᠨ ᠬᠣᠶᠠᠷ 《 R 》 ᠬᠡᠰᠡᠭ ᠦᠨ ᠦ ᠮᠣᠩᠭᠣᠯ ᠬᠡᠯᠡ ᠶᠢᠨ ᠬᠡᠯᠡᠯᠴᠡᠬᠦ ᠰᠣᠷᠢᠯᠲᠠ ᠲᠤᠰᠬᠠᠢᠯᠠᠭᠳᠠᠨ᠎ᠠ ᠃
ᠲᠤᠰᠬᠠᠢ ᠲᠤᠰᠬᠠᠢᠯᠠᠬᠤ ᠬᠡᠷᠡᠭᠯᠡᠬᠦ ᠬᠡᠰᠡᠭ ᠪᠠᠶᠢᠭᠤᠯᠬᠤ ᠂ ᠬᠡᠷᠡᠭᠯᠡᠭᠰᠡᠨ ᠬᠡᠷᠡᠭᠯᠡᠬᠦ ᠪᠣᠯᠬᠤ ᠶᠢᠨ ᠲᠤᠰᠬᠠᠢᠯᠠᠭᠰᠠᠨ ᠢ MP3 ᠬᠡᠯᠪᠡᠷᠢ ᠪᠣᠯᠭᠠᠨ ᠬᠠᠳᠠᠭᠠᠯᠠᠬᠤ ᠲᠤᠰᠬᠠᠢ ᠮᠡᠳᠡᠭᠡᠯᠡᠯ ᠦᠨ ᠬᠡᠷᠡᠭᠯᠡᠭᠡᠨ ᠦ ᠲᠤᠰᠬᠠᠢ ᠶᠢᠨ ᠬᠡᠷᠡᠭᠯᠡᠭᠡ ᠶᠢ
CooL Edit Pro ᠶᠢ ᠬᠡᠷᠡᠭᠯᠡᠵᠦ ᠪᠠᠶᠢᠭᠤᠯᠬᠤ ᠶᠢᠨ ᠪᠣᠯᠤᠨ ᠶᠢᠨ ᠂ ᠮᠣᠩᠭᠣᠯ ᠬᠡᠯᠡ ᠶᠢ ᠲᠤᠰᠬᠠᠢ ᠂ ᠲᠤᠰᠬᠠᠢ ᠶᠢᠨ ᠪᠣᠯᠤᠨ ᠲᠤᠰᠬᠠᠢᠯᠠᠭᠰᠠᠨ ᠬᠡᠷᠡᠭᠯᠡᠭᠡ ᠪᠠᠷ ᠲᠤᠰᠬᠠᠢ ᠶᠢᠨ ᠲᠤᠰᠬᠠᠢ ᠶᠢᠨ ᠬᠡᠷᠡᠭᠯᠡᠭᠡ ᠶᠢ

ᠬᠦᠰᠦᠨᠦᠭ 9

ᠳᠠᠭᠤᠨ ᠤ ᠹᠠᠢᠯ ᠤᠨ ᠬᠡᠯᠪᠡᠷᠢ ᠶᠢᠨ ᠬᠠᠷᠢᠴᠠᠭᠤᠯᠤᠯᠲᠠ

ᠹᠠᠢᠯ ᠤᠨ ᠬᠡᠯᠪᠡᠷᠢ	ᠣᠨᠴᠠᠯᠢᠭ ᠪᠠ ᠬᠡᠷᠡᠭᠯᠡᠭᠡ	ᠴᠢᠨᠠᠷ ᠤᠨ ᠬᠠᠷᠢᠴᠠᠭᠤᠯᠤᠯᠲᠠ
WAV	Windows ᠤᠨ ᠰᠲ᠋ᠠᠨᠳᠠᠷᠲ ᠳᠠᠭᠤᠨ ᠤ ᠹᠠᠢᠯ ᠤᠨ ᠬᠡᠯᠪᠡᠷᠢ᠂ ᠴᠢᠨᠠᠷ ᠰᠠᠢᠨ ᠪᠣᠯᠪᠠᠴᠤ ᠡᠵᠡᠯᠡᠬᠦ ᠣᠷᠣᠨ ᠵᠠᠢ ᠶᠡᠬᠡ	
MID	ᠳᠠᠭᠤᠨ ᠤ ᠹᠠᠢᠯ ᠤᠨ ᠬᠡᠯᠪᠡᠷᠢ᠂ ᠬᠦᠭᠵᠢᠮ ᠤᠨ ᠪᠠᠭᠠᠵᠢ ᠶᠢᠨ ᠳᠤᠤᠷᠢᠶᠠᠯᠭ᠎ᠠ ᠶᠢ ᠲᠡᠮᠳᠡᠭᠯᠡᠬᠦ ᠳᠤ ᠬᠡᠷᠡᠭᠯᠡᠭᠳᠡᠨ᠎ᠡ	
MP3	MPELayer3 ᠰᠢᠬᠠᠭᠴᠢᠯᠠᠯ ᠤᠨ ᠰᠲ᠋ᠠᠨᠳᠠᠷᠲ ᠢᠶᠠᠷ ᠰᠢᠬᠠᠭᠴᠢᠯᠠᠭᠰᠠᠨ ᠳᠠᠭᠤᠨ ᠤ ᠹᠠᠢᠯ᠂ ᠣᠳᠣ ᠬᠠᠮᠤᠭ ᠤᠨ ᠡᠯᠪᠡᠭ ᠬᠡᠷᠡᠭᠯᠡᠭᠳᠡᠵᠦ ᠪᠠᠢᠭ᠎ᠠ	
WMV	ᠮᠢᠺᠷᠣᠰᠣᠹᠲ ᠤᠨ ᠬᠥᠭᠵᠢᠭᠦᠯᠦᠭᠰᠡᠨ MP3 ᠲᠠᠢ ᠠᠳᠠᠯᠢ ᠳᠠᠭᠤᠨ ᠤ ᠬᠡᠯᠪᠡᠷᠢ	
RA	ᠰᠦᠯᠵᠢᠶ᠎ᠡ ᠪᠡᠷ ᠳᠠᠮᠵᠢᠭᠤᠯᠬᠤ ᠳᠤ ᠲᠣᠬᠢᠷᠠᠮᠵᠢᠲᠠᠢ ᠳᠠᠭᠤᠨ ᠤ ᠬᠡᠯᠪᠡᠷᠢ	16 — 128kb/S ᠪᠠᠷ ᠳᠠᠮᠵᠢᠭᠤᠯᠤᠨ᠎ᠠ᠃ ᠳᠠᠭᠤᠨ ᠤ ᠴᠢᠨᠠᠷ᠂ ᠰᠦᠯᠵᠢᠶ᠎ᠡ ᠪᠡᠷ ᠳᠠᠮᠵᠢᠭᠤᠯᠬᠤ ᠶᠢᠨ ᠬᠤᠷᠳᠤᠴᠠ ᠳᠤ ᠲᠣᠬᠢᠷᠠᠨ᠎ᠠ᠂ WMV ᠪᠠ MP3

2. ᠬᠣᠭ ᠣᠷᠣᠭᠤᠯᠬᠤ᠂ ᠪᠣᠯᠪᠠᠰᠤᠷᠠᠭᠤᠯᠬᠤ (Corel VideoStudio)

ᠪᠣᠯᠪᠠᠰᠤᠷᠠᠭᠤᠯᠬᠤ ᠶᠢᠨ ᠰᠣᠹᠲ ᠤᠨ ᠳᠡᠯᠭᠡᠴᠡ ᠪᠠᠢᠭᠤᠯᠬᠤ ᠬᠢᠷᠢ ᠬᠡᠮᠵᠢᠶ᠎ᠡ Adobe ᠪᠠᠢᠭᠤᠯᠤᠯ ᠤᠨ ᠬᠡᠯᠪᠡᠷᠢ ᠲᠦᠷᠦᠯ ᠵᠢᠷᠤᠭᠯᠠᠬᠤ ᠶᠢᠨ ᠠᠷᠭ᠎ᠠ ᠪᠣᠯᠤᠨ᠎ᠠ ᠃
ᠪᠣᠯᠪᠠᠰᠤᠷᠠᠭᠤᠯᠬᠤ ᠶᠢ ᠳᠡᠮᠵᠢᠬᠦ ᠶᠢᠨ ᠬᠠᠮᠲᠤ᠂ ᠬᠣᠭ ᠤᠨ ᠪᠣᠯᠪᠠᠰᠤᠷᠠᠭᠤᠯᠬᠤ ᠶᠢᠨ ᠪᠠᠭᠠᠵᠢ ᠶᠢ ᠳᠡᠮᠵᠢᠬᠦ᠂ ᠲᠣᠬᠢᠷᠠᠭᠤᠯᠬᠤ᠂ ᠳᠦᠷᠰᠦᠯᠡᠬᠦ ᠵᠢᠨ DVD ᠳᠢᠰᠺ ᠢ ᠪᠢᠴᠢᠬᠦ ᠪᠣᠯᠤᠨ ᠪᠦᠲᠦᠭᠡᠯ ᠢ ᠬᠠᠩᠭᠠᠬᠤ᠂ ᠬᠠᠮᠲᠤ

1. Adobe Premiere : ᠡᠨᠡ ᠰᠣᠹᠲ ᠪᠣᠯ ᠬᠡᠷᠡᠭᠯᠡᠭᠡ ᠶᠢᠨ ᠬᠦᠷᠢᠶ᠎ᠡ ᠥᠷᠭᠡᠨ ᠪᠠᠢᠳᠠᠭ

ᠹᠣᠷᠮᠠᠲ ᠨᠡᠷ᠎ᠡ	ᠭᠣᠣᠯ ᠣᠨᠴᠠᠯᠢᠭ ᠴᠢᠨᠠᠷ	ᠬᠡᠷᠡᠭᠯᠡᠭᠡ ᠶᠢᠨ ᠬᠦᠷᠢᠶ᠎ᠡ ᠪᠠ ᠬᠡᠷᠡᠭᠯᠡᠬᠦ ᠪᠠᠶᠢᠳᠠᠯ
AVI	ᠮᠢᠺᠷᠤᠰᠤᠹᠲ ᠺᠣᠮᠫᠠᠨᠢ ᠶᠢᠨ Windows ᠤᠨ ᠰᠢᠰᠲ᠋ᠧᠮ ᠳᠦ ᠲᠣᠬᠢᠷᠠᠭᠤᠯᠤᠭᠰᠠᠨ ᠳᠦᠷᠰᠦ ᠳᠠᠭᠤ ᠶᠢᠨ ᠹᠠᠢᠯ ᠤᠨ ᠹᠣᠷᠮᠠᠲ᠂ ᠵᠢᠷᠤᠭ ᠳᠠᠭᠤ ᠶᠢ ᠬᠠᠮᠲᠤ ᠳᠠᠷᠤᠵᠤ ᠪᠣᠯᠬᠤ ᠪᠥᠭᠡᠳ ᠮᠠᠰᠢ ᠰᠠᠢᠨ ᠴᠢᠨᠠᠷ ᠲᠠᠢ	
WMV	ᠮᠢᠺᠷᠤᠰᠤᠹᠲ ᠤᠨ ᠬᠥᠭᠵᠢᠭᠦᠯᠦᠭᠰᠡᠨ ᠬᠠᠮᠢᠶᠠᠷᠤᠯᠲᠠ ᠳᠦᠷᠰᠦ ᠹᠠᠢᠯ ᠤᠨ ᠹᠣᠷᠮᠠᠲ᠂ ᠬᠡᠮᠵᠢᠶ᠎ᠡ ᠨᠢ ᠪᠠᠭ᠎ᠠ᠂ ᠰᠦᠯᠵᠢᠶ᠎ᠡ ᠳᠡᠭᠡᠷ᠎ᠡ ᠳᠠᠮᠵᠢᠭᠤᠯᠬᠤ ᠳᠤ ᠲᠣᠬᠢᠷᠠᠮᠵᠢᠲᠠᠢ	
MPEG	ᠣᠯᠠᠨ ᠤᠯᠤᠰ ᠤᠨ ᠰᠲ᠋ᠠᠨᠳᠠᠷᠲ ᠳᠦᠷᠰᠦ ᠹᠠᠢᠯ ᠤᠨ ᠹᠣᠷᠮᠠᠲ᠂ ᠲᠣᠳᠣᠷᠬᠠᠢ ᠪᠠ ᠪᠠᠭᠠᠰᠬᠠᠯ᠂ ᠣᠳᠣ ᠶᠢᠨ ᠬᠠᠮᠤᠭ ᠪᠠᠭᠠᠰᠬᠠᠯ ᠤᠨ ᠰᠲ᠋ᠠᠨᠳᠠᠷᠲ ᠢ 2001 ᠣᠨ ᠳᠤ ᠲᠣᠭᠲᠠᠭᠠᠭᠰᠠᠨ	
DAT	VCD ᠳᠦᠭᠦᠢ ᠳᠤ ᠬᠡᠷᠡᠭᠯᠡᠭᠳᠡᠬᠦ ᠳᠦᠷᠰᠦ ᠬᠥᠳᠡᠯᠦᠯ ᠦᠨ ᠹᠠᠢᠯ ᠤᠨ ᠹᠣᠷᠮᠠᠲ	ᠹᠣᠷᠮᠠᠲ᠂ WMV ᠪᠠ MP4 ᠹᠠᠢᠯ ᠤᠨ ᠳᠦᠷᠰᠦ ᠬᠥᠳᠡᠯᠦᠯ ᠦᠨ ᠹᠠᠢᠯ ᠤᠨ ᠬᠡᠪ ᠢ ᠰᠦᠯᠵᠢᠶ᠎ᠡ ᠳᠦ ᠬᠡᠷᠡᠭᠯᠡᠬᠦ ᠳᠦ ᠳᠥᠬᠦᠮ ᠲᠠᠢ ᠪᠥᠭᠡᠳ ᠳᠠᠮᠵᠢᠭᠤᠯᠬᠤ ᠬᠤᠷᠳᠤᠴᠠ ᠨᠢ 256kbpS ᠡᠴᠡ ᠳᠣᠣᠷ᠎ᠠ ᠪᠠᠶᠢᠬᠤ ᠬᠡᠷᠡᠭᠲᠡᠢ᠃
RM	ᠰᠦᠯᠵᠢᠶ᠎ᠡ ᠳᠡᠭᠡᠷ᠎ᠡ ᠰᠢᠭᠤᠳ ᠨᠡᠪᠲᠡᠷᠡᠭᠦᠯᠬᠦ ᠹᠠᠢᠯ ᠤᠨ ᠹᠣᠷᠮᠠᠲ ᠤᠨ ᠨᠢᠭᠡ	
ASF	ᠮᠢᠺᠷᠤᠰᠤᠹᠲ ᠤᠨ ᠬᠥᠭᠵᠢᠭᠦᠯᠦᠭᠰᠡᠨ ᠰᠢᠭᠤᠳ ᠨᠡᠪᠲᠡᠷᠡᠭᠦᠯᠬᠦ ᠰᠦᠯᠵᠢᠶ᠎ᠡ ᠳᠡᠭᠡᠷ᠎ᠡ ᠰᠢᠭᠤᠳ ᠨᠡᠪᠲᠡᠷᠡᠭᠦᠯᠬᠦ ᠹᠠᠢᠯ ᠤᠨ ᠹᠣᠷᠮᠠᠲ ᠤᠨ ᠨᠢᠭᠡ	
MOV	ᠠᠫᠫᠯ ᠺᠣᠮᠫᠠᠨᠢ ᠶᠢᠨ ᠰᠢᠭᠤᠳ ᠨᠡᠪᠲᠡᠷᠡᠭᠦᠯᠬᠦ ᠪᠣᠯᠤᠨ ᠰᠦᠯᠵᠢᠶ᠎ᠡ ᠳᠡᠭᠡᠷ᠎ᠡ ᠰᠢᠭᠤᠳ ᠨᠡᠪᠲᠡᠷᠡᠭᠦᠯᠬᠦ ᠹᠠᠢᠯ ᠤᠨ ᠹᠣᠷᠮᠠᠲ	
MP4	ᠬᠠᠮᠤᠭ ᠣᠯᠠᠨ ᠬᠡᠷᠡᠭᠯᠡᠭᠳᠡᠬᠦ ᠪᠣᠯᠤᠨ ᠬᠥᠳᠡᠯᠦᠩᠭᠦᠢ ᠪᠠ ᠬᠥᠳᠡᠯᠦᠩᠭᠦᠢ ᠳᠦᠷᠰᠦ ᠶᠢᠨ ᠳᠦᠷᠰᠦ ᠬᠥᠳᠡᠯᠦᠯ ᠦᠨ ᠹᠠᠢᠯ ᠤᠨ ᠹᠣᠷᠮᠠᠲ	
FLV	Flash ᠤᠨ ᠳᠦᠷᠰᠦ ᠬᠥᠳᠡᠯᠦᠯ ᠦᠨ ᠹᠠᠢᠯ ᠤᠨ ᠬᠦᠷᠭᠡᠯᠲᠡ ᠪᠣᠯᠬᠤ ᠬᠡᠯᠪᠡᠷᠢ Flash video ᠶᠢᠨ ᠲᠣᠪᠴᠢᠯᠠᠯ ᠪᠣᠯᠤᠨ ᠦᠭᠡ᠃ ᠬᠠᠮᠤᠭ ᠣᠯᠠᠨ ᠬᠡᠷᠡᠭᠯᠡᠭᠳᠡᠬᠦ ᠰᠦᠯᠵᠢᠶ᠎ᠡ ᠶᠢᠨ ᠳᠦᠷᠰᠦ ᠬᠥᠳᠡᠯᠦᠯ ᠦᠨ ᠹᠠᠢᠯ᠃	

ᠬᠦᠰᠦᠨᠦᠭᠲᠦ 7 ᠳᠦᠷᠰᠦ ᠬᠥᠳᠡᠯᠦᠯ ᠦᠨ ᠹᠠᠢᠯ ᠤᠨ ᠨᠡᠢᠲᠡᠯᠢᠭ ᠹᠣᠷᠮᠠᠲ ᠤᠨ ᠬᠠᠷᠢᠴᠠᠭᠤᠯᠤᠯᠲᠠ

ᠬᠠᠮᠢᠶᠠᠷᠤᠭᠤᠯᠬᠤ ᠬᠤᠭᠤᠴᠠᠭ᠎ᠠ ᠨᠢ ᠪᠠᠷᠢᠮᠲᠠ ᠂ ᠬᠠᠮᠤᠭ 100 ᠮᠢᠩᠭᠠᠨ ᠲᠥᠭᠡᠷᠢᠭ ᠦᠨ ᠬᠠᠮᠢᠶᠠᠷᠤᠯᠲᠠ ᠪᠠᠷᠢᠮᠲᠠ ᠶᠢᠨ ᠪᠠᠷᠠᠭ᠎ᠠ ᠪᠠᠷᠢᠮᠲᠠ ᠪᠠᠢᠨ᠎ᠠ ᠃ DVD · VCD ᠬᠠᠭᠤᠷᠴᠠᠭ

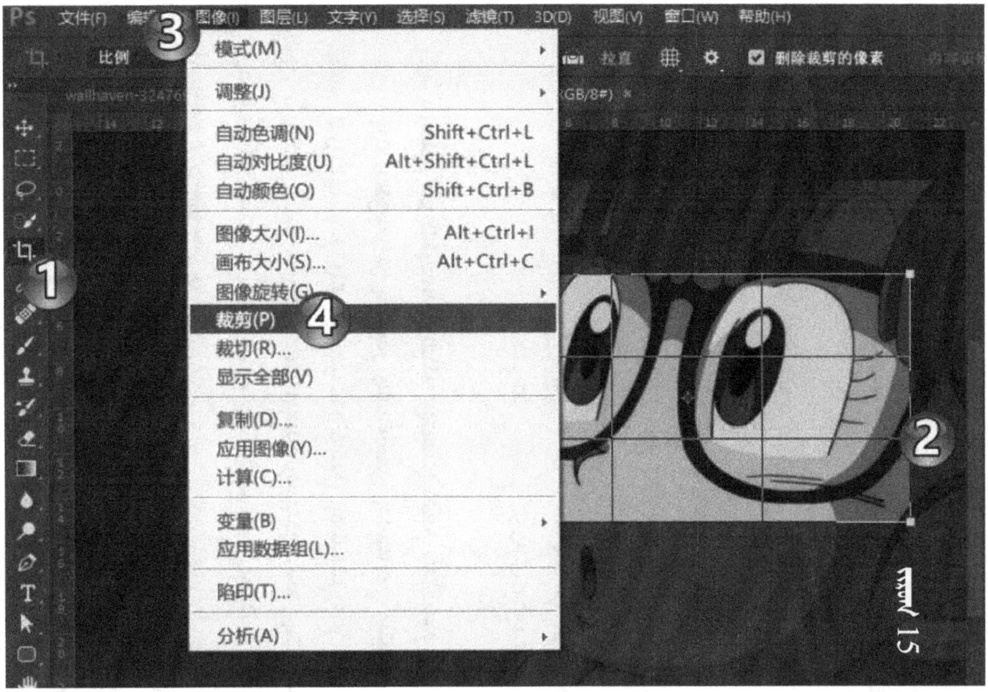
Ps 文件(F) 编 图像(I) 图层(L) 文字(Y) 选择(S) 滤镜(T) 3D(D) 视图(V) 窗口(W) 帮助(H)
比例
拉直
删除裁剪的像素
模式(M)
调整(J)
自动色调(N) Shift+Ctrl+L
自动对比度(U) Alt+Shift+Ctrl+L
自动颜色(O) Shift+Ctrl+B
图像大小(I)... Alt+Ctrl+I
画布大小(S)... Alt+Ctrl+C
图像旋转(G)
裁剪(P)
裁切(R)...
显示全部(V)
复制(D)...
应用图像(Y)...
计算(C)...
变量(B)
应用数据组(L)...
陷印(T)...
分析(A)
1
2
3
4

[illegible] 15

[illegible]

(1) [illegible]

4. [illegible]

(3) [illegible]

(2) [illegible]

[illegible]

1. [illegible]

[illegible]

[illegible]

[illegible]

5. [illegible]

[illegible]

(2) [illegible]

[illegible]

[illegible] ::

2. [illegible]

[illegible] ::

3. [illegible]

[illegible] ::

4. [illegible]

[illegible]

(1) [illegible] ::

(2) ᠪᠣᠯᠪᠠᠰᠤᠷᠠᠯ ᠤᠨ ... [illegible]

(3) ... [illegible] ::

5. ᠮᠡᠷᠭᠡᠵᠢᠯ ᠪᠣᠯᠪᠠᠰᠤᠷᠠᠯ ᠤᠨ ... [illegible]

... [illegible] ::

(http://www.eduyu.cn)

4.

3.

2.

1.

[illegible] 8

[illegible]	[illegible]	[illegible]
[illegible]	[illegible]	20 [illegible]
[illegible]	[illegible]	20 [illegible]
[illegible]	[illegible]	10 [illegible]
[illegible]	[illegible]	10 [illegible]
[illegible]	[illegible]	10 [illegible]
[illegible]	[illegible]	10 [illegible]
[illegible]	[illegible]	5 [illegible]
[illegible]	[illegible]	5 [illegible]
[illegible]	[illegible]	5 [illegible]
[illegible]	[illegible]	5 [illegible]

ᠳᠦ ᠬᠠᠷᠢᠯᠴᠠᠭ᠎ᠠ ᠪᠠᠷ ᠲᠣᠳᠤᠷᠬᠠᠢᠯᠠᠭᠳᠠᠭᠰᠠᠨ ᠪᠠᠢᠨ᠎ᠠ᠃ ᠪᠠᠢᠭᠤᠯᠤᠯᠲᠠ 8 ᠲᠠᠯ ᠨᠢᠭᠤᠷ ᠲᠤ ᠪᠠᠢ᠃

[illegible] 《[illegible]》 (ᠪᠠᠢᠭᠤᠯᠤᠯᠲᠠ) [illegible] 3 [illegible] 10 [illegible]᠃ 《[illegible]》 [illegible] 《[illegible]》 [illegible] ᠪᠣᠯᠤᠨ᠎ᠠ᠃

1. [illegible] ᠠᠶᠠᠯᠭ᠎ᠠ — ᠶᠠᠷᠢᠶᠠᠨ ᠤ [illegible] ᠪᠣᠯᠤᠨ᠎ᠠ᠃

2. ᠠᠰᠠᠭᠤᠬᠤ [illegible] ᠠᠶᠠᠯᠭ᠎ᠠ — ᠠᠰᠠᠭᠤᠬᠤ [illegible] ᠪᠣᠯᠤᠨ᠎ᠠ᠃

3. [illegible] — ᠶᠠᠷᠢᠶᠠᠨ ᠤ [illegible] ᠪᠣᠯᠤᠨ᠎ᠠ᠃

[illegible] 《[illegible]》 [illegible]

[illegible]

[illegible]

[illegible]

[illegible]

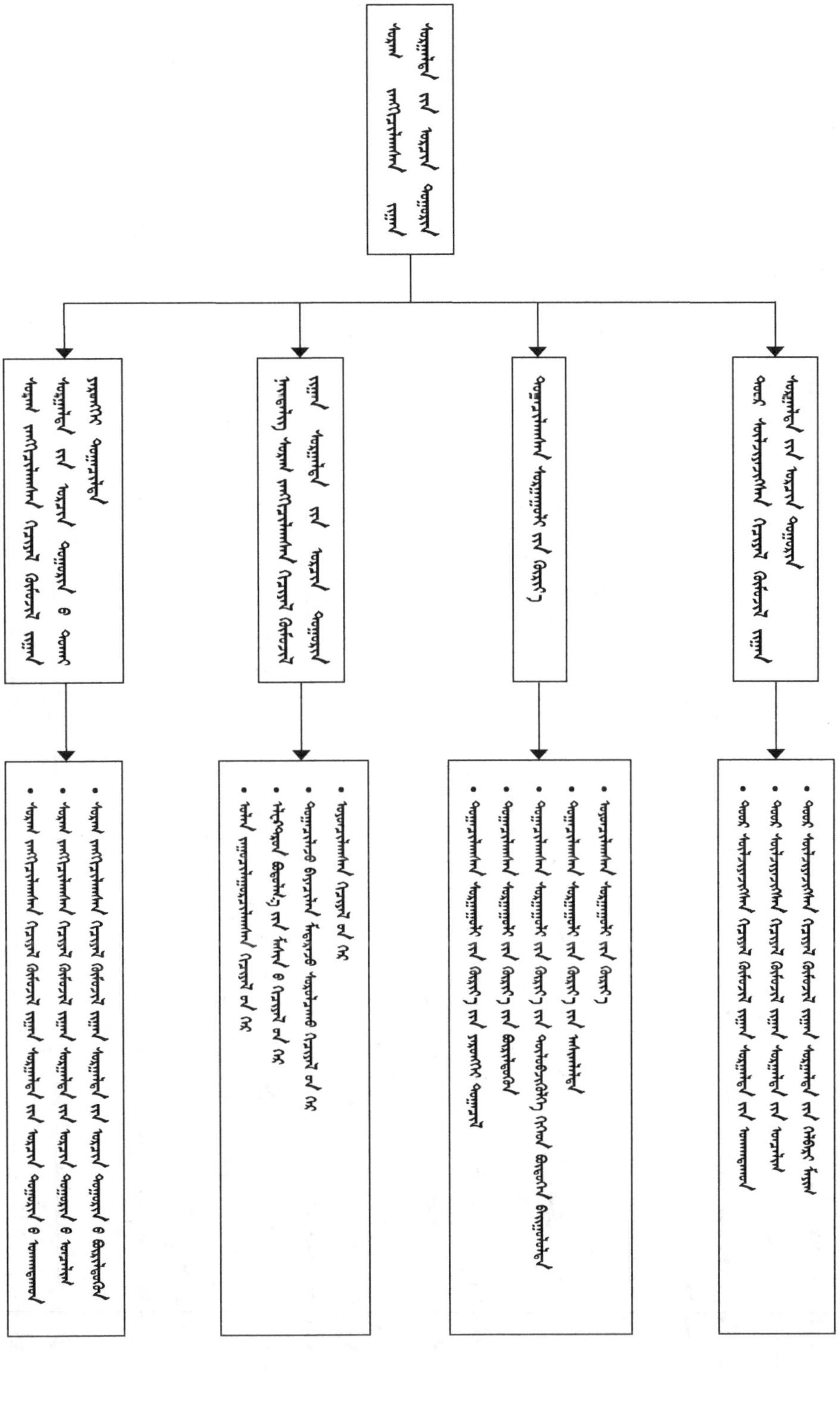

ᠵᠢᠷᠤᠭ 16

[illegible]

[illegible]

2. [illegible] ::

[illegible] QQ · BBS · BLog [illegible] ::

3. [illegible] ::

[illegible] ::

4. [illegible] ::

[illegible]

[illegible]

5. [illegible]

[illegible]

6. [illegible]

[illegible]

[illegible]

[illegible]

[illegible]

1. [illegible]

[illegible]

2. [illegible]

[illegible] DVD [illegible]

3. [illegible]

[illegible]

[illegible]

4. [illegible]

[illegible]

5. [illegible]

[illegible]

6. [illegible]

[illegible]

[illegible] 17 [illegible]

[illegible]

[illegible]

[illegible]

[illegible]

[illegible]

[illegible] 17

[illegible]

[illegible]

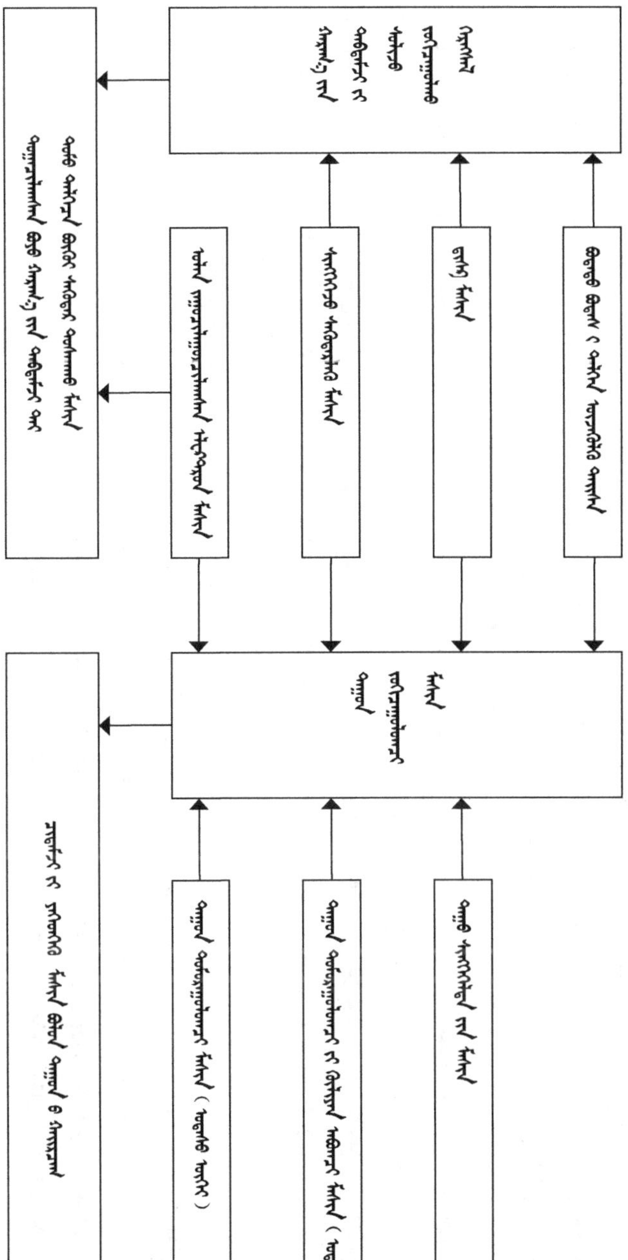

ᠵᠢᠷᠤᠭ 18

4. ᠰᠤᠷᠭᠠᠭᠤᠯᠢ ᠶᠢᠨ ᠪᠠᠭᠰᠢ ᠨᠠᠷ ᠰᠤᠷᠭᠠᠨ ᠬᠦᠮᠦᠵᠢᠯ ᠦᠨ ᠠᠷᠭ᠎ᠠ ᠪᠠᠷᠢᠯ ᠢ ᠰᠣᠨᠭᠣᠬᠤ ᠳᠤ ᠰᠤᠷᠭᠠᠭᠤᠯᠢ ᠶᠢᠨ ᠬᠡᠷᠡᠭᠴᠡᠭᠡ ᠶᠢ ᠪᠠᠷᠢᠮᠵᠢᠯᠠᠬᠤ ᠪᠣᠯᠤᠨ᠎ᠠ᠃ ᠰᠤᠷᠭᠠᠭᠤᠯᠢ ᠶᠢᠨ ᠰᠤᠷᠭᠠᠨ ᠬᠦᠮᠦᠵᠢᠯ ᠦᠨ ᠪᠠᠷᠢᠮᠵᠢᠶ᠎ᠠ ᠳᠦ ᠲᠣᠬᠢᠷᠠᠭᠰᠠᠨ ᠪᠠᠶᠢᠨ᠎ᠠ᠃ ᠡᠨᠡ ᠨᠢ ᠰᠤᠷᠭᠠᠨ ᠬᠦᠮᠦᠵᠢᠯ ᠦᠨ ᠰᠤᠷᠭᠠᠭᠤᠯᠢ ᠶᠢᠨ ᠪᠠᠭᠰᠢ ᠨᠠᠷ ᠤᠨ ᠰᠤᠷᠭᠠᠨ ᠬᠦᠮᠦᠵᠢᠯ ᠦᠨ ᠪᠣᠯᠪᠠᠰᠤᠷᠠᠯ (ᠵᠢᠱᠢᠶᠡ ᠨᠢ ᠪᠡᠨ) ᠨᠠᠢᠷᠠᠭᠤᠯᠬᠤ᠂ ᠳᠠᠭᠤ ᠪᠢᠴᠢᠯᠭᠡ ᠶᠢᠨ ᠰᠤᠷᠭᠠᠨ ᠬᠦᠮᠦᠵᠢᠯ ᠦᠨ CD ᠨᠠᠢᠷᠠᠭᠤᠯᠤᠭᠳᠠᠬᠤ᠂ ᠳᠠᠭᠤ ᠪᠢᠴᠢᠯᠭᠡ ᠶᠢᠨ ᠪᠣᠯᠪᠠᠰᠤᠷᠠᠯ ᠤᠨ ᠬᠡᠷᠡᠭᠯᠡᠭᠡ ᠶᠢ ᠳᠡᠭᠡᠭᠰᠢᠯᠡᠭᠦᠯᠬᠦ᠂ ᠰᠤᠷᠭᠠᠨ

2. ᠮᠣᠩᠭᠣᠯ [illegible]

[illegible]

1. [illegible]

[illegible]

7. [illegible]

[illegible]

3. [illegible]

2. [illegible]

[illegible]

1. [illegible]

[illegible]

[illegible]

[illegible]

3. [illegible]

[illegible]

2. [illegible]

[illegible]

1. [illegible]

([illegible]) [illegible]

[illegible]

4. [illegible]

3. [illegible]

2. [illegible]

20

(Smart Classroom)

20

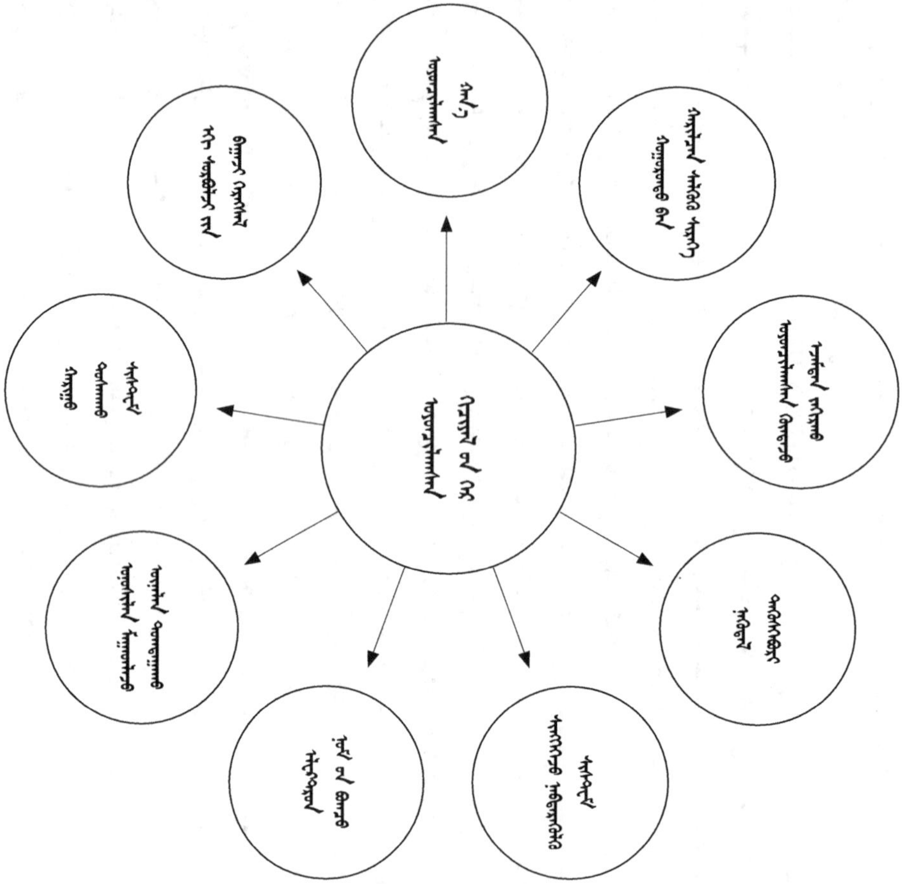

ᠵᠢᠷᠤᠭ 21

[illegible]

[illegible]

[illegible]

[illegible]

1. [illegible]

([illegible]) [illegible]

[illegible]

([illegible]) [illegible]

[illegible] 1998 [illegible] 1990 [illegible]

[illegible]

[illegible]

(ᠰᠤᠷᠭᠠᠯ) ᠬᠡᠯᠡᠯᠴᠡᠭᠡᠨ ᠦ ᠣᠷᠴᠢᠨ ᠤ ᠰᠤᠷᠭᠠᠭᠤᠯᠢ ᠶᠢᠨ ᠬᠢᠴᠢᠶᠡᠯ

ᠰᠤᠷᠤᠯᠴᠠᠭᠤᠴᠢ ᠶᠢᠨ ᠮᠣᠩᠭᠣᠯ ᠬᠡᠯᠡ ᠶᠢᠨ ᠰᠤᠷᠭᠠᠯᠲᠠ ᠶᠢᠨ ᠬᠡᠷᠡᠭᠯᠡᠭᠡ ᠪᠣᠯᠤᠨ᠎ᠠ ::

(ᠰᠤᠷᠭᠠᠯ) ᠰᠤᠷᠤᠯᠴᠠᠭᠤᠴᠢ ᠶᠢᠨ ᠬᠡᠯᠡᠯᠴᠡᠭᠡ

(ᠰᠤᠷᠭᠠᠯ) ᠪᠠᠭᠰᠢ ᠶᠢᠨ ᠬᠢᠴᠢᠶᠡᠯ

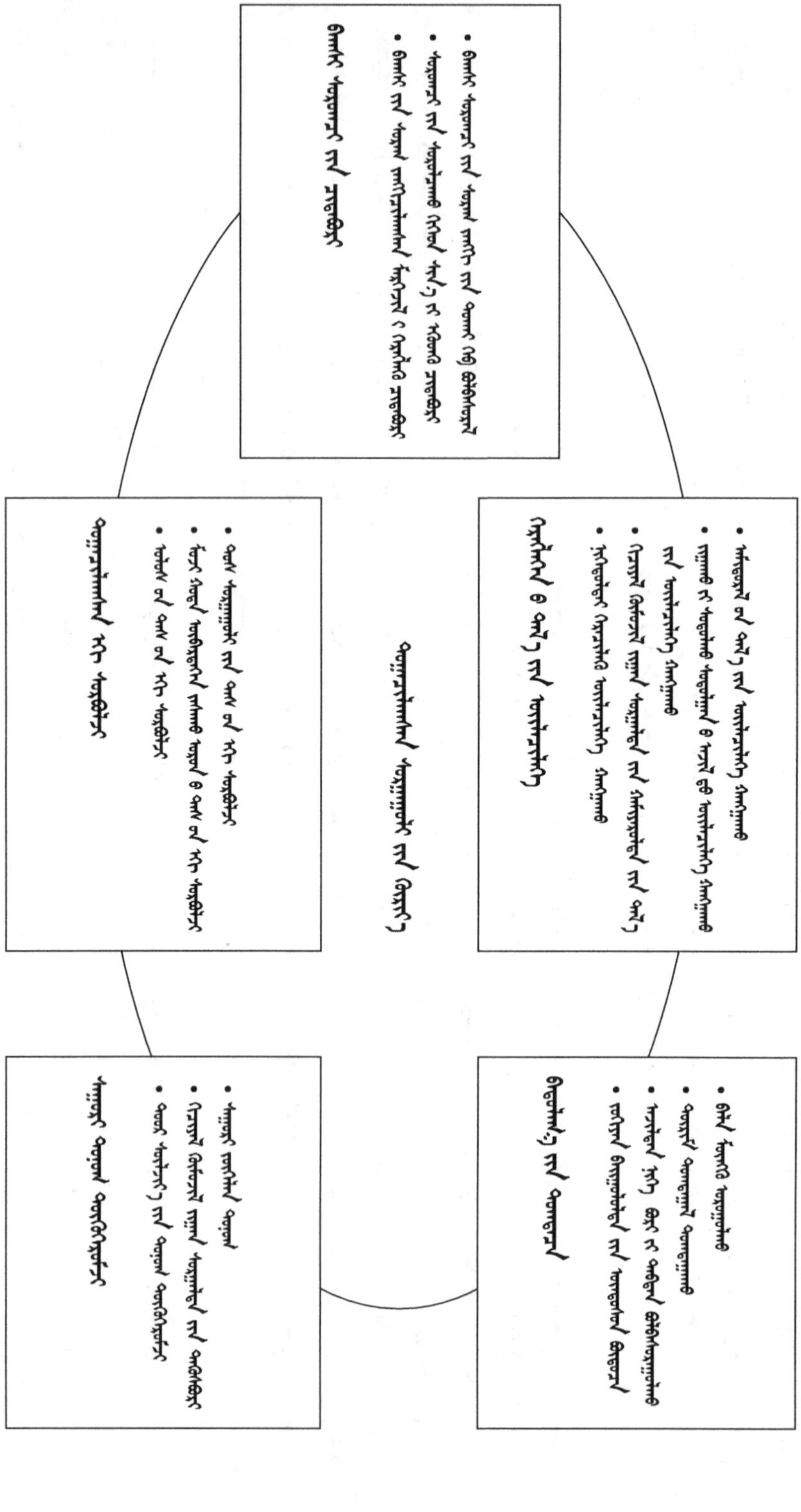

ᠵᠢᠷᠤᠭ 22

[illegible]

[illegible]

1. [illegible]

[illegible]

[illegible]

([illegible])

[illegible]

[illegible]

[illegible]

([illegible])

[illegible]

[illegible]

1.

3.

2.

4. [illegible]

3. [illegible]

2. [illegible]

1. [illegible]

[illegible]
[illegible]
[illegible] ::

[illegible]
[illegible] ::
[illegible]

[illegible] ([illegible])

[illegible] ::

[illegible] ::
[illegible]

5. [illegible] ::

[illegible]

[illegible]

ᠵᠢᠷᠤᠭ 24

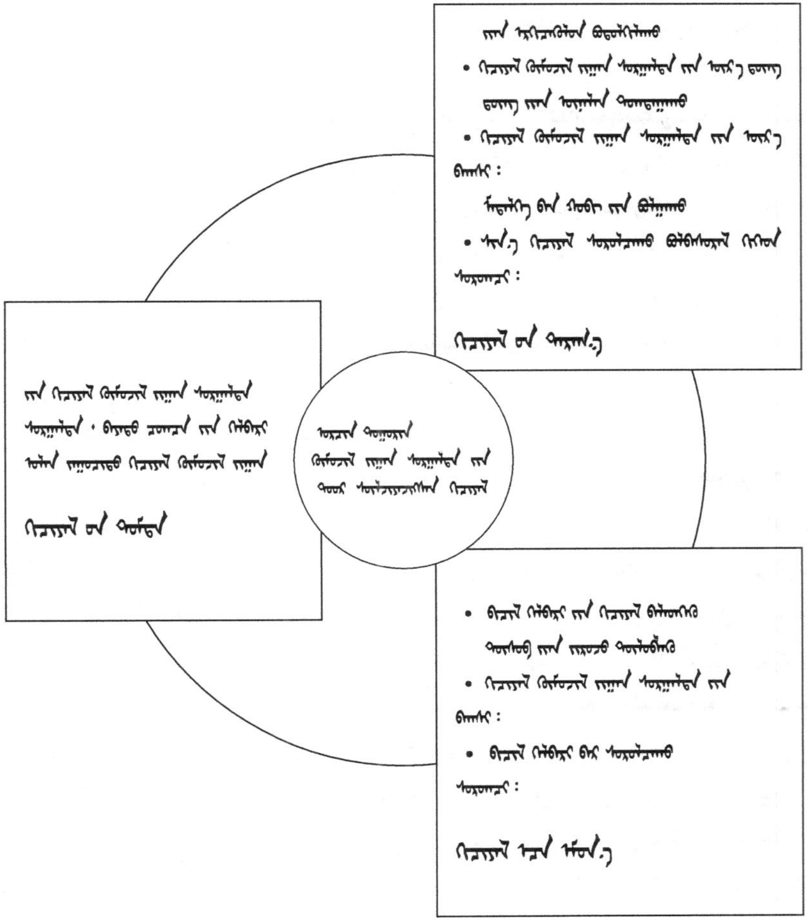

ᠵᠢᠷᠤᠭ 23

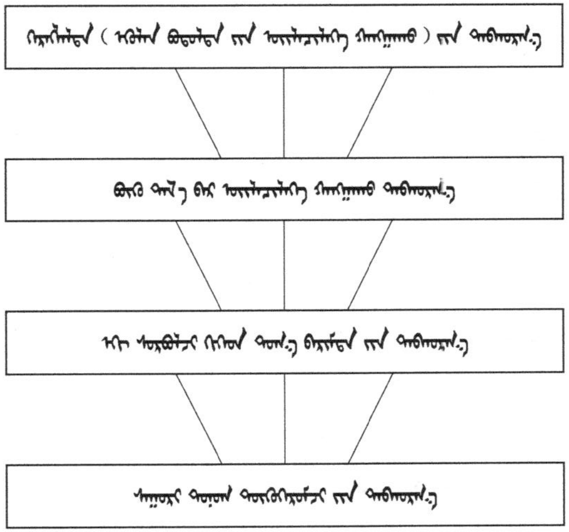

ᠬᠠᠮᠠᠭᠠᠯᠠᠯᠲᠠ ᠰᠣᠩᠭᠣᠬᠤ ᠶᠢᠨ ᠡᠷᠬᠡ ᠶᠢ ᠪᠠᠲᠤᠯᠠᠬᠤ ᠪᠣᠯᠪᠠᠰᠤ ᠬᠠᠮᠠᠭᠠᠯᠠᠭᠴᠢ ᠶᠢ ᠥᠪᠡᠷ ᠪᠡᠷ ᠬᠠᠷᠢᠭᠤᠴᠠᠭᠤᠯᠬᠤ ᠡᠷᠬᠡ ᠡᠳ᠋ᠯᠡᠭᠦᠯᠦᠨ᠎ᠡ ᠭᠡᠵᠦ ᠪᠠᠶᠢᠭᠤᠯᠤᠭᠰᠠᠨ ᠪᠠᠶᠢᠳᠠᠯ ᠤᠨ ᠪᠢᠴᠢᠭ ᠦᠨ ᠬᠠᠤᠯᠢ ᠶᠢᠨ 27 ᠳᠤᠭᠠᠷ ᠵᠦᠢᠯ ᠢ ᠦᠵᠡᠬᠦ ᠬᠡᠷᠡᠭᠲᠡᠢ᠃

ᠬᠡᠷᠡᠭ ᠪᠦᠲᠦᠭᠡᠭᠴᠢ ᠨᠢ ᠬᠠᠮᠠᠭᠠᠯᠠᠯᠲᠠ ᠶᠢᠨ ᠡᠷᠬᠡ ᠶᠢ ᠡᠳ᠋ᠯᠡᠬᠦ ᠳᠤ ᠪᠠᠶᠢᠭᠤᠯᠤᠯᠭ᠎ᠠ ᠳᠤ ᠰᠢᠭᠤᠳ ᠲᠤᠰᠠᠯᠠᠬᠤ ᠶᠢ ᠪᠠᠲᠤᠯᠠᠬᠤ ᠬᠡᠷᠡᠭᠲᠡᠢ᠃ ᠬᠠᠮᠠᠭᠠᠯᠠᠯᠲᠠ ᠰᠣᠩᠭᠣᠬᠤ ᠶᠢᠨ ᠡᠷᠬᠡ ᠶᠢ ᠡᠳ᠋ᠯᠡᠬᠦ ᠳᠤ ᠪᠠᠶᠢᠭᠤᠯᠤᠯᠭ᠎ᠠ ᠶᠢᠨ ᠲᠤᠰᠠᠯᠠᠮᠵᠢ ᠶᠢ ᠬᠠᠷᠠᠭᠠᠯᠵᠠᠬᠤ ᠪᠠᠷ ᠦᠯᠦ ᠪᠣᠯᠬᠤ ᠪᠠ ᠬᠤᠤᠯᠢ ᠶᠢᠨ ᠵᠢᠭᠠᠭᠰᠠᠨ ᠶᠣᠰᠣᠭᠠᠷ ᠬᠠᠮᠠᠭᠠᠯᠠᠯᠲᠠ ᠶᠢ ᠬᠦᠯᠢᠶᠡᠨ ᠠᠪᠬᠤ ᠶᠢ ᠪᠠᠲᠤᠯᠠᠨ᠎ᠠ᠂ ᠪᠣᠯᠵᠣᠭᠠᠨ ᠤ ᠬᠡᠮᠵᠢᠶ᠎ᠡ ᠶᠢᠨ ᠬᠡᠷᠡᠭ ᠦᠨ ᠬᠠᠷᠢᠭᠤᠴᠠᠯᠭ᠎ᠠ᠂ ᠭᠡᠮᠳᠡᠯ ᠭᠠᠷᠭᠠᠯᠲᠠ ᠪᠠ ᠡᠷᠦᠯ ᠰᠢᠭᠦᠨ ᠲᠠᠰᠤᠯᠬᠤ ᠰᠢᠭᠦᠬᠦ ᠪᠠᠶᠢᠳᠠᠯ ᠳᠤ ᠬᠠᠮᠠᠭᠠᠯᠠᠯᠲᠠ ᠶᠢᠨ ᠡᠷᠬᠡ ᠶᠢ ᠪᠠᠲᠤᠯᠠᠵᠤ᠂ ᠰᠢᠭᠦᠬᠦ ᠪᠠᠶᠢᠳᠠᠯ᠂ ᠰᠢᠭᠦᠬᠦ ᠡᠷᠬᠡ ᠶᠢ ᠬᠤᠤᠯᠢ ᠶᠢᠨ ᠶᠣᠰᠣᠭᠠᠷ ᠡᠳ᠋ᠯᠡᠬᠦ ᠶᠢ ᠬᠠᠮᠠᠭᠠᠯᠠᠯᠲᠠ ᠶᠢᠨ ᠡᠷᠬᠡ ᠶᠢᠨ ᠪᠠᠲᠤᠯᠠᠮᠵᠢ ᠪᠣᠯᠭᠠᠨ᠎ᠠ᠃ ᠬᠠᠮᠠᠭᠠᠯᠠᠯᠲᠠ ᠶᠢᠨ ᠡᠷᠬᠡ ᠶᠢ ᠪᠠᠲᠤᠯᠠᠬᠤ ᠪᠣᠯ ᠪᠠᠶᠢᠭᠤᠯᠬᠤ ᠪᠠᠷ ᠠᠪᠤᠭᠰᠠᠨ ᠣᠯᠠᠨ ᠲᠠᠯ ᠠ ᠶᠢᠨ ᠪᠠᠲᠤᠯᠠᠮᠵᠢ ᠶᠢ ᠬᠠᠷᠠᠭᠠᠯᠵᠠᠬᠤ ᠳᠤ ᠨᠡᠶᠢᠴᠡᠭᠦᠯᠦᠨ᠎ᠡ᠂ ᠪᠠᠶᠢᠭᠤᠯᠤᠯᠭ᠎ᠠ ᠶᠢᠨ ᠬᠡᠮᠵᠢᠶ᠎ᠡ ᠳᠤ ᠪᠠᠲᠤᠯᠠᠬᠤ ᠪᠠᠷ ᠪᠠᠶᠢᠭᠤᠯᠤᠭᠰᠠᠨ ᠪᠠᠶᠢᠳᠠᠯ ᠨᠢ ᠬᠠᠮᠠᠭᠠᠯᠠᠯᠲᠠ ᠶᠢᠨ ᠬᠡᠷᠡᠭ ᠦᠨ ᠡᠷᠬᠡ ᠶᠢᠨ ᠪᠠᠲᠤᠯᠠᠮᠵᠢ ᠶᠢ ᠬᠠᠷᠠᠭᠠᠯᠵᠠᠬᠤ ᠦᠭᠡᠢ ᠪᠣᠯ ᠬᠤᠤᠯᠢ ᠶᠢᠨ ᠵᠢᠭᠠᠭᠰᠠᠨ ᠪᠣᠯᠪᠠᠰᠤ ᠬᠤᠤᠯᠢ ᠶᠢᠨ ᠬᠠᠷᠢᠭᠤᠴᠠᠯᠭ᠎ᠠ ᠳᠤ ᠰᠢᠯᠵᠢᠭᠦᠯᠬᠦ ᠪᠣᠯᠤᠨ᠎ᠠ᠃ ᠬᠠᠮᠠᠭᠠᠯᠠᠯᠲᠠ ᠶᠢᠨ ᠡᠷᠬᠡ ᠶᠢᠨ ᠪᠠᠲᠤᠯᠠᠮᠵᠢ

ᠬᠠᠮᠠᠭᠠᠯᠠᠯᠲᠠ ᠰᠣᠩᠭᠣᠬᠤ ᠶᠢᠨ ᠡᠷᠬᠡ ᠪᠡᠷ ᠬᠠᠮᠠᠭᠠᠯᠠᠯᠲᠠ ᠶᠢᠨ ᠡᠷᠬᠡ ᠶᠢᠨ ᠪᠠᠲᠤᠯᠠᠮᠵᠢ ᠶᠢᠨ ᠬᠦᠷᠢᠶ᠎ᠡ ᠳᠦ ᠪᠠᠭᠲᠠᠬᠤ ᠶᠢ ᠬᠠᠷᠠᠭᠤᠯᠵᠤ ᠪᠣᠯᠤᠨ᠎ᠠ᠃ ᠬᠠᠮᠠᠭ

ᠬᠣᠶᠠᠷ· ᠬᠠᠮᠠᠭᠠᠯᠠᠯᠲᠠ ᠰᠣᠩᠭᠣᠬᠤ ᠶᠢᠨ ᠡᠷᠬᠡ

ᠰᠢᠨᠵᠢᠯᠡᠨ ᠦᠵᠡᠬᠦ ᠪᠣᠯᠤᠨ᠎ᠠ᠃

ᠡᠷᠡᠭᠦᠦ ᠬᠠᠤᠯᠢ ᠶᠢᠨ 26 ᠳᠤᠭᠠᠷ ᠬᠠᠮᠠᠭᠠᠯᠠᠯᠲᠠ ᠰᠣᠩᠭᠣᠬᠤ ᠶᠢᠨ ᠡᠷᠬᠡ ᠪᠣᠯ ᠰᠢᠬᠠᠨ ᠪᠠᠶᠢᠳᠠᠯ ᠪᠠ ᠬᠡᠷᠡᠭ ᠪᠦᠲᠦᠭᠡᠭᠰᠡᠨ ᠬᠦᠮᠦᠨ ᠰᠣᠩᠭᠣᠬᠤ ᠶᠢᠨ ᠪᠠᠶᠢᠳᠠᠯ ᠢ ᠪᠠᠶᠢᠭᠤᠯᠤᠯᠭ᠎ᠠ ᠢ ᠪᠠᠲᠤᠯᠠᠭᠰᠠᠨ ᠪᠣᠯᠤᠨ᠎ᠠ᠃

ᠡᠭᠦᠨ ᠳᠦ ᠬᠠᠮᠠᠭᠠᠯᠠᠯᠲᠠ ᠪᠠᠷ ᠬᠠᠷᠢᠭᠤᠴᠠᠭᠤᠯᠤᠨ᠎ᠠ᠂ ᠪᠠᠶᠢᠭ᠎ᠠ ᠶᠢᠨ ᠬᠡᠷᠡᠭ ᠪᠦᠲᠦᠭᠡᠭᠰᠡᠨ ᠬᠦᠮᠦᠨ ᠰᠣᠩᠭᠣᠬᠤ ᠶᠢᠨ ᠡᠷᠬᠡ ᠶᠢ ᠵᠢᠭᠠᠬᠤ ᠶᠢᠨ ᠪᠠᠲᠤᠯᠠᠭᠰᠠᠨ᠂ ᠪᠠᠶᠢᠭ᠎ᠠ ᠬᠦᠮᠦᠨ ᠳᠦ ᠬᠠᠮᠠᠭᠠᠯᠠᠯᠲᠠ ᠬᠣᠶᠠᠷ ᠶᠢᠨ ᠬᠡᠮᠵᠢᠶ᠎ᠡ ᠪᠣᠯᠤᠨ᠎ᠠ᠂ ᠪᠠᠶᠢᠭ᠎ᠠ ᠬᠦᠮᠦᠨ ᠤ ᠰᠣᠩᠭᠣᠭᠰᠠᠨ ᠡᠷᠬᠡ ᠶᠢᠨ ᠬᠡᠷᠡᠭ ᠪᠦᠲᠦᠭᠡᠭᠰᠡᠨ ᠲᠤ ᠲᠡᠷᠡ ᠬᠦᠮᠦᠨ (ᠲᠡᠷᠡ ᠬᠦᠮᠦᠨ ᠬᠠᠮᠠᠭᠠᠯᠠᠯᠲᠠ ᠶᠢᠨ ᠬᠡᠷᠡᠭ ᠪᠦᠲᠦᠭᠡᠭᠰᠡᠨ) ᠪᠠᠲᠤᠯᠠᠬᠤ ᠪᠣᠯᠤᠨ᠎ᠠ᠂ ᠡᠭᠦᠨ ᠬᠠᠮᠠᠭᠠᠯᠠᠭᠴᠢ ᠪᠠᠷ ᠰᠣᠩᠭᠣᠭᠰᠠᠨ ᠪᠠᠶᠢᠳᠠᠯ ᠳᠤ ᠰᠢᠭᠦᠬᠦ ᠶᠢᠨ ᠡᠷᠬᠡ ᠳᠦ ᠬᠠᠮᠠᠭᠠᠯᠠᠯᠲᠠ ᠶᠢᠨ ᠬᠡᠮᠵᠢᠶ᠎ᠡ ᠶᠢᠨ ᠡᠳ᠋ᠯᠡᠬᠦ ᠡᠷᠬᠡ ᠪᠠᠶᠢᠭ᠎ᠠ᠂ ᠬᠠᠮᠠᠭᠠᠯᠠᠯᠲᠠ ᠲᠡᠷᠡ ᠬᠦᠮᠦᠨ ᠦ ᠡᠷᠬᠡ ᠬᠠᠮᠠᠭᠠᠯᠠᠯᠲᠠ ᠳᠤ ᠬᠡᠷᠡᠭ ᠪᠦᠲᠦᠭᠡᠭᠰᠡᠨ ᠬᠦᠮᠦᠨ ᠰᠣᠩᠭᠣᠬᠤ ᠶᠢᠨ ᠡᠷᠬᠡ ᠶᠢ ᠪᠠᠲᠤᠯᠠᠨ ᠬᠡᠷᠡᠭᠯᠡᠬᠦ ᠪᠣᠯ ᠬᠡᠷᠡᠭ ᠪᠦᠲᠦᠭᠡᠭᠰᠡᠨ ᠬᠦᠮᠦᠨ ᠤ ᠰᠣᠩᠭᠣᠭᠰᠠᠨ ᠪᠠᠶᠢᠳᠠᠯ (ᠡᠭᠦᠨ ᠳᠦ᠂ ᠬᠠᠮᠠᠭᠠᠯᠠᠯᠲᠠ ᠶᠢᠨ ᠪᠣᠯᠤᠨ ᠬᠠᠮᠠᠭᠠᠯᠠᠭᠴᠢ ᠶᠢᠨ ᠰᠣᠩᠭᠣᠭᠰᠠᠨ ᠬᠦᠮᠦᠨ ᠤ ᠬᠠᠮᠠᠭᠠᠯᠠᠭᠴᠢ ᠰᠣᠩᠭᠣᠬᠤ ᠡᠷᠬᠡ ᠪᠠᠲᠤᠯᠠᠬᠤ) ᠂ ᠬᠠᠮᠠᠭᠠᠯᠠᠯᠲᠠ ᠪᠠᠷ ᠬᠡᠷᠡᠭ ᠪᠦᠲᠦᠭᠡᠭᠰᠡᠨ ᠬᠦᠮᠦᠨ ᠡᠭᠦᠨ ᠳᠦ ᠬᠠᠮᠠᠭᠠᠯᠠᠭᠴᠢ ᠪᠠᠶᠢᠭᠤᠯᠤᠨ᠎ᠠ (ᠬᠡᠷᠡᠭ ᠪᠦᠲᠦᠭᠡᠭᠰᠡᠨ ᠬᠦᠮᠦᠨ ᠰᠣᠩᠭᠣᠬᠤ ᠶᠢᠨ ᠡᠷᠬᠡ ᠶᠢᠨ ᠬᠠᠮᠠᠭᠠᠯᠠᠯᠲᠠ ᠬᠠᠷᠢᠭᠤᠴᠠᠯᠭ᠎ᠠ ᠪᠠᠲᠤᠯᠠᠬᠤ) ᠂ ᠬᠡᠷᠡᠭ ᠪᠠᠷ ᠬᠠᠮᠠᠭᠠᠯᠠᠯᠲᠠ ᠪᠠᠷ ᠬᠠᠮᠠᠭᠠᠯᠠᠭᠴᠢ ᠶᠢᠨ ᠬᠠᠷᠢᠭᠤᠴᠠᠯᠭ᠎ᠠ᠂ ᠡᠭᠦᠨ ᠳᠦ ᠬᠡᠷᠡᠭ ᠪᠦᠲᠦᠭᠡᠭᠰᠡᠨ ᠬᠦᠮᠦᠨ ᠰᠣᠩᠭᠣᠬᠤ ᠶᠢᠨ ᠡᠷᠬᠡ ᠶᠢᠨ ᠪᠠᠶᠢᠳᠠᠯ ᠶᠢᠨ ᠬᠠᠮᠠᠭᠠᠯᠠᠯᠲᠠ ᠤ ᠬᠠᠷᠢᠭᠤᠴᠠᠯᠭ᠎ᠠ ᠪᠠᠲᠤᠯᠠᠬᠤ ᠪᠠᠶᠢᠭᠤᠯᠤᠨ᠎ᠠ᠂ ᠡᠭᠦᠨ ᠳᠦ ᠪᠡᠨ

ᠬᠠᠮᠠᠭᠠᠯᠠᠭᠴᠢ ᠶᠢᠨ ᠡᠭᠦᠨ ᠳᠦ ᠬᠠᠮᠠᠭᠠᠯᠠᠯᠲᠠ ᠬᠠᠷᠢᠭᠤᠴᠠᠭᠤᠯᠬᠤ᠂ ᠰᠢᠭᠦᠬᠦ ᠶᠢᠨ ᠡᠷᠬᠡ ᠬᠠᠮᠠᠭᠠᠯᠠᠯᠲᠠ ᠶᠢᠨ ᠪᠠᠲᠤᠯᠠᠮᠵᠢ ᠶᠢᠨ ᠬᠡᠮᠵᠢᠶ᠎ᠡ ᠶᠢᠨ ᠬᠠᠷᠢᠭᠤᠴᠠᠯᠭ᠎ᠠ ᠳᠤ ᠬᠡᠷᠡᠭᠯᠡᠬᠦ ᠪᠠᠶᠢᠭ᠎ᠠ

(ᠪᠠᠶᠢᠭ᠎ᠠ) ᠬᠠᠮᠠᠭᠠᠯᠠᠯᠲᠠ ᠰᠣᠩᠭᠣᠬᠤ ᠶᠢᠨ ᠡᠷᠬᠡ ᠪᠣᠯ ᠰᠢᠬᠠᠨ ᠪᠠᠶᠢᠳᠠᠯ ᠪᠠ ᠬᠡᠷᠡᠭ ᠪᠦᠲᠦᠭᠡᠭᠰᠡᠨ ᠬᠦᠮᠦᠨ ᠰᠣᠩᠭᠣᠬᠤ ᠶᠢᠨ ᠪᠠᠶᠢᠳᠠᠯ (ᠪᠠᠶᠢᠭ᠎ᠠ)

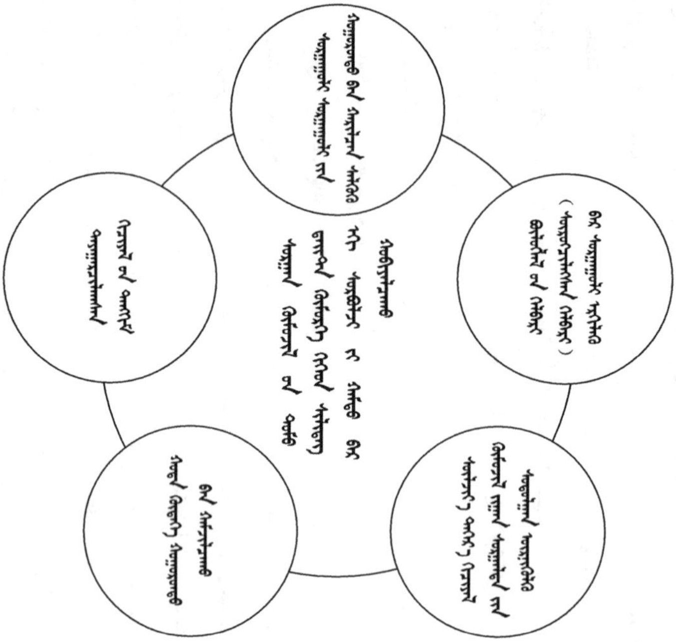

ᠵᠢᠷᠤᠭ 25

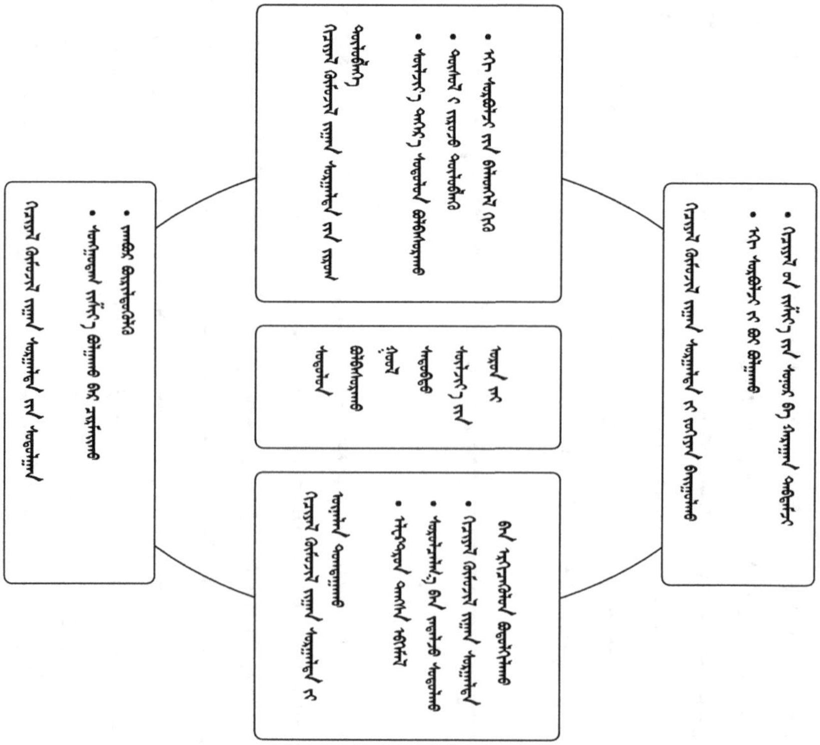

ᠵᠢᠷᠤᠭ 26

[illegible]

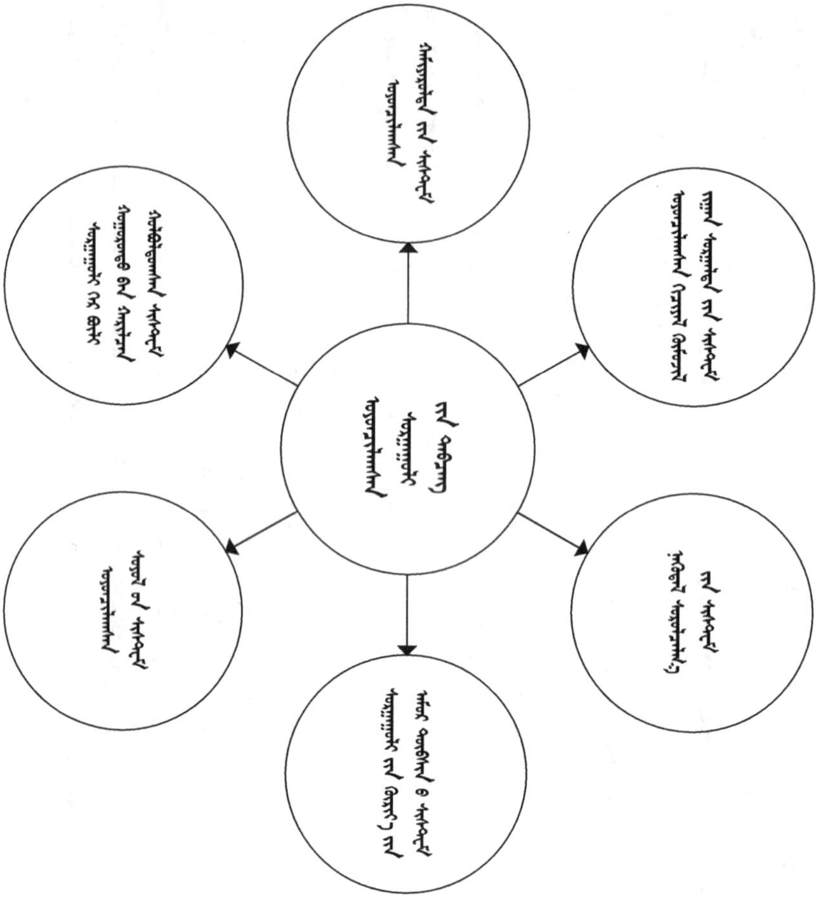

ᠵᠢᠷᠤᠭ 27

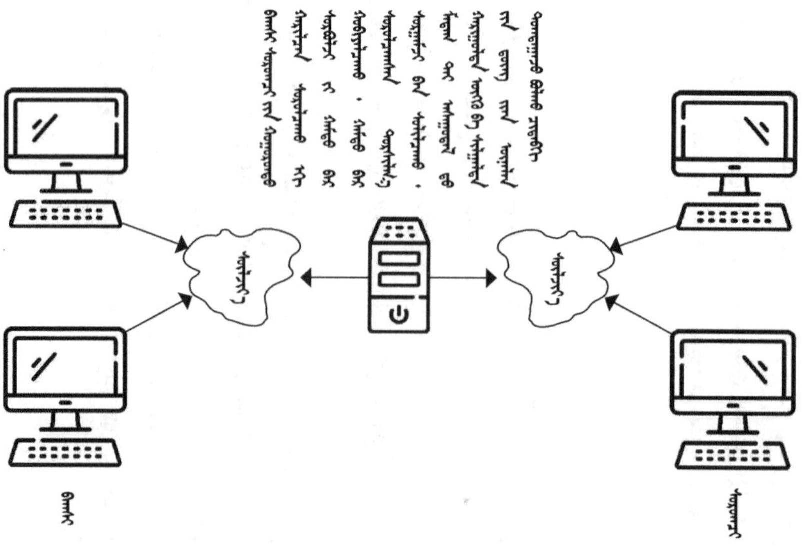

ᠵᠢᠷᠤᠭ 28

ᠶᠢ ᠬᠡᠷᠡᠭᠵᠢᠭᠦᠯᠬᠦ ᠲᠤᠰᠬᠠᠢ ᠪᠠᠷᠢᠮᠵᠢᠶ᠎ᠠ 》ᠶᠢ ᠳᠡᠪᠰᠢᠭᠦᠯᠪᠡ ᠄ ᠬᠡᠷᠡᠭᠵᠢᠭᠦᠯᠦᠯᠲᠡ ᠶᠢᠨ ᠬᠡᠮᠵᠢᠶ᠎ᠡ ...

... 28 ...

... Web ...

[illegible]

[illegible] ::

(ᠭᠤᠷᠪᠠ) [illegible]

[illegible] ::

(ᠬᠣᠶᠠᠷ) [illegible]

[illegible] ::

(ᠨᠢᠭᠡ) [illegible]

[illegible] ::

[illegible] ::

Moodle ᠤᠨ LAMS ᠰᠢᠰᠲ᠋ᠧᠮ ᠢ ᠵᠢᠱᠢᠶ᠎ᠡ ᠪᠣᠯᠭᠠᠨ ᠲᠠᠨᠢᠯᠴᠠᠭᠤᠯᠤᠶ᠎ᠠ ᠃ ᠡᠳᠡᠭᠡᠷ ᠨᠢ ᠬᠠᠮᠲᠤ ᠪᠡᠷ ᠰᠦᠯᠵᠢᠶ᠎ᠡ ᠶᠢᠨ ᠰᠤᠷᠭᠠᠯᠲᠠ ᠶᠢᠨ ᠲᠠᠪᠴᠠᠩ ᠪᠣᠯᠤᠨ Blackboard ᠂ ᠪᠠᠶᠢᠨ᠎ᠠ ᠃

ᠪᠣᠯ ᠪᠣᠯᠭᠠᠨ ᠪᠢᠯ ᠨᠡᠶᠢᠲᠡᠯᠡᠯ ᠰᠦᠯᠵᠢᠶᠡᠨ ᠦ ᠰᠤᠷᠭᠠᠯᠲᠠ ᠶᠢᠨ Web 2.0 ᠲᠡᠭ ᠪᠠᠶᠢᠨ ᠴᠢᠭᠤᠯᠭᠠᠨ (ᠪᠯᠣᠭ ᠪᠠ ᠪᠣᠯᠭᠠᠨ ᠂ ᠸᠢᠺᠢ ᠂ ᠲᠡᠷᠡᠭᠦᠨ) ᠤ ᠲᠤᠰᠠᠯᠠᠬᠤ ᠬᠠᠷᠢᠨ ᠪᠢᠷ ᠪᠣᠯᠭᠠᠨ (ᠪᠣᠯᠭᠠᠨ) ᠪᠣᠯᠤᠨ ᠬᠠᠮᠤᠷᠤᠭᠳᠠᠬᠤ ᠪᠣᠯᠬᠤ ᠨᠢᠭᠡᠳᠦᠭᠡᠷ ᠪᠣᠯᠪᠠᠰᠤ ᠶᠢᠨ ᠴᠢᠮᠡᠭᠡ ᠪᠢᠷ ᠬᠠᠮᠤᠷᠤᠭᠳᠠᠬᠤ ᠪᠣᠯᠭᠠᠨ ᠬᠠᠮᠤᠷᠤᠭᠳᠠᠬᠤ ᠪᠣᠯᠪᠠ ᠪᠢᠷ ᠬᠠᠮᠤᠭ ᠪᠣᠯᠪᠠᠰᠤᠷᠠᠯᠴᠠᠭᠰᠠᠨ ᠰᠤᠷᠤᠯᠴᠠᠬᠤ ᠪᠠᠷ ᠃

ᠰᠤᠷᠤᠯᠴᠠᠭᠴᠢ ᠶᠢᠨ ᠬᠡᠷᠡᠭᠴᠡᠭᠡ ᠶᠢ ᠬᠠᠩᠭᠠᠬᠤ ᠶᠢᠨ ᠲᠥᠯᠥᠭᠡ ᠰᠤᠷᠤᠯᠴᠠᠭᠴᠢ ᠶᠢᠨ ᠰᠤᠷᠤᠯᠭ᠎ᠠ ᠶᠢᠨ ᠦᠢᠯᠡ ᠠᠵᠢᠯᠯᠠᠭ᠎ᠠ ᠶᠢ ᠬᠥᠲᠥᠯᠪᠦᠷᠢᠯᠡᠨ ᠂ ᠰᠤᠷᠤᠯᠴᠠᠭᠴᠢ ᠶᠢᠨ ᠬᠥᠭᠵᠢᠯ ᠢ ᠳᠡᠮᠵᠢᠬᠦ ᠶᠢᠨ ᠲᠥᠯᠥᠭᠡ ᠰᠤᠷᠤᠯᠭ᠎ᠠ ᠶᠢᠨ ᠣᠷᠴᠢᠨ ᠢ ᠪᠦᠲᠦᠭᠡᠬᠦ ᠶᠢᠨ ᠬᠡᠷᠡᠭᠯᠡᠭᠡ ᠲᠠᠢ ᠪᠣᠯᠤᠨ᠎ᠠ ᠂ ᠡᠨᠡ ᠨᠢ ᠰᠤᠷᠤᠯᠴᠠᠭᠴᠢ ᠶᠢᠨ ᠰᠤᠷᠤᠯᠭ᠎ᠠ ᠶᠢᠨ ᠦᠢᠯᠡ ᠶᠠᠪᠤᠴᠠ ᠳᠤ ᠰᠤᠷᠤᠯᠴᠠᠭᠴᠢ ᠶᠢ ᠲᠥᠪ ᠪᠣᠯᠭᠠᠬᠤ ᠰᠤᠷᠭᠠᠯᠲᠠ ᠶᠢᠨ ᠦᠵᠡᠯ ᠪᠣᠳᠤᠯ ᠢ ᠢᠯᠡᠷᠡᠭᠦᠯᠵᠦ ᠪᠠᠢᠨ᠎ᠠ ᠂ ᠰᠤᠷᠤᠯᠴᠠᠭᠴᠢ ᠶᠢᠨ ᠰᠤᠷᠤᠯᠭ᠎ᠠ ᠶᠢᠨ ᠰᠣᠨᠢᠷᠬᠠᠯ ᠢ ᠳᠡᠭᠡᠭᠰᠢᠯᠡᠭᠦᠯᠬᠦ ᠳᠤ ᠲᠤᠰᠠᠯᠠᠮᠵᠢ ᠲᠠᠢ ᠪᠣᠯᠳᠠᠭ ::

ᠪᠣᠯᠪᠠᠰᠤ ᠬᠡᠷᠡᠭᠯᠡᠭᠰᠡᠨ ᠰᠤᠷᠭᠠᠯᠲᠠ ᠶᠢᠨ ᠲᠠᠪᠴᠠᠩ ᠪᠣᠯᠤᠨ ᠰᠦᠯᠵᠢᠶ᠎ᠡ ᠶᠢᠨ ᠰᠤᠷᠭᠠᠯᠲᠠ ᠶᠢᠨ ᠬᠡᠷᠡᠭᠰᠡᠯ ᠪᠤᠶᠤ MoodLe ᠪᠠ LAMS ᠤᠨ ᠵᠡᠷᠭᠡ ᠶᠢ ᠬᠡᠷᠡᠭᠯᠡᠬᠦ ᠳᠤ ᠰᠤᠷᠤᠯᠴᠠᠭᠴᠢ ᠳᠤ ᠬᠡᠷᠡᠭᠯᠡᠭᠳᠡᠬᠦ ᠪᠣᠯᠤᠨ ᠣᠷᠣᠯᠴᠠᠭᠠᠨ ᠤ ᠰᠤᠷᠤᠯᠭ᠎ᠠ ᠶᠢᠨ ᠣᠷᠴᠢᠨ ᠢ ᠪᠦᠲᠦᠭᠡᠵᠦ ᠂ ᠰᠤᠷᠤᠯᠴᠠᠭᠴᠢ ᠶᠢᠨ ᠬᠠᠮᠲᠤᠷᠠᠯ ᠰᠤᠷᠤᠯᠭ᠎ᠠ ᠶᠢ ᠳᠡᠮᠵᠢᠬᠦ ᠶᠢᠨ ᠬᠠᠮᠲᠤ ᠪᠠᠰᠠ ᠰᠤᠷᠤᠯᠴᠠᠭᠴᠢ ᠶᠢᠨ ᠪᠡᠶ᠎ᠡ ᠪᠡᠷ ᠢᠶᠡᠨ ᠰᠤᠷᠤᠯᠴᠠᠬᠤ ᠴᠢᠳᠠᠪᠤᠷᠢ ᠶᠢ ᠳᠡᠭᠡᠭᠰᠢᠯᠡᠭᠦᠯᠬᠦ ᠳᠤ ᠲᠤᠰᠠᠯᠠᠮᠵᠢ ᠲᠠᠢ ᠪᠣᠯᠤᠨ᠎ᠠ ᠂ ᠰᠤᠷᠭᠠᠭᠴᠢ ᠶᠢᠨ ᠰᠤᠷᠭᠠᠯᠲᠠ ᠶᠢᠨ ᠴᠢᠳᠠᠪᠤᠷᠢ ᠶᠢ ᠳᠡᠭᠡᠭᠰᠢᠯᠡᠭᠦᠯᠬᠦ ᠳᠦ ᠴᠢ ᠲᠤᠰᠠᠯᠠᠮᠵᠢ ᠲᠠᠢ ᠪᠣᠯᠤᠨ᠎ᠠ ::

[illegible]

[illegible]

[illegible]

[illegible]

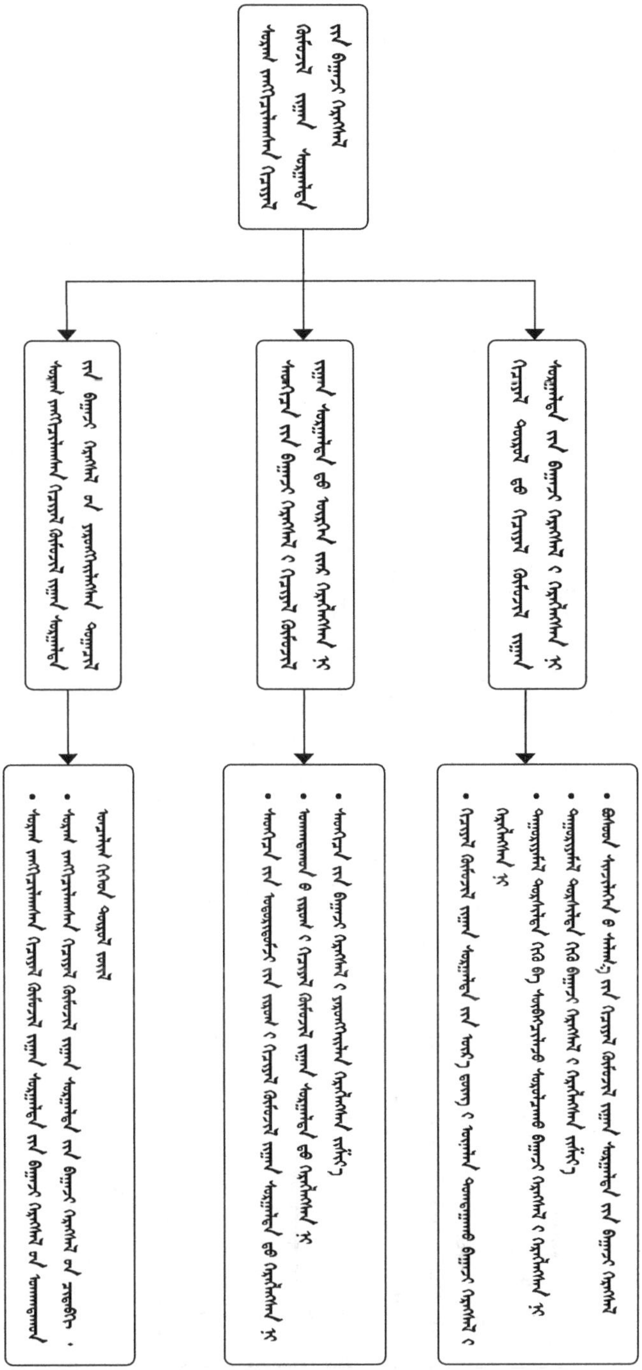

29

2. [illegible]

1. [illegible]

([illegible]) [illegible]

[illegible]

[illegible]

[illegible]

[illegible]

[illegible]

[illegible]

[illegible]

3. ᠰᠦᠯᠵᠢᠶᠡᠨ ᠦ ᠬᠡᠷᠡᠭᠯᠡᠭᠡᠨ ᠦ ᠮᠡᠳᠡᠯᠭᠡ᠄ ᠰᠦᠯᠵᠢᠶᠡᠨ ᠦ ᠬᠠᠶᠢᠭ ᠢ ᠲᠠᠨᠢᠬᠤ ᠪᠠ ᠲᠡᠭᠦᠨ ᠢ ᠬᠡᠷᠡᠭᠯᠡᠬᠦ᠃ ᠵᠢᠱᠢᠶᠡᠯᠡᠪᠡᠯ᠂ WWW ᠰᠦᠯᠵᠢᠶᠡᠨ ᠦ ᠨᠡᠷ᠎ᠡ ᠬᠠᠶᠢᠭ ᠢ ᠲᠠᠨᠢᠬᠤ᠂ ᠰᠦᠯᠵᠢᠶᠡᠨ ᠡᠴᠡ ᠮᠡᠳᠡᠭᠡᠯᠡᠯ ᠢ ᠬᠠᠢᠬᠤ ᠪᠤᠶᠤ ᠲᠠᠲᠠᠬᠤ᠂ ᠰᠦᠯᠵᠢᠶᠡᠨ ᠦ ᠨᠢᠭᠤᠷ ᠢ ᠬᠠᠳᠠᠭᠠᠯᠠᠬᠤ ᠵᠡᠷᠭᠡ᠂ ᠰᠦᠯᠵᠢᠶᠡᠨ ᠳᠦ ᠪᠠᠢᠭ᠎ᠠ ᠮᠡᠳᠡᠭᠡᠯᠡᠯ ᠦᠨ ᠨᠥᠭᠡᠴᠡ ᠶᠢ ᠬᠡᠷᠡᠭᠯᠡᠬᠦ ᠪᠣᠯᠤᠨ᠎ᠠ᠃ ᠰᠦᠯᠵᠢᠶᠡᠨ ᠦ ᠬᠠᠷᠢᠯᠴᠠᠭ᠎ᠠ ᠶᠢᠨ ᠪᠠᠢᠳᠠᠯ ᠢ ᠲᠠᠨᠢᠨ ᠮᠡᠳᠡᠵᠦ᠂ ᠰᠦᠯᠵᠢᠶᠡᠨ ᠳᠦ ᠰᠤᠷᠤᠯᠴᠠᠬᠤ ᠳᠤ ᠰᠣᠨᠢᠷᠬᠠᠯ ᠲᠠᠢ ᠪᠣᠯᠬᠤ ᠵᠡᠷᠭᠡ ᠪᠣᠯᠤᠨ᠎ᠠ᠃ ᠰᠦᠯᠵᠢᠶᠡᠨ ᠦ ᠰᠤᠷᠭᠠᠯᠲᠠ ᠶᠢᠨ ᠬᠠᠷᠢᠴᠠᠭ᠎ᠠ ᠪᠠᠷ ᠰᠢᠨᠵᠢᠯᠡᠪᠡᠯ᠂ ᠪᠢᠴᠢᠭ ᠰᠦᠯᠵᠢᠶᠡᠨ ᠦ ᠮᠡᠳᠡᠭᠡᠯᠡᠯ ᠦᠨ ᠬᠡᠷᠡᠭᠯᠡᠭᠡᠨ ᠢ ᠨᠡᠮᠡᠭᠳᠡᠭᠦᠯᠦᠨ ᠬᠥᠭᠵᠢᠭᠦᠯᠬᠦ ᠶᠢ ᠡᠷᠬᠢᠮᠯᠡᠨ᠎ᠡ᠂ ᠬᠠᠮᠤᠭ ᠤᠨ ᠰᠠᠶᠢ ᠶᠢ ᠰᠢᠯᠢᠨ ᠰᠣᠩᠭᠣᠵᠤ ᠰᠤᠷᠤᠯᠴᠠᠬᠤ ᠶᠢ ᠡᠷᠬᠢᠮᠯᠡᠨ᠎ᠡ᠃

[illegible] S – P (student – problem) [illegible] SPSS [illegible]

6. [illegible]

5. [illegible]

4. [illegible] Web 2.0 [illegible] Web 2.0 [illegible]

[illegible]

[illegible]（托尼 • 巴赞）[illegible]

（[illegible]）[illegible]

[illegible]

[illegible]

[illegible]

[illegible]

[illegible]

4. [illegible]

3. [illegible]

2. [illegible]

1. [illegible]

(2) ᠪᠤᠰᠤᠳ ᠫᠷᠣᠭ᠍ᠷᠠᠮ ᠲᠠᠢ ᠬᠣᠯᠪᠣᠭᠳᠠᠬᠤ ᠳᠠᠪᠤᠭᠤ ᠲᠠᠯ᠎ᠠ ᠲᠠᠢ ᠃ ᠡᠭᠦᠳᠭᠡᠭᠰᠡᠨ ᠰᠠᠨᠠᠭᠠᠨ ᠤ ᠵᠢᠷᠤᠭ ᠢ Word · PowerPoint · PDF · html ᠵᠡᠷᠭᠡ ᠹᠣᠷᠮᠠᠲ ᠪᠣᠯᠭᠠᠨ ᠭᠠᠷᠭᠠᠵᠤ ᠪᠣᠯᠣᠨ᠎ᠠ ᠃

(1) ᠬᠣᠶᠠᠷ ᠬᠡᠯᠪᠡᠷᠢ · Excel · ᠲᠡᠷᠡ ᠴᠢᠯᠠᠭᠤᠨ ᠤ ᠦᠭᠡᠳ ᠢ ᠬᠠᠮᠲᠤᠷᠠᠭᠤᠯᠵᠤ · MindManager ᠢ ᠬᠡᠷᠡᠭᠯᠡᠵᠦ · ᠬᠠᠮᠲᠤᠷᠠᠯᠴᠠᠭᠤᠯᠬᠤ ᠰᠠᠨᠠᠭᠠᠨ ᠤ ᠵᠢᠷᠤᠭ ᠢ ᠪᠣᠯᠪᠠᠰᠤᠷᠠᠭᠤᠯᠵᠤ ᠪᠣᠯᠣᠨ᠎ᠠ ᠃

MindManager 9 ᠨᠢ ᠬᠠᠮᠤᠭ ᠤᠨ ᠰᠢᠨ᠎ᠡ ᠬᠡᠪᠯᠡᠯ ᠪᠣᠯᠤᠨ᠎ᠠ ᠃ MindManager ᠢ ᠬᠡᠷᠡᠭᠯᠡᠭᠡᠳ · ᠰᠠᠨᠠᠭᠠᠨ ᠤ ᠵᠢᠷᠤᠭ ᠢ ᠪᠣᠯᠪᠠᠰᠤᠷᠠᠭᠤᠯᠬᠤ ᠠᠷᠭ᠎ᠠ ᠪᠠᠷ ᠲᠠᠨᠢᠯᠴᠠᠭᠤᠯᠤᠶ᠎ᠠ ᠃

1. MindManager 9 ᠤᠨ ᠪᠤᠰᠤᠳ ᠬᠡᠪᠯᠡᠯ ᠦᠨ ᠲᠠᠨᠢᠯᠴᠠᠭᠤᠯᠭ᠎ᠠ

ᠪᠠ iMinMap ᠵᠡᠷᠭᠡ ᠬᠣᠯᠪᠣᠭᠳᠠᠬᠤ ᠫᠷᠣᠭ᠍ᠷᠠᠮ ᠪᠣᠯᠤᠨ᠎ᠠ ᠃ ᠡᠳᠡᠭᠡᠷ MindManager 9 ᠪᠡᠷ ᠲᠦᠯᠦᠭᠡᠯᠡᠭᠰᠡᠨ · ᠰᠠᠨᠠᠭᠠᠨ ᠤ ᠵᠢᠷᠤᠭ ᠤᠨ ᠫᠷᠣᠭ᠍ᠷᠠᠮ ᠤᠨ ᠬᠡᠯᠪᠡᠷᠢ ᠳᠦ MindManager · XMind · Freemind · MindMapper ᠵᠡᠷᠭᠡ ᠬᠠᠮᠲᠤᠷᠠᠯᠴᠠᠭᠤᠯᠬᠤ ᠰᠠᠨᠠᠭᠠᠨ ᠤ ᠵᠢᠷᠤᠭ ᠤᠨ ᠫᠷᠣᠭ᠍ᠷᠠᠮ ᠤᠨ ᠬᠡᠯᠪᠡᠷᠢ

2. MindManager ᠤ ᠰᠠᠨᠠᠭᠠᠨ ᠪᠣᠳᠤᠯᠭᠠ ᠶᠢᠨ ᠵᠢᠷᠤᠭ ᠢ ᠵᠢᠷᠤᠬᠤ ᠠᠷᠭ᠎ᠠ

(1) ᠰᠠᠨᠠᠭᠠᠨ ᠪᠣᠳᠤᠯᠭᠠ ᠶᠢᠨ ᠵᠢᠷᠤᠭ ᠤᠨ ᠰᠤᠷᠭᠠᠯᠲᠠ ᠳᠤ ᠬᠡᠷᠡᠭᠯᠡᠬᠦ ᠨᠢ ᠰᠤᠷᠤᠯᠴᠠᠭᠴᠢ ᠶᠢᠨ ᠰᠤᠷᠤᠯᠴᠠᠬᠤ ᠦᠢᠯᠡ ᠶᠢ ᠳᠡᠮᠵᠢᠬᠦ ᠶᠢᠨ ᠬᠠᠮᠲᠤ ᠪᠠᠭᠰᠢ ᠶᠢᠨ ᠵᠢᠭᠠᠬᠤ ᠦᠢᠯᠡ ᠶᠢ ᠪᠠᠰᠠ ᠳᠡᠮᠵᠢᠨ᠎ᠡ ᠃ ᠡᠨᠡ ᠨᠢ ᠰᠠᠨᠠᠭᠠᠨ ᠪᠣᠳᠤᠯᠭᠠ ᠶᠢᠨ ᠵᠢᠷᠤᠭ ᠤᠨ ᠪᠠᠭᠰᠢ ᠶᠢᠨ ᠵᠢᠭᠠᠬᠤ ᠦᠢᠯᠡ ᠶᠢ ᠲᠣᠳᠤᠷᠬᠠᠢᠯᠠᠨ ᠲᠣᠭᠠᠴᠠᠭᠰᠠᠨ ᠪᠣᠯᠤᠨ᠎ᠠ ᠃ ᠪᠠᠭᠰᠢ ᠨᠠᠷ ᠰᠠᠨᠠᠭᠠᠨ ᠪᠣᠳᠤᠯᠭᠠ ᠶᠢᠨ ᠵᠢᠷᠤᠭ ᠢ ᠬᠡᠷᠡᠭᠯᠡᠨ ᠬᠢᠴᠢᠶᠡᠯ ᠦᠨ ᠠᠭᠤᠯᠭ᠎ᠠ ᠶᠢ ᠵᠢᠷᠤᠭ ᠢᠶᠠᠷ ᠢᠯᠡᠷᠡᠬᠡᠶᠢᠯᠡᠨ ᠰᠤᠷᠤᠯᠴᠠᠭᠴᠢ ᠳᠤ ᠲᠠᠢᠯᠪᠤᠷᠢᠯᠠᠨ ᠣᠢᠯᠠᠭᠠᠭᠤᠯᠬᠤ ᠳᠤ ᠲᠤᠰᠠᠲᠠᠢ ᠪᠣᠯᠤᠨ᠎ᠠ ᠃ ᠪᠠᠭᠰᠢ ᠨᠠᠷ ᠬᠢᠴᠢᠶᠡᠯ ᠦᠨ ᠡᠮᠦᠨ᠎ᠡ ᠰᠠᠨᠠᠭᠠᠨ ᠪᠣᠳᠤᠯᠭᠠ ᠶᠢᠨ ᠵᠢᠷᠤᠭ ᠢ ᠬᠡᠷᠡᠭᠯᠡᠨ ᠬᠢᠴᠢᠶᠡᠯ ᠦᠨ ᠲᠥᠯᠦᠪᠯᠡᠭᠡ ᠶᠢ ᠵᠣᠬᠢᠶᠠᠨ ᠪᠠᠢᠭᠤᠯᠵᠤ᠂ ᠬᠢᠴᠢᠶᠡᠯ ᠦᠨ ᠠᠭᠤᠯᠭ᠎ᠠ ᠶᠢ ᠰᠢᠭᠤᠳ ᠬᠠᠷᠠᠭᠠᠯᠵᠠᠭᠤᠯᠬᠤ ᠶᠢᠨ ᠬᠠᠮᠲᠤ ᠲᠡᠭᠦᠨ ᠦ ᠪᠦᠲᠦᠴᠡ ᠪᠠ ᠭᠣᠣᠯ ᠰᠠᠨᠠᠭ᠎ᠠ ᠶᠢ ᠲᠣᠳᠣᠷᠬᠠᠢ ᠢᠯᠡᠷᠡᠬᠡᠶᠢᠯᠡᠵᠦ ᠪᠣᠯᠤᠨ᠎ᠠ ᠃ ᠲᠡᠭᠦᠨ ᠴᠢᠯᠡᠨ MindManager ᠤ ᠲᠤᠰᠠᠯᠠᠮᠵᠢ ᠪᠡᠷ ᠬᠢᠴᠢᠶᠡᠯ ᠦᠨ ᠠᠭᠤᠯᠭ᠎ᠠ ᠶᠢ ᠵᠢᠷᠤᠭ ᠢᠶᠠᠷ ᠲᠣᠭᠠᠴᠠᠭᠤᠯᠬᠤ ᠪᠣᠯᠪᠠᠰᠤ ᠰᠤᠷᠤᠯᠴᠠᠭᠴᠢ ᠶᠢᠨ ᠰᠠᠨᠠᠭᠠᠨ ᠪᠣᠳᠤᠯᠭᠠ ᠶᠢ ᠬᠥᠭᠵᠢᠭᠦᠯᠬᠦ ᠳᠦ ᠬᠦᠷᠭᠡᠬᠦ ᠪᠣᠯᠤᠨ᠎ᠠ ᠃ ᠰᠤᠷᠤᠯᠴᠠᠭᠴᠢ ᠶᠢᠨ ᠦᠵᠡᠭᠰᠡᠨ᠂ ᠰᠤᠨᠣᠰᠤᠭᠰᠠᠨ ᠮᠡᠳᠡᠯᠭᠡ ᠶᠢ ᠰᠠᠨᠠᠭᠠᠨ ᠪᠣᠳᠤᠯᠭᠠ ᠶᠢᠨ ᠵᠢᠷᠤᠭ ᠢᠶᠠᠷ ᠵᠢᠷᠤᠭᠯᠠᠨ ᠲᠡᠮᠳᠡᠭᠯᠡᠬᠦ ᠳᠦ ᠲᠤᠰᠠᠯᠠᠨ᠎ᠠ ᠃ «ᠰᠤᠷᠭᠠᠨ ᠬᠦᠮᠦᠵᠢᠯ ᠦᠨ ᠲᠧᠭᠨᠣᠯᠣᠭᠢ» ᠶᠢᠨ ᠬᠢᠴᠢᠶᠡᠯ ᠳᠦ ᠰᠤᠷᠤᠯᠴᠠᠭᠴᠢ ᠨᠠᠷ ᠪᠠᠭ ᠢᠶᠠᠷ ᠬᠤᠪᠢᠶᠠᠵᠤ᠂ ᠰᠠᠨᠠᠭᠠᠨ ᠪᠣᠳᠤᠯᠭᠠ ᠶᠢᠨ ᠵᠢᠷᠤᠭ ᠢ ᠬᠠᠮᠲᠤᠷᠠᠨ ᠵᠢᠷᠤᠵᠤ ᠰᠤᠷᠤᠯᠴᠠᠬᠤ ᠪᠣᠯᠤᠨ᠎ᠠ ᠃ ᠡᠨᠡ ᠨᠢ ᠰᠤᠷᠤᠯᠴᠠᠭᠴᠢ ᠶᠢᠨ ᠬᠠᠮᠲᠤᠷᠠᠨ ᠠᠵᠢᠯᠯᠠᠬᠤ ᠴᠢᠳᠠᠪᠤᠷᠢ ᠶᠢ ᠥᠰᠬᠡᠨ ᠳᠡᠭᠡᠭᠰᠢᠯᠡᠭᠦᠯᠬᠦ ᠳᠦ ᠲᠤᠰᠠᠲᠠᠢ ᠪᠣᠯᠤᠨ᠎ᠠ ᠃ ᠰᠤᠷᠭᠠᠯᠲᠠ ᠶᠢᠨ ᠳᠠᠷᠠᠭ᠎ᠠ ᠰᠤᠷᠤᠯᠴᠠᠭᠴᠢ ᠪᠦᠷᠢ ᠥᠪᠡᠷ ᠦᠨ ᠰᠠᠨᠠᠭᠠᠨ ᠪᠣᠳᠤᠯᠭᠠ ᠶᠢᠨ ᠵᠢᠷᠤᠭ ᠢ ᠵᠢᠷᠤᠵᠤ ᠲᠠᠯᠪᠢᠨ᠎ᠠ ᠃ ᠰᠤᠷᠤᠯᠴᠠᠭᠴᠢ ᠶᠢᠨ ᠵᠢᠷᠤᠭᠰᠠᠨ ᠵᠢᠷᠤᠭ ᠢ ᠳᠡᠯᠭᠡᠴᠡ ᠪᠡᠷ ᠦᠵᠡᠭᠦᠯᠦᠨ ᠰᠣᠯᠢᠯᠴᠠᠵᠤ ᠬᠡᠯᠡᠯᠴᠡᠬᠦ ᠪᠣᠯᠤᠨ᠎ᠠ ᠃ ᠨᠢᠭᠡ ᠬᠢᠴᠢᠶᠡᠯ ᠢ ᠵᠢᠱᠢᠶ᠎ᠡ ᠪᠣᠯᠭᠠᠪᠠᠯ ᠶᠡᠷᠦᠩᠬᠡᠢ 30 ᠮᠢᠨᠦ᠋ᠲ ᠬᠡᠷᠡᠭᠯᠡᠨ᠎ᠡ ᠃

(2) ᠰᠠᠨᠠᠭᠠᠨ ᠪᠣᠳᠤᠯᠭᠠ ᠶᠢᠨ ᠵᠢᠷᠤᠭ ᠤᠨ ᠰᠤᠷᠤᠯᠴᠠᠭᠴᠢ ᠶᠢᠨ ᠦᠢᠯᠡ ᠳᠦ ᠬᠡᠷᠡᠭᠯᠡᠬᠦ ᠨᠢ ᠰᠤᠷᠤᠯᠴᠠᠭᠴᠢ ᠨᠠᠷ ᠰᠠᠨᠠᠭᠠᠨ ᠪᠣᠳᠤᠯᠭᠠ ᠶᠢᠨ ᠵᠢᠷᠤᠭ ᠢ ᠰᠤᠷᠤᠯᠴᠠᠭᠴᠢ ᠶᠢᠨ ᠥᠪᠡᠷ ᠢᠶᠡᠨ ᠰᠤᠷᠤᠯᠴᠠᠬᠤ ᠪᠠᠭᠠᠵᠢ ᠪᠣᠯᠭᠠᠨ ᠬᠡᠷᠡᠭᠯᠡᠵᠦ ᠪᠣᠯᠤᠨ᠎ᠠ ᠃ ᠡᠨᠡ ᠨᠢ ᠪᠣᠳᠠᠰ ᠤᠨ ᠰᠠᠨᠠᠭᠠᠨ ᠪᠣᠳᠤᠯᠭᠠ ᠶᠢᠨ ᠵᠢᠷᠤᠭ ᠤᠨ ᠰᠤᠷᠤᠯᠴᠠᠭᠴᠢ ᠳᠤ ᠮᠡᠳᠡᠯᠭᠡ ᠶᠢ ᠴᠡᠭᠡᠵᠢᠯᠡᠬᠦ᠂ ᠪᠣᠳᠤᠬᠤ᠂ ᠵᠦᠢᠯᠴᠢᠯᠡᠨ ᠨᠡᠩ ᠰᠠᠢᠨ ᠪᠠᠢᠳᠠᠯ ᠢ ᠪᠢᠯᠡᠬᠦ ᠳᠦ ᠲᠤᠰᠠᠯᠠᠬᠤ ᠶᠢᠨ ᠬᠠᠮᠲᠤ ᠰᠤᠷᠤᠯᠴᠠᠭᠴᠢ ᠶᠢᠨ ᠰᠤᠷᠤᠯᠴᠠᠬᠤ ᠶᠢᠨ ᠪᠠᠢᠳᠠᠯ ᠢ ᠰᠠᠢᠵᠢᠷᠠᠭᠤᠯᠬᠤ ᠳᠤ ᠠᠴᠢ ᠬᠠᠷᠢᠭᠤ ᠲᠠᠢ ᠪᠣᠯᠤᠨ᠎ᠠ ᠃ «ᠰᠤᠷᠭᠠᠨ ᠬᠦᠮᠦᠵᠢᠯ ᠦᠨ ᠲᠧᠭᠨᠣᠯᠣᠭᠢ» ᠶᠢᠨ ᠬᠢᠴᠢᠶᠡᠯ ᠢ ᠵᠢᠱᠢᠶ᠎ᠡ ᠪᠣᠯᠭᠠᠪᠠᠯ᠂ ᠰᠠᠨᠠᠭᠠᠨ ᠪᠣᠳᠤᠯᠭᠠ ᠶᠢᠨ ᠵᠢᠷᠤᠭ ᠤᠨ ᠰᠤᠷᠤᠯᠴᠠᠭᠴᠢ ᠶᠢᠨ ᠦᠢᠯᠡ ᠳᠦ ᠬᠡᠷᠡᠭᠯᠡᠬᠦ ᠨᠢ ᠰᠤᠷᠤᠯᠴᠠᠭᠴᠢ ᠨᠠᠷ ᠬᠢᠴᠢᠶᠡᠯ ᠦᠨ ᠡᠮᠦᠨ᠎ᠡ ᠪᠡᠯᠡᠳᠬᠡᠯ ᠬᠢᠬᠦ᠂ ᠬᠢᠴᠢᠶᠡᠯ ᠦᠨ ᠳᠠᠷᠠᠭ᠎ᠠ ᠳᠠᠪᠲᠠᠨ ᠰᠤᠷᠤᠯᠴᠠᠬᠤ᠂ ᠮᠡᠳᠡᠯᠭᠡ ᠶᠢ ᠳᠦᠭᠦᠮ ᠬᠢᠬᠦ ᠵᠡᠷᠭᠡ ᠳᠦ ᠬᠡᠷᠡᠭᠯᠡᠵᠦ ᠪᠣᠯᠬᠤ ᠶᠢᠨ ᠬᠠᠮᠲᠤ ᠰᠤᠷᠤᠯᠴᠠᠭᠴᠢ ᠶᠢᠨ ᠥᠪᠡᠷ ᠢᠶᠡᠨ ᠰᠤᠷᠤᠯᠴᠠᠬᠤ ᠴᠢᠳᠠᠪᠤᠷᠢ᠂ ᠰᠢᠨ᠎ᠡ ᠰᠡᠳᠬᠢᠯᠭᠡ᠂ ᠰᠠᠨᠠᠭᠠᠨ ᠪᠣᠳᠤᠯᠭᠠ ᠶᠢᠨ ᠴᠢᠳᠠᠪᠤᠷᠢ ᠶᠢ ᠥᠰᠬᠡᠨ ᠳᠡᠭᠡᠭᠰᠢᠯᠡᠭᠦᠯᠬᠦ ᠳᠦ ᠲᠤᠰᠠᠯᠠᠨ᠎ᠠ ᠃ ᠰᠤᠷᠤᠯᠴᠠᠭᠴᠢ ᠨᠠᠷ ᠰᠠᠨᠠᠭᠠᠨ ᠪᠣᠳᠤᠯᠭᠠ ᠶᠢᠨ ᠵᠢᠷᠤᠭ ᠤᠨ ᠲᠤᠰᠠᠯᠠᠮᠵᠢ ᠪᠡᠷ ᠮᠡᠳᠡᠯᠭᠡ ᠶᠢᠨ ᠬᠣᠭᠣᠷᠣᠨᠳᠣᠬᠢ ᠬᠠᠷᠢᠯᠴᠠᠭ᠎ᠠ ᠶᠢ ᠣᠢᠯᠠᠭᠠᠵᠤ᠂ ᠰᠢᠨ᠎ᠡ ᠮᠡᠳᠡᠯᠭᠡ ᠶᠢ ᠬᠤᠤᠴᠢᠨ ᠮᠡᠳᠡᠯᠭᠡ ᠲᠡᠢ ᠬᠣᠯᠪᠣᠨ ᠤᠷᠲᠤ ᠬᠤᠭᠤᠴᠠᠭᠠᠨ ᠤ ᠳᠤᠷᠠᠰᠠᠮᠵᠢ ᠶᠢ ᠪᠡᠶᠡᠯᠡᠭᠦᠯᠬᠦ ᠳᠦ ᠬᠦᠷᠭᠡᠨ᠎ᠡ ᠃ ᠪᠠᠰᠠ ᠰᠤᠷᠤᠯᠴᠠᠭᠴᠢ ᠶᠢᠨ ᠰᠡᠳᠬᠢᠬᠦ ᠴᠢᠳᠠᠪᠤᠷᠢ ᠶᠢ

[illegible]

ᠰᠡᠳᠦᠪ 30

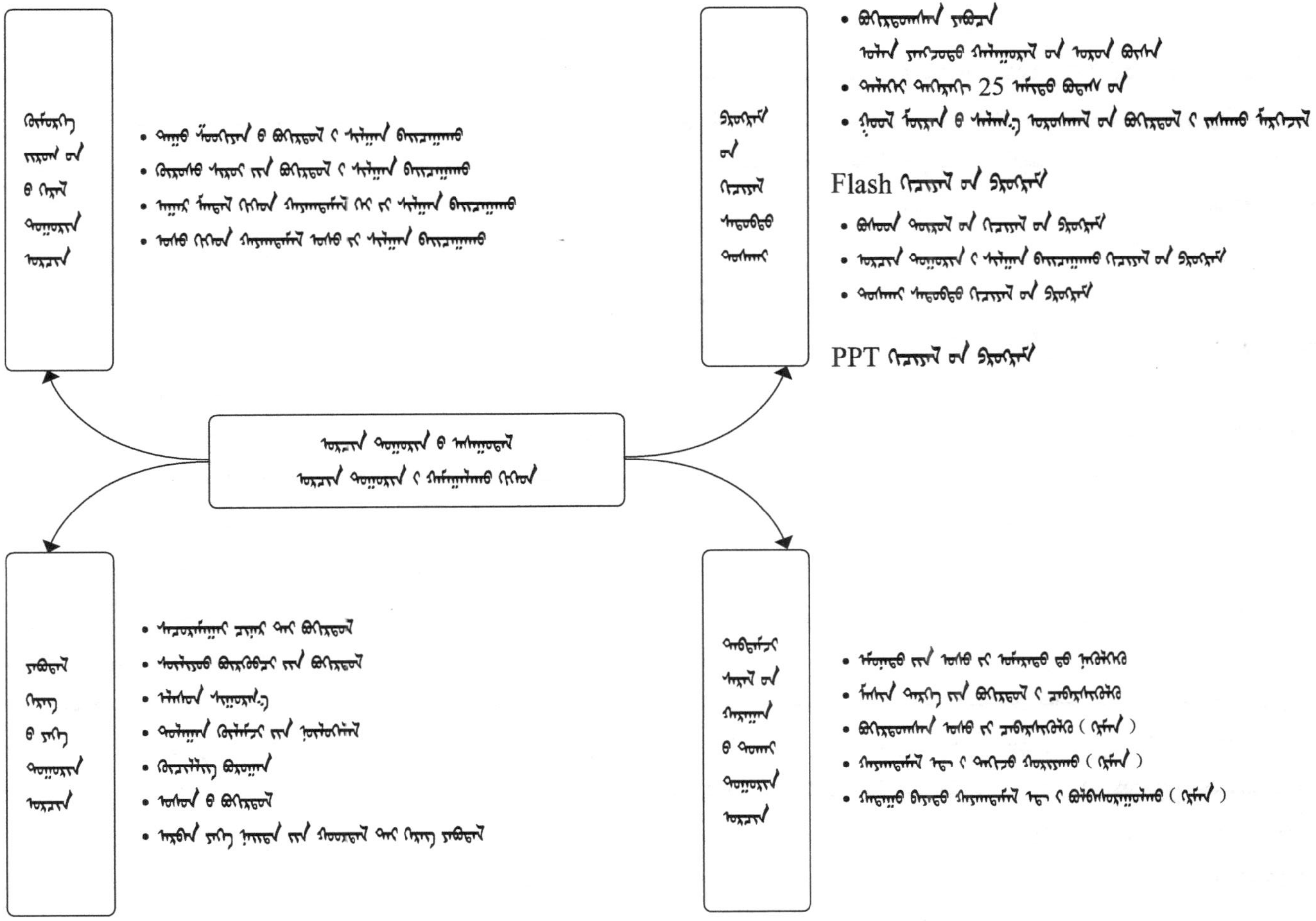

（5）ᠬᠡᠰᠡᠭᠴᠢᠯᠡᠨ ᠬᠠᠮᠲᠤᠷᠠᠭᠤᠯᠬᠤ ᠪᠣᠯ ᠬᠡᠷᠡᠭᠯᠡᠭᠡ ᠶᠢᠨ ᠰᠤᠷᠭᠠᠯᠲᠠ ᠶᠢᠨ ᠲᠠᠯ᠎ᠠ ᠶᠢᠨ ᠴᠢᠬᠤᠯᠠ ᠬᠡᠷᠡᠭᠯᠡᠭᠡ ᠂ Word ᠪᠢᠴᠢᠭ ᠂ PowerPoint ᠪᠢᠴᠢᠭ ᠵᠡᠷᠭᠡ ᠶᠢ ᠬᠠᠮᠲᠤ ᠬᠡᠷᠡᠭᠯᠡᠵᠦ ᠂ ᠬᠢᠴᠢᠶᠡᠯ ᠦᠨ ᠰᠡᠳᠦᠪ ᠢ ᠲᠣᠳᠣᠷᠬᠠᠢ ᠬᠠᠷᠠᠭᠤᠯᠤᠨ᠎ᠠ ᠃

3. MindManager ᠤ ᠰᠠᠨᠠᠯ ᠤᠨ ᠵᠢᠷᠤᠭ ᠤᠨ ᠰᠤᠷᠭᠠᠯᠲᠠ ᠳᠤ ᠬᠡᠷᠡᠭᠯᠡᠬᠦ

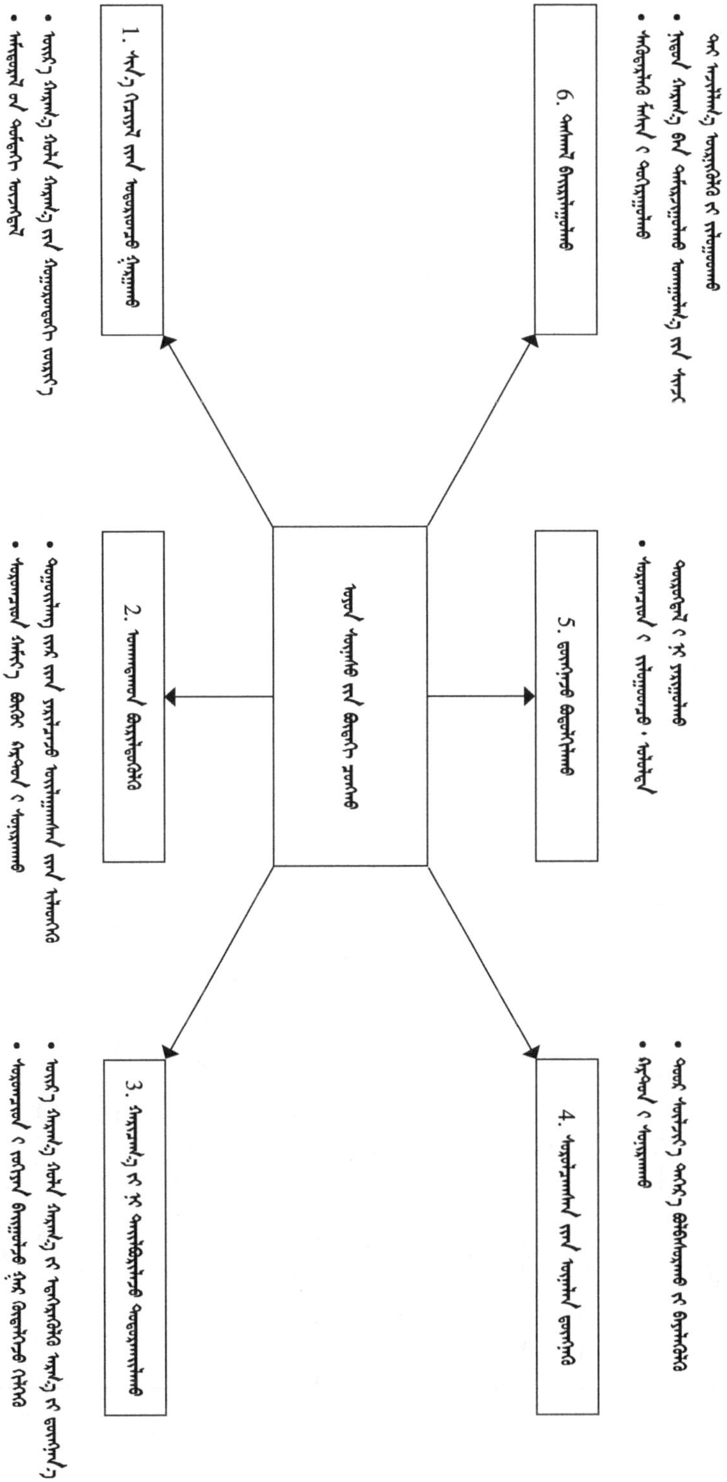

31

ᠵᠢᠷᠤᠭ 32

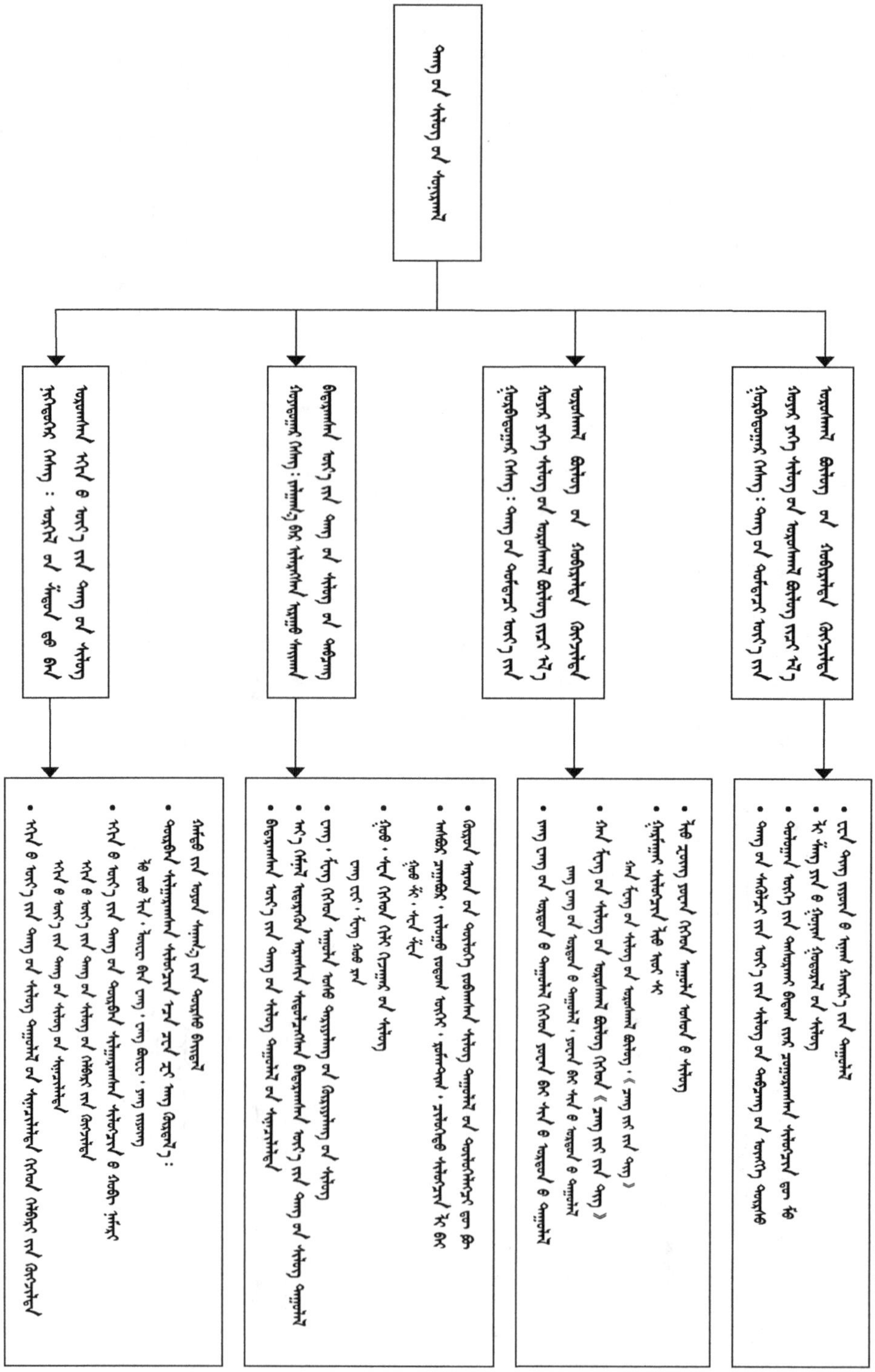

ᠶᠢ ᠰᠣᠩᠭᠣᠭᠰᠠᠨ ᠲᠠᠯᠠᠪᠤᠷ ᠰᠣᠩᠭᠣᠯᠲᠠ ᠶᠢᠨ ᠬᠡᠯᠪᠡᠷᠢ ᠳᠦ ᠪᠠᠢᠭ᠎ᠠ ᠳᠡᠭᠡᠳᠦ ᠰᠡᠳᠦᠪ ᠦᠨ ᠴᠣᠩᠬᠣ ᠶᠢ ᠰᠣᠩᠭᠣᠨ ᠲᠣᠪᠴᠢᠳᠠᠭᠠᠳ᠂ ᠡᠨᠡ ᠦᠶ᠎ᠡ ᠳᠦ ᠰᠡᠳᠦᠪ ᠦᠨ ᠵᠦᠢᠯ ᠢ ᠪᠢᠴᠢᠭᠳᠡᠬᠦ ᠠᠷᠭ᠎ᠠ᠃

(1) ᠰᠣᠩᠭᠣᠭᠰᠠᠨ ᠪᠠᠢᠷᠢᠨ ᠳᠤ᠃ ᠡᠨᠡ ᠬᠡᠰᠡᠭ ᠲᠦ ᠬᠡᠰᠡᠭ ᠦᠨ ᠰᠡᠳᠦᠪ ᠦᠨ ᠬᠡᠯᠪᠡᠷᠢ ᠶᠢᠨ ᠬᠦᠰᠦᠨᠦᠭ ᠢ ᠰᠣᠩᠭᠣᠪᠠᠯ ᠳᠡᠯᠭᠡᠴᠡ ᠶᠢᠨ ᠳᠡᠭᠡᠷ᠎ᠡ ᠮᠡᠳᠡᠯᠭᠡ ᠶᠢᠨ ᠪᠦᠲᠦᠴᠡ᠂ ᠵᠢᠷᠤᠭ᠂ ᠰᠠᠨᠠᠭ᠎ᠠ ᠪᠣᠳᠣᠯ ᠤᠨ ᠵᠢᠷᠤᠭ᠂ ᠬᠦᠰᠦᠨᠦᠭ ᠦᠨ ᠬᠡᠯᠪᠡᠷᠢ᠂ ᠲᠥᠯᠦᠪᠯᠡᠭᠡ ᠶᠢᠨ ᠬᠡᠯᠪᠡᠷᠢ ᠪᠠ PPT ᠮᠡᠲᠦ ᠠᠯᠢᠪᠠ ᠬᠡᠯᠪᠡᠷᠢ ᠪᠡᠷ ᠭᠠᠷᠭᠠᠵᠤ ᠪᠣᠯᠬᠤ ᠪᠥᠭᠡᠳ᠂ ᠵᠢᠷᠤᠭ᠂ ᠰᠠᠨᠠᠭ᠎ᠠ᠂ ᠬᠦᠰᠦᠨᠦᠭ ᠦᠨ ᠵᠠᠭᠪᠤᠷ᠂ ᠲᠥᠯᠦᠪᠯᠡᠭᠡ ᠶᠢᠨ ᠵᠠᠭᠪᠤᠷ ᠵᠡᠷᠭᠡ ᠡᠴᠡ ᠰᠣᠩᠭᠣᠵᠤ ᠪᠣᠯᠤᠨ᠎ᠠ᠃ ᠡᠨᠳᠡ ᠮᠡᠳᠡᠯᠭᠡ ᠶᠢᠨ ᠪᠦᠲᠦᠴᠡ ᠶᠢ ᠰᠣᠩᠭᠣᠨ ᠬᠡᠷᠡᠭᠯᠡᠭᠡ ᠶᠢᠨ ᠴᠣᠩᠬᠣ ᠳᠤ ᠰᠣᠩᠭᠣᠭᠳᠠᠨ᠎ᠠ᠃

(2) ᠳᠡᠭᠡᠳᠦ ᠰᠡᠳᠦᠪ ᠦᠨ ᠬᠠᠶᠢᠴᠢ᠃ MindManager ᠰᠣᠹᠲ ᠤᠨ ᠦᠨᠳᠦᠰᠦᠨ ᠮᠡᠳᠡᠯᠭᠡ ᠶᠢᠨ ᠵᠢᠷᠤᠭ ᠢ ᠡᠭᠦᠰᠬᠡᠬᠦ᠂《 New Blank Map 》 ᠰᠣᠩᠭᠣᠯᠲᠠ ᠶᠢ ᠰᠣᠩᠭᠣᠭᠰᠠᠨ᠂ ᠲᠡᠭᠦᠨ ᠦ ᠬᠠᠶᠢᠴᠢ ᠶᠢᠨ ᠪᠦᠲᠦᠴᠡ ᠵᠢᠷᠤᠭ ᠭᠠᠷᠤᠨ᠎ᠠ᠃ ᠳᠣᠲᠣᠷ᠎ᠠ ᠨᠢ ᠭᠣᠯ ᠰᠡᠳᠦᠪ ᠦᠨ ᠴᠣᠩᠬᠣ ᠳᠤ CenteT Topic ᠰᠣᠩᠭᠣᠯᠲᠠ ᠶᠢᠨ ᠰᠣᠩᠭᠣᠭᠳᠠᠬᠤ《 ᠰᠡᠳᠦᠪ ᠦᠨ ᠭᠣᠯ ᠲᠣᠪ ᠬᠡᠰᠡᠭ ᠦᠨ ᠰᠡᠳᠦᠪ 》ᠰᠢᠨ᠎ᠡ ᠰᠡᠳᠦᠪ ᠦᠨ ᠳᠠᠷᠤᠭᠠᠯ᠂ Enter ᠰᠣᠩᠭᠣᠯᠲᠠ ᠶᠢ ᠳᠠᠷᠤᠬᠤ ᠡᠰᠡᠪᠡᠯ ᠳᠡᠭᠡᠳᠦ ᠰᠡᠳᠦᠪ ᠦᠨ ᠬᠠᠶᠢᠴᠢ ᠶᠢ ᠡᠭᠦᠰᠬᠡᠨ᠎ᠡ᠃ ᠵᠢᠷᠤᠭ 33 ᠢ ᠦᠵᠡᠭᠡᠷᠡᠢ᠃

(3) ᠳᠡᠭᠡᠳᠦ ᠰᠡᠳᠦᠪ ᠦᠨ ᠬᠠᠶᠢᠴᠢ ᠶᠢᠨ ᠰᠣᠩᠭᠣᠯᠲᠠ ᠳᠤ ᠳᠡᠯᠭᠡᠷᠡᠩᠭᠦᠢ ᠮᠡᠳᠡᠭᠡᠯᠡᠯ ᠢ ᠨᠡᠮᠡᠨ ᠣᠷᠣᠭᠤᠯᠤᠨ᠎ᠠ᠃ ᠵᠢᠷᠤᠭ 34 ᠢ ᠦᠵᠡᠭᠡᠷᠡᠢ᠃

(4) ᠲᠣᠭᠠᠴᠠᠭᠤᠯᠤᠯ ᠤᠨ ᠵᠢᠷᠤᠭ ᠢ ᠮᠡᠳᠡᠭᠡᠯᠡᠯ ᠳᠦ ᠨᠡᠮᠡᠨ ᠣᠷᠣᠭᠤᠯᠤᠨ᠎ᠠ᠃ ᠵᠢᠷᠤᠭ 35 ᠢ ᠦᠵᠡᠭᠡᠷᠡᠢ᠃

(5) ᠰᠡᠳᠦᠪ ᠦᠨ ᠲᠡᠮᠳᠡᠭ ᠢ ᠨᠡᠮᠡᠬᠦ᠂ ᠪᠦᠲᠦᠴᠡ ᠶᠢ ᠦᠭᠡᠷᠡᠴᠢᠯᠡᠨ᠎ᠡ᠃ ᠵᠢᠷᠤᠭ 36 ᠢ ᠦᠵᠡᠭᠡᠷᠡᠢ᠃

ᠪᠠᠢᠳᠠᠯ ᠤᠨ ᠭᠠᠷᠴᠠᠭ ᠦᠨ ᠬᠡᠯᠪᠡᠷᠢ ᠳᠦ ᠰᠢᠯᠵᠢᠭᠦᠯᠦᠨ ᠬᠠᠳᠠᠭᠠᠯᠠᠬᠤ᠂ ᠡᠬᠢᠯᠡᠭᠰᠡᠨ ᠮᠡᠳᠡᠭᠡᠯᠡᠯ ᠦᠨ ᠰᠡᠳᠦᠪ ᠦᠨ ᠬᠡᠰᠡᠭ ᠦᠨ ᠪᠦᠲᠦᠴᠡ ᠶᠢᠨ ᠪᠦᠷᠢᠯᠳᠦᠯ ᠪᠣᠯᠤᠨ᠎ᠠ᠃ ᠰᠣᠩᠭᠣᠯᠲᠠ ᠶᠢᠨ ᠰᠣᠩᠭᠣᠭᠳᠠᠬᠤ᠂《 ᠰᠡᠳᠦᠪ ᠦᠨ ᠭᠣᠯ ᠲᠣᠪ ᠬᠡᠰᠡᠭ ᠦᠨ ᠰᠡᠳᠦᠪ 》ᠦᠨ ᠰᠣᠩᠭᠣᠯᠲᠠ ᠶᠢ ᠰᠣᠩᠭᠣᠭᠳᠠᠬᠤ᠂ ᠰᠣᠩᠭᠣᠯᠲᠠ ᠶᠢᠨ ᠲᠣᠪᠴᠢ ᠶᠢ ᠳᠠᠷᠤᠭᠰᠠᠨ ᠪᠡᠷ ᠰᠣᠩᠭᠣᠯᠲᠠ ᠶᠢ ᠳᠡᠯᠭᠡᠴᠡ ᠳᠦ ᠭᠠᠷᠭᠠᠨ᠎ᠠ᠃ ᠡᠨᠡ ᠲᠣᠪᠴᠢ ᠶᠢ ᠳᠠᠷᠤᠭᠰᠠᠨ ᠪᠠᠢᠳᠠᠯ ᠤᠨ ᠮᠡᠳᠡᠯᠭᠡ ᠶᠢᠨ ᠵᠢᠷᠤᠭ ᠤᠨ ᠪᠦᠲᠦᠴᠡ ᠶᠢ MindManager ᠰᠣᠹᠲ ᠤᠨ ᠪᠦᠲᠦᠴᠡ᠂ Office ᠰᠣᠹᠲ ᠤᠨ ᠪᠦᠲᠦᠴᠡ᠂ ᠪᠤᠰᠤᠳ ᠰᠣᠹᠲ ᠤᠨ ᠮᠡᠳᠡᠯᠭᠡ ᠶᠢᠨ ᠪᠦᠲᠦᠴᠡ᠂ ᠵᠢᠷᠤᠭ ᠰᠠᠨᠠᠭ᠎ᠠ᠂ ᠬᠦᠰᠦᠨᠦᠭ ᠦᠨ ᠬᠡᠯᠪᠡᠷᠢ᠂ ᠲᠥᠯᠦᠪᠯᠡᠭᠡ ᠶᠢᠨ ᠬᠡᠯᠪᠡᠷᠢ ᠶᠢᠨ ᠪᠦᠲᠦᠴᠡ ᠵᠡᠷᠭᠡ ᠪᠡᠷ ᠬᠠᠳᠠᠭᠠᠯᠠᠵᠤ ᠪᠣᠯᠤᠨ᠎ᠠ᠃ ᠵᠢᠷᠤᠭ 37 ᠢ ᠦᠵᠡᠭᠡᠷᠡᠢ᠃

ᠰᠢᠯᠢᠳᠡᠭ ᠮᠡᠳᠡᠯᠭᠡ ᠶᠢᠨ ᠪᠦᠲᠦᠴᠡ ᠢ ᠬᠡᠷᠡᠭᠯᠡᠭᠡᠨ ᠳᠦ ᠰᠣᠩᠭᠣᠵᠤ ᠡᠷᠬᠢᠯᠡᠬᠦ᠂《 ᠰᠡᠳᠦᠪ ᠦᠨ ᠭᠣᠯ ᠲᠣᠪ ᠬᠡᠰᠡᠭ ᠦᠨ ᠰᠡᠳᠦᠪ 》ᠦᠨ ᠰᠣᠩᠭᠣᠯᠲᠠ ᠶᠢᠨ ᠪᠦᠲᠦᠴᠡ ᠶᠢ ᠰᠠᠢᠵᠢᠷᠠᠭᠤᠯᠤᠨ ᠰᠢᠯᠢᠳᠡᠭ ᠮᠡᠳᠡᠯᠭᠡ ᠶᠢᠨ ᠵᠢᠷᠤᠭ ᠤᠨ ᠪᠦᠲᠦᠴᠡ ᠪᠡᠷ
ᠪᠣᠯᠤᠨ᠎ᠠ᠃ ᠵᠢᠷᠤᠭ 38 ᠢ ᠦᠵᠡᠭᠡᠷᠡᠢ᠃

(6) ᠰᠢᠯᠢᠳᠡᠭ ᠦᠨ ᠪᠦᠲᠦᠭᠡᠯᠳᠡᠬᠦ ᠵᠢᠷᠤᠭ ᠤᠨ ᠵᠢᠱᠢᠶ᠎ᠡ ᠪᠣᠯᠤᠨ᠎ᠠ᠃

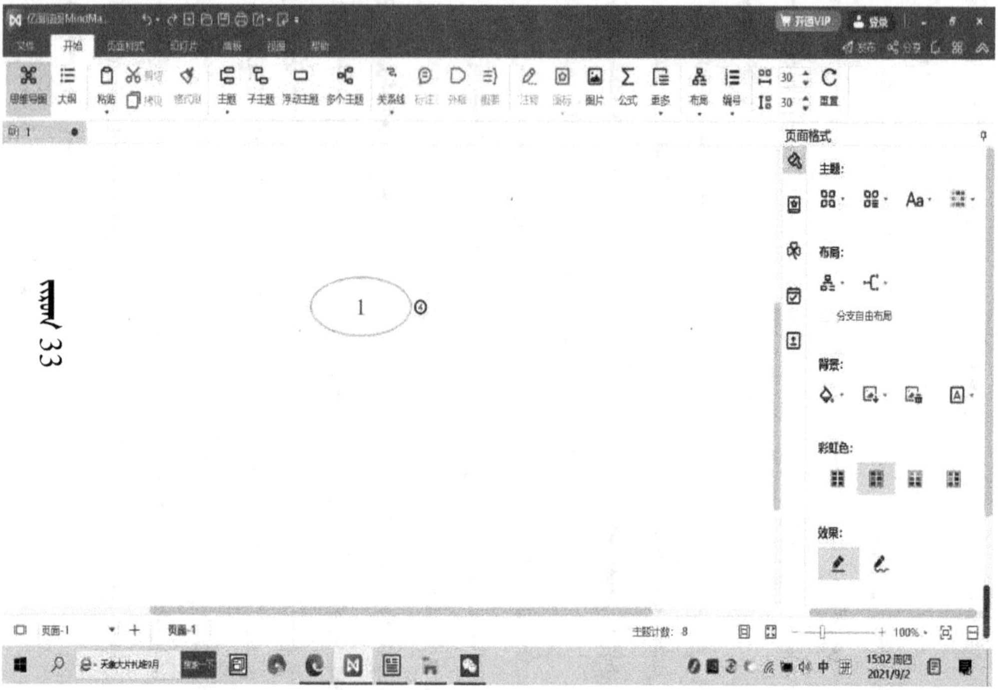

ᠵᠢᠷᠤᠭ 33

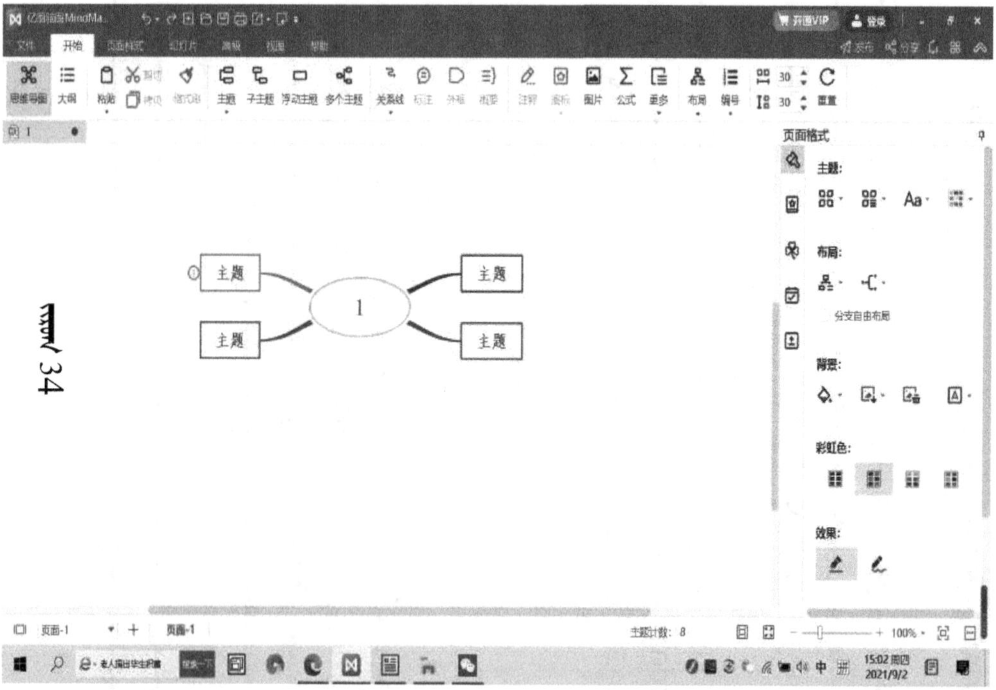

ᠵᠢᠷᠤᠭ 34

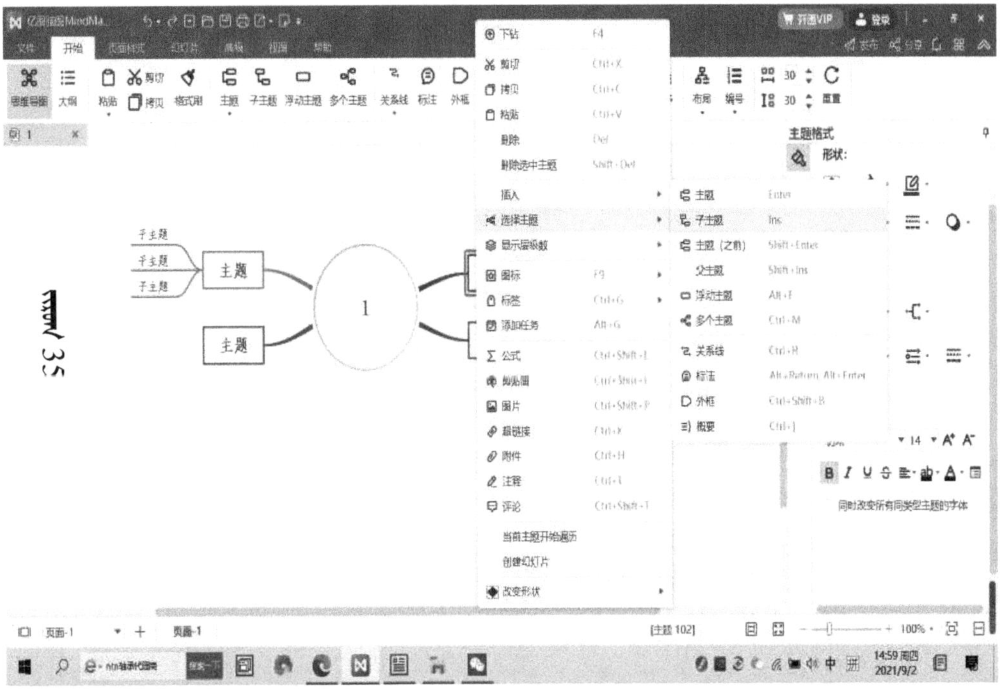

ᠵᠢᠷᠤᠭ 35

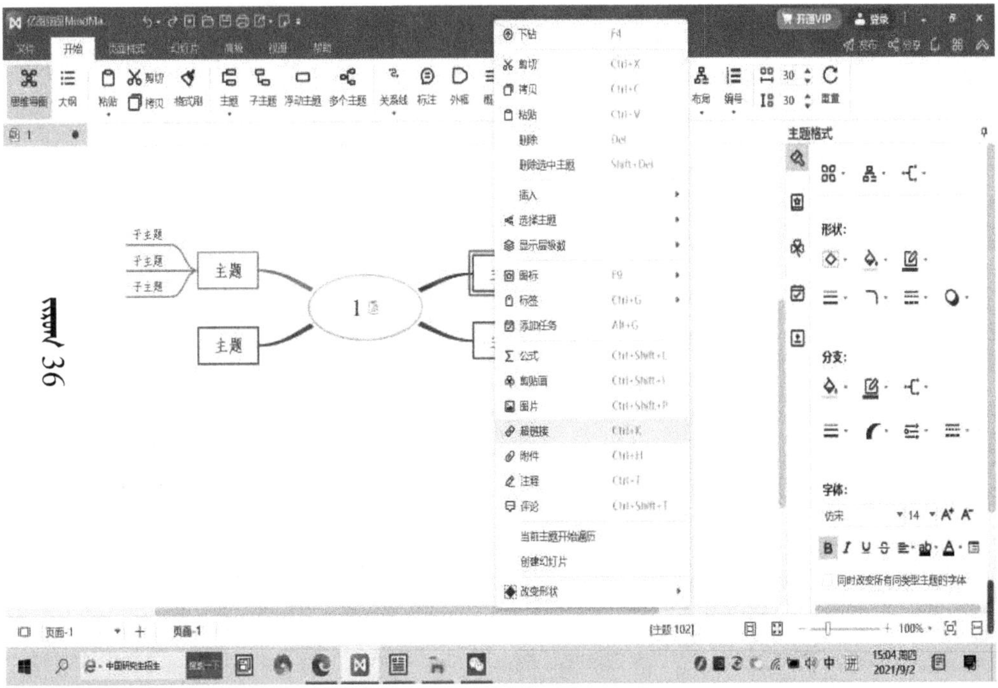

ᠵᠢᠷᠤᠭ 36

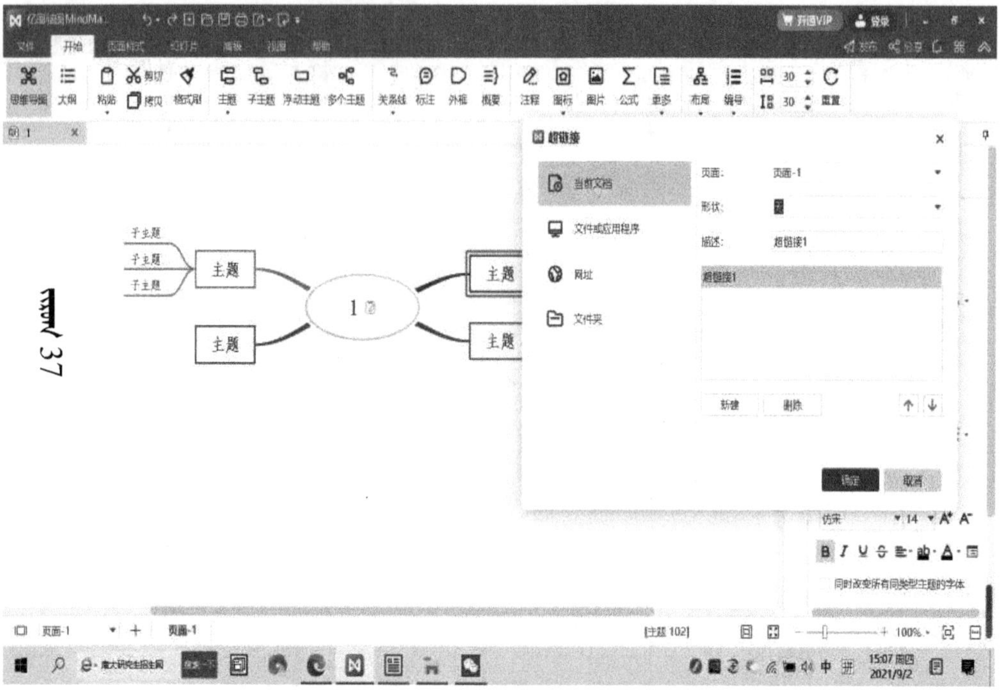

ᠵᠢᠷᠤᠭ 37

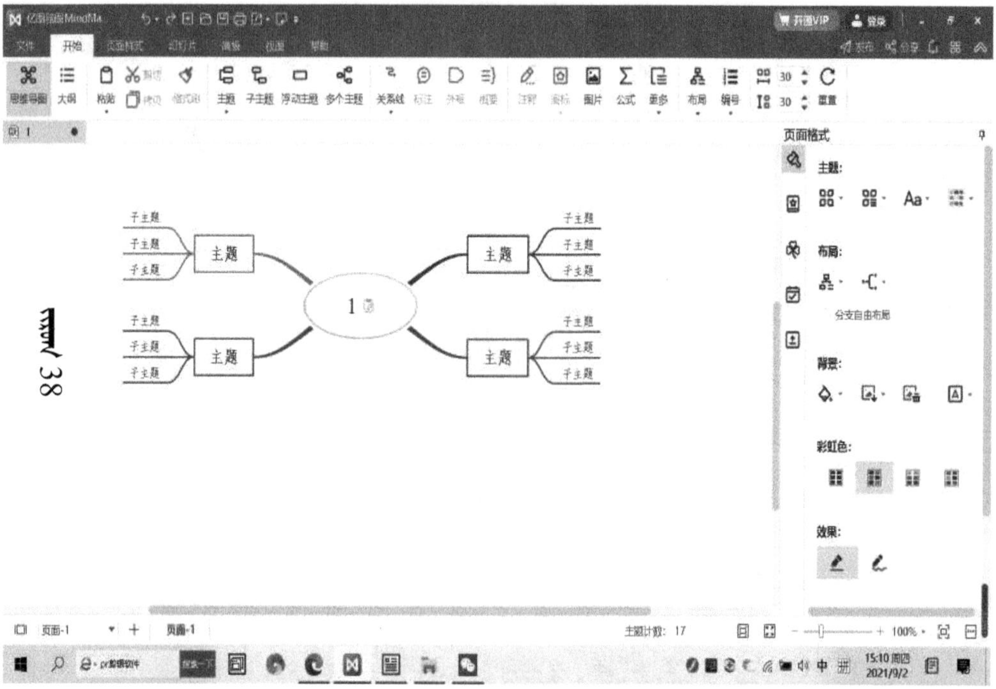

ᠵᠢᠷᠤᠭ 38

ᠰᠤᠷᠤᠯᠴᠠᠭ᠎ᠠ ᠶᠢᠨ ᠵᠢᠷᠤᠭ ᠤᠨ ᠬᠡᠪ ᠤᠨ ᠰᠤᠩᠭᠤᠯᠲᠠ ᠶᠢᠨ ᠳᠡᠯᠭᠡᠴᠡ ᠪᠤᠯᠤᠨ ᠪᠢᠴᠢᠭ ᠤᠨ ᠬᠡᠯᠪᠡᠷᠢ

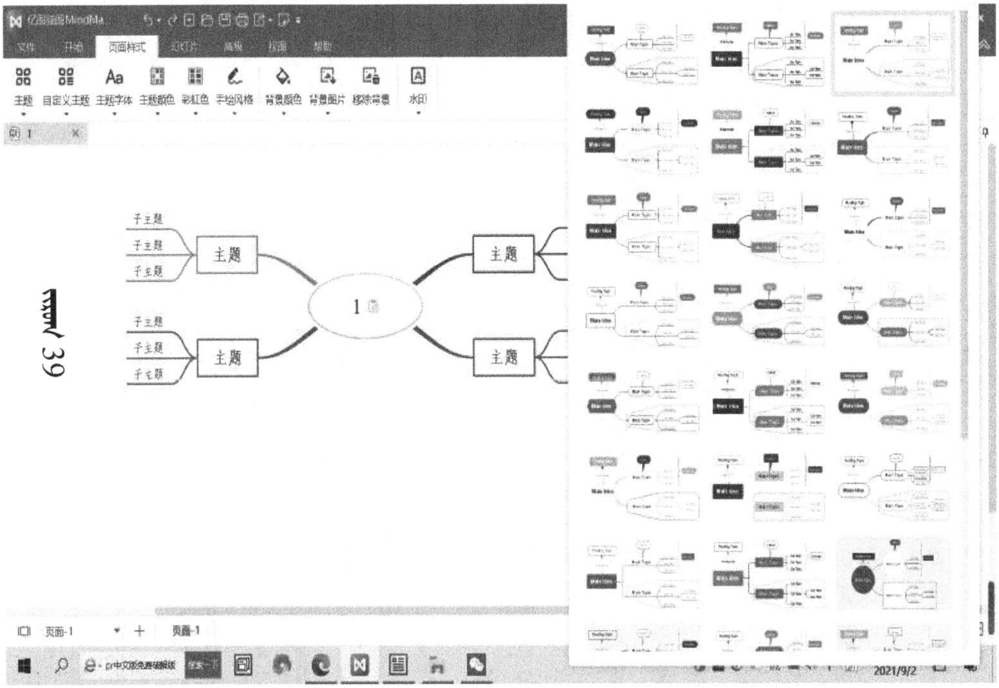

ᠵᠢᠷᠤᠭ 39

ᠪᠠᠶᠢᠨ᠎ᠠ᠂ ᠬᠡᠷᠡᠭᠯᠡᠭᠴᠢ ᠳᠤᠷᠠ ᠪᠡᠨ ᠰᠤᠩᠭᠤᠵᠤ ᠬᠡᠷᠡᠭᠯᠡᠵᠦ ᠪᠤᠯᠤᠨ᠎ᠠ᠃ ᠭᠡᠬᠦ ᠮᠡᠲᠦ ᠬᠡᠪ ᠦᠨ ᠰᠤᠩᠭᠤᠯᠲᠠ ᠶᠢᠨ ᠳᠡᠯᠭᠡᠴᠡ ᠳᠡᠭᠡᠷ᠎ᠡ ᠰᠤᠩᠭᠤᠵᠤ ᠪᠤᠯᠤᠨ᠎ᠠ᠃ ᠵᠢᠷᠤᠭ 39 ᠳᠤ ᠦᠵᠡᠭᠦᠯᠦᠭᠰᠡᠨ ᠮᠡᠲᠦ᠃

(ᠵᠢᠷᠭᠤ) ᠠᠭᠤᠯᠭ᠎ᠠ ᠶᠢᠨ ᠵᠢᠷᠤᠭ ᠤᠨ ᠠᠭᠤᠯᠭ᠎ᠠ ᠶᠢᠨ ᠵᠢᠷᠤᠭ (content map) ᠪᠤᠯ ᠬᠡᠯᠪᠡᠷᠢ ᠲᠠᠢ ᠠᠭᠤᠯᠭ᠎ᠠ ᠶᠢᠨ ᠵᠢᠷᠤᠭ ᠢ ᠬᠠᠷᠢᠴᠠᠭᠤᠯᠬᠤ᠂ ᠰᠤᠷᠤᠯᠴᠠᠭ᠎ᠠ ᠶᠢᠨ ᠵᠢᠷᠤᠭ ᠤᠨ ᠠᠭᠤᠯᠭ᠎ᠠ ᠶᠢ ᠦᠵᠡᠭᠦᠯᠬᠦ ᠵᠡᠷᠭᠡ ᠪᠤᠯᠤᠨ᠎ᠠ᠃

ᠵᠢᠷᠤᠭ ᠬᠠᠮᠢᠶᠠᠷᠤᠯᠬᠤ ᠪᠠ ᠬᠤᠪᠢᠶᠠᠯᠴᠠᠬᠤ ᠶᠢᠨ ᠴᠤᠭ ᠤᠨ ᠬᠠᠷᠢᠴᠠᠭ᠎ᠠ᠂ ᠠᠭᠤᠯᠭ᠎ᠠ ᠶᠢᠨ ᠵᠢᠷᠤᠭ ᠤᠨ ᠬᠡᠯᠪᠡᠷᠢ ᠪᠢᠴᠢᠭ

ᠵᠢᠷᠤᠭ 39 ᠳᠤ ᠦᠵᠡᠭᠦᠯᠦᠭᠰᠡᠨ ᠮᠡᠲᠦ᠃ ᠬᠡᠷᠡᠭᠯᠡᠭᠴᠢ ᠵᠢᠷᠤᠭ ᠢ ᠭᠠᠳᠠᠭᠰᠢ ᠪᠡᠨ ᠡᠭᠦᠰᠬᠡᠬᠦ ᠪᠤᠯᠤᠨ᠎ᠠ᠃ ᠲᠤᠰ ᠮᠠᠰᠢᠨ JPG · GIF · BMP ᠵᠡᠷᠭᠡ ᠶᠢ ᠳᠡᠮᠵᠢᠵᠦ ᠪᠤᠯᠤᠨ᠎ᠠ᠃ ᠡᠭᠦᠨ ᠢ — ᠬᠠᠳᠠᠭᠠᠯᠠᠬᠤ ᠪᠠ ᠭᠠᠳᠠᠭᠰᠢ ᠪᠡᠨ ᠭᠠᠷᠭᠠᠬᠤ 《 ᠪᠢᠴᠢᠭ ᠮᠡᠳᠡᠭᠡᠯᠡᠯ 》 ᠤᠨ ᠬᠡᠯᠪᠡᠷᠢ ᠶᠢᠨ ᠳᠡᠮᠵᠢᠯᠭᠡ ᠲᠠᠢ ᠪᠤᠯᠤᠨ᠎ᠠ᠃ 《 ᠪᠢᠴᠢᠭ ᠮᠡᠳᠡᠭᠡᠯᠡᠯ ᠦᠨ ᠵᠢᠷᠤᠭ 》᠂ ᠭᠠᠷᠭᠠᠬᠤ JPG · DOC · HTML ᠵᠡᠷᠭᠡ ᠭᠠᠷᠭᠠᠵᠤ ᠬᠠᠳᠠᠭᠠᠯᠠᠵᠤ ᠪᠤᠯᠤᠨ᠎ᠠ᠃ ᠬᠠᠮᠢᠶᠠᠷᠤᠯᠬᠤ᠂ PPT · ᠮᠡᠳᠡᠭᠡᠯᠡᠯ ᠦᠨ ᠬᠡᠯᠪᠡᠷᠢ ᠪᠠᠷ ᠭᠠᠷᠭᠠᠬᠤ ᠪᠤᠯᠤᠨ ᠬᠤᠪᠢᠶᠠᠯᠴᠠᠬᠤ ᠶᠢᠨ ᠪᠠᠷᠢᠮᠲᠠ ᠶᠢᠨ ᠬᠠᠷᠢᠴᠠᠭ᠎ᠠ ᠶᠢ ᠪᠢᠴᠢᠭ ᠲᠠᠢ ᠭᠠᠷᠭᠠᠵᠤ ᠪᠤᠯᠤᠨ᠎ᠠ᠃ ᠲᠡᠭᠦᠨ ᠢ

(7) ᠪᠢᠴᠢᠭ ᠮᠡᠳᠡᠭᠡᠯᠡᠯ

[illegible]

4. [illegible]

3. [illegible]

2. [illegible]

1. [illegible]

[illegible]

ᠪᠣᠯ ᠬᠠᠷᠢᠴᠠᠩᠭᠤᠢ ᠪᠠᠭᠠᠵᠢᠯᠠᠯ ᠤᠨ ᠵᠢᠷᠤᠭ ᠤᠨ ᠬᠡᠷᠡᠭᠯᠡᠭᠡᠨ ᠦ ᠪᠠᠭᠠᠵᠢ ᠪᠣᠯᠤᠨ᠎ᠠ᠃
Inspiration ᠤ CmapTool ᠡᠴᠡ ᠰᠢᠭᠤᠳ ᠶᠠᠯᠭᠠᠪᠤᠷᠢ ᠨᠢ ᠄ ᠲᠡᠭᠦᠨ Lnspiration ᠳᠤ
ᠳᠠᠭᠤ ᠲᠠ ᠪᠠᠨ ᠬᠠᠷᠢᠴᠠᠩᠭᠤᠢ ᠪᠠᠭᠠᠵᠢᠯᠠᠯ ᠤᠨ ᠵᠢᠷᠤᠭ ᠤᠨ ᠪᠠᠭᠠᠵᠢ ᠳᠤ
(ᠰᠢᠭᠤᠳ) ᠪᠠᠭᠠᠵᠢᠯᠠᠯ ᠤᠨ ᠵᠢᠷᠤᠭ ᠤᠨ ᠪᠠᠭᠠᠵᠢ

ᠬᠡᠷᠡᠭᠯᠡᠭᠴᠢ ᠶᠢᠨ ᠶᠠᠮᠠᠷ ᠬᠡᠷᠡᠭᠴᠡᠭᠡ ᠶᠢ ᠬᠠᠩᠭᠠᠬᠤ ᠳᠤ ᠪᠠᠷᠢᠮᠵᠢᠯᠠᠭᠰᠠᠨ᠃ ᠤᠬᠠᠭᠠᠨ ᠤ ᠵᠢᠷᠤᠭ ᠤᠨ ᠬᠡᠷᠡᠭᠯᠡᠭᠡᠨ ᠦ ᠶᠠᠭ ᠬᠡᠷᠡᠭᠯᠡᠭᠡᠨ ᠦ ᠣᠯᠠᠨ ᠬᠡᠪ ᠢ ᠪᠣᠯᠤᠨ ᠤᠬᠠᠭᠠᠨ ᠤ ᠵᠢᠷᠤᠭ ᠤᠨ ᠬᠡᠷᠡᠭᠯᠡᠭᠡᠨ ᠦ ᠶᠠᠭ ᠬᠡᠷᠡᠭᠯᠡᠭᠡᠨ ᠦ ᠨᠢᠭᠤᠯᠤᠯ ᠢ ᠨᠡᠪᠲᠡᠷᠡᠭᠦᠯᠦᠨ ᠬᠡᠷᠡᠭᠯᠡᠭᠡᠨ ᠦ ᠤᠬᠠᠭᠠᠨ ᠤ ᠵᠢᠷᠤᠭ ᠤᠨ ᠳᠤ ᠰᠢᠯᠢᠭᠳᠡᠭ ᠪᠠᠢᠨ᠎ᠠ᠃ ᠬᠡᠯᠪᠡᠷᠢ ᠶᠢᠨ ᠳᠦᠷᠰᠦ ᠶᠢ ᠰᠢᠨᠵᠢᠯᠡᠬᠦ ᠪᠡᠷ ᠤᠬᠠᠭᠠᠨ ᠤ ᠵᠢᠷᠤᠭ ᠤᠨ ᠳᠤ ᠰᠢᠨ᠎ᠡ ᠤᠬᠠᠭᠳᠠᠬᠤᠨ ᠢ ᠨᠡᠮᠡᠵᠦ᠂ ᠬᠠᠷᠢᠯᠴᠠᠭ᠎ᠠ ᠶᠢᠨ ᠵᠢᠷᠤᠭ ᠤᠨ ᠬᠡᠯᠪᠡᠷᠢ ᠪᠡᠷ ᠨᠢ ᠵᠢᠷᠤᠭ ᠤᠨ ᠬᠡᠷᠡᠭᠯᠡᠭᠡᠨ ᠦ ᠶᠠᠭ ᠬᠡᠷᠡᠭᠯᠡᠭᠡᠨ ᠦ ᠲᠣᠭᠠᠨ ᠳᠤ ᠪᠠᠷᠢᠮᠵᠢᠯᠠᠬᠤ ᠪᠠᠢᠳᠠᠯ ᠢ ᠪᠠᠷᠢᠮᠲᠠᠯᠠᠨ ᠬᠡᠷᠡᠭᠯᠡᠭᠡᠨ ᠦ ᠶᠠᠭ ᠬᠡᠷᠡᠭᠯᠡᠭᠡᠨ ᠦ ᠣᠯᠠᠨ ᠬᠡᠪ ᠦᠨ ᠬᠡᠷᠡᠭᠴᠡᠭᠡ ᠶᠢ ᠪᠣᠯᠭᠠᠨ᠎ᠠ᠃ ᠤᠬᠠᠭᠠᠨ ᠤ ᠵᠢᠷᠤᠭ ᠤᠨ ᠬᠡᠯᠪᠡᠷᠢ ᠶᠢ ᠰᠤᠩᠭᠤᠵᠤ ᠬᠡᠷᠡᠭᠯᠡᠭᠡᠨ ᠦ ᠶᠠᠭ ᠬᠡᠷᠡᠭᠯᠡᠭᠡᠨ ᠦ ᠪᠠᠢᠳᠠᠯ ᠳᠤ ᠨᠢᠭᠤᠯᠤᠯ ᠢ ᠨᠡᠪᠲᠡᠷᠡᠭᠦᠯᠦᠨ ᠲᠣᠬᠢᠷᠠᠭᠤᠯᠤᠭᠰᠠᠨ ᠤᠬᠠᠭᠠᠨ ᠤ ᠵᠢᠷᠤᠭ ᠤᠨ ᠳᠤ ᠰᠢᠯᠢᠭᠳᠡᠭ ᠪᠠᠢᠨ᠎ᠠ᠃

5. ᠪᠠᠭᠠᠵᠢᠯᠠᠯ ᠤᠨ ᠵᠢᠷᠤᠭ ᠤᠨ ᠬᠡᠯᠪᠡᠷᠢ ᠶᠢ ᠳᠠᠭᠤᠰᠬᠠᠭᠰᠠᠨ ᠤᠬᠠᠭᠠᠨ ᠤ ᠵᠢᠷᠤᠭ ᠤᠨ ᠬᠡᠷᠡᠭᠯᠡᠭᠡᠨ ᠦ ᠨᠢᠭᠤᠯᠤᠯ ᠢ ᠬᠠᠳᠠᠭᠠᠯᠠᠬᠤ ᠠᠷᠭ᠎ᠠ᠃ ᠬᠡᠷᠡᠭᠯᠡᠭᠴᠢ ᠳᠤ ᠬᠠᠩᠭᠠᠬᠤ ᠶᠢᠨ ᠲᠤᠯᠠ᠂ ᠲᠣᠬᠢᠷᠠᠭᠤᠯᠬᠤ ᠶᠢᠨ ᠮᠡᠳᠡᠭᠡᠯᠡᠯ ᠢ ᠰᠢᠨᠵᠢᠯᠡᠬᠦ ᠳᠤ ᠪᠣᠯ ᠰᠢᠯᠢᠭᠳᠡᠭ ᠦᠵᠡᠯ ᠦᠨ ᠬᠡᠯᠪᠡᠷᠢ ᠶᠢᠨ ᠪᠦᠲᠦᠭᠡᠯ ᠢ ᠪᠠᠭᠤᠯᠭᠠᠬᠤ ᠬᠡᠷᠡᠭᠯᠡᠭᠡᠨ ᠦ ᠨᠢᠭᠤᠯᠤᠯ᠂ ᠪᠠᠷᠢᠮᠲᠠᠯᠠᠭᠰᠠᠨ ᠤ ᠪᠦᠲᠦᠭᠡᠯ ᠢ ᠬᠠᠷᠢᠴᠠᠭᠤᠯᠬᠤ ᠬᠡᠷᠡᠭᠯᠡᠭᠡᠨ ᠦ ᠪᠠᠷᠢᠮᠵᠢᠶ᠎ᠠ ᠶᠢᠨ ᠤᠬᠠᠭᠠᠨ ᠤ ᠵᠢᠷᠤᠭ ᠤᠨ ᠪᠠᠷᠤᠭ ᠢᠶᠠᠨ ᠳᠤ᠂

ᠵᠢᠷᠤᠭ 40

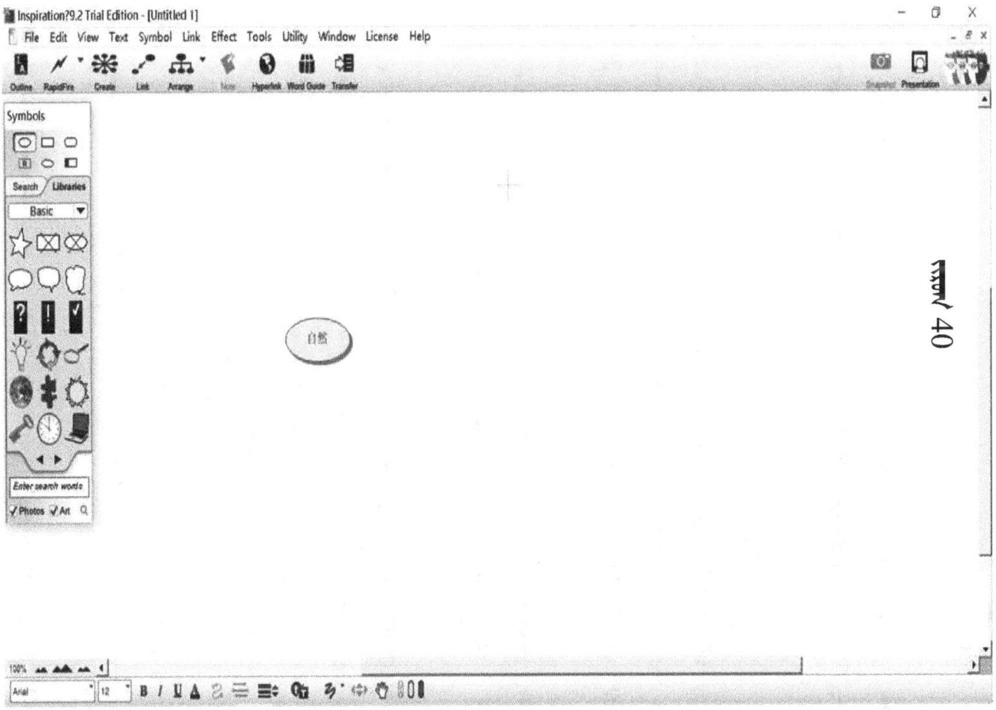

(6) Inspiration ᠳᠤᠮᠳᠠ ᠬᠠᠳᠠᠭᠠᠯᠠᠭᠰᠠᠨ ᠪᠠᠷᠢᠮᠲᠠ ᠪᠢᠴᠢᠭ ᠮᠠᠲ᠋ᠧᠷᠢᠶᠠᠯ ᠤᠨ ISF ᠬᠡᠯᠪᠡᠷᠢ ᠳᠤᠮᠳᠠ ᠬᠠᠳᠠᠭᠠᠯᠠᠭᠳᠠᠬᠤ ᠪᠡᠷ ᠦᠯᠦ ᠪᠠᠷᠠᠮ ᠪᠤᠰᠤ ᠪᠦᠬᠦ ᠪᠢᠴᠢᠭ ᠮᠠᠲ᠋ᠧᠷᠢᠶᠠᠯ ᠢ ᠪᠠᠷᠢᠮᠲᠠ

(5) Inspiration ᠶᠢ ᠬᠡᠷᠡᠭᠯᠡᠬᠦ ᠳᠤ ᠰᠤᠷᠭᠠᠯᠲᠠ ᠶᠢᠨ ᠬᠠᠮᠢᠶ᠎ᠠ ᠲᠠᠢ ᠪᠠᠷᠢᠮᠲᠠ ᠮᠠᠲ᠋ᠧᠷᠢᠶᠠᠯ ᠢ ᠡᠮᠬᠢᠳᠬᠡᠨ ᠴᠤᠭᠯᠠᠭᠤᠯᠵᠤ ᠪᠣᠯᠤᠨ᠎ᠠ ᠃ ᠰᠤᠷᠭᠠᠭᠤᠯᠢ ᠶᠢᠨ ᠰᠤᠷᠭᠠᠯᠲᠠ ᠶᠢᠨ ᠬᠠᠮᠢᠶ᠎ᠠ ᠲᠠᠢ ᠮᠡᠳᠡᠯᠭᠡ ᠶᠢ ᠡᠮᠬᠢᠳᠬᠡᠨ ᠴᠤᠭᠯᠠᠭᠤᠯᠵᠤ ᠪᠣᠯᠤᠨ᠎ᠠ ᠃

(3) Inspiration ᠶᠢ ᠪᠠᠭᠰᠢ ᠬᠡᠷᠡᠭᠯᠡᠬᠦ ᠳᠦ ᠲᠣᠬᠢᠷᠠᠮᠵᠢᠲᠠᠢ ᠪᠠᠢᠨ᠎ᠠ ᠃ ᠲᠡᠭᠦᠨ ᠳᠦ ᠡᠭᠦᠷᠭᠡ ᠶᠢᠨ ᠵᠢᠷᠤᠭ ᠂ ᠳᠦᠷᠰᠦ ᠂ ᠳᠠᠭᠤ ᠵᠡᠷᠭᠡ 1300 ᠭᠠᠷᠤᠢ ᠵᠢᠷᠤᠭ

Inspiration ᠶᠢ ᠬᠡᠷᠡᠭᠯᠡᠬᠦ ᠠᠷᠭ᠎ᠠ ᠵᠠᠮ ᠢᠶᠠᠨ ᠲᠠᠨᠢᠯᠴᠠᠨ᠎ᠠ ᠃

1. Inspiration ᠤ ᠦᠨᠳᠦᠰᠦᠨ ᠰᠢᠨᠵᠢ ᠂ ᠵᠣᠬᠢᠶᠠᠯ ᠤᠨ ᠬᠡᠷᠡᠭᠯᠡᠬᠦ

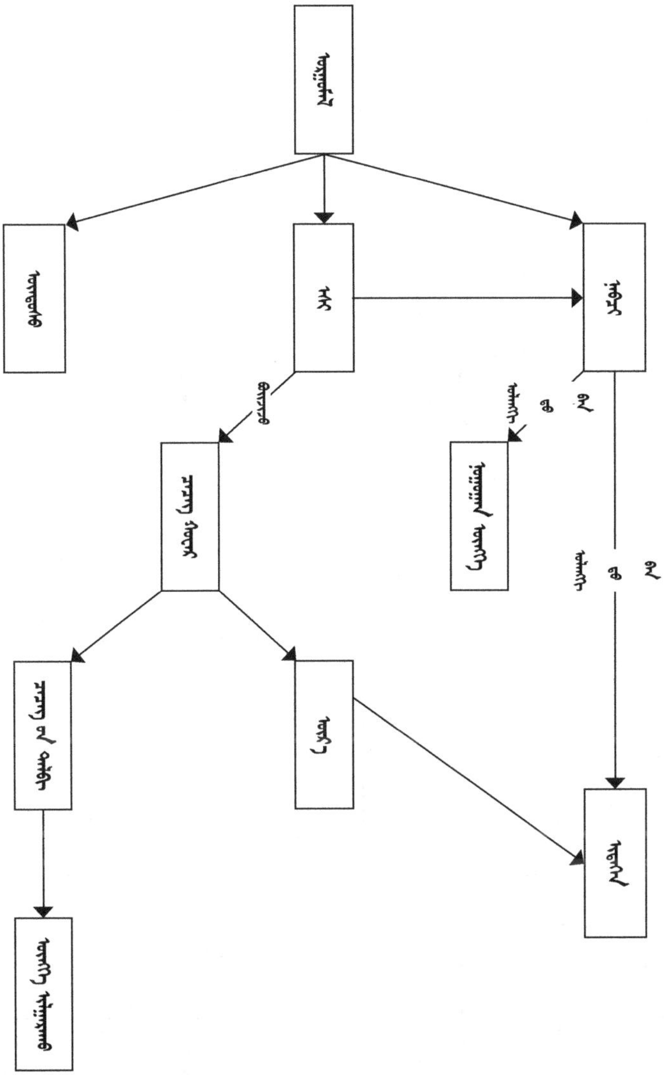

41

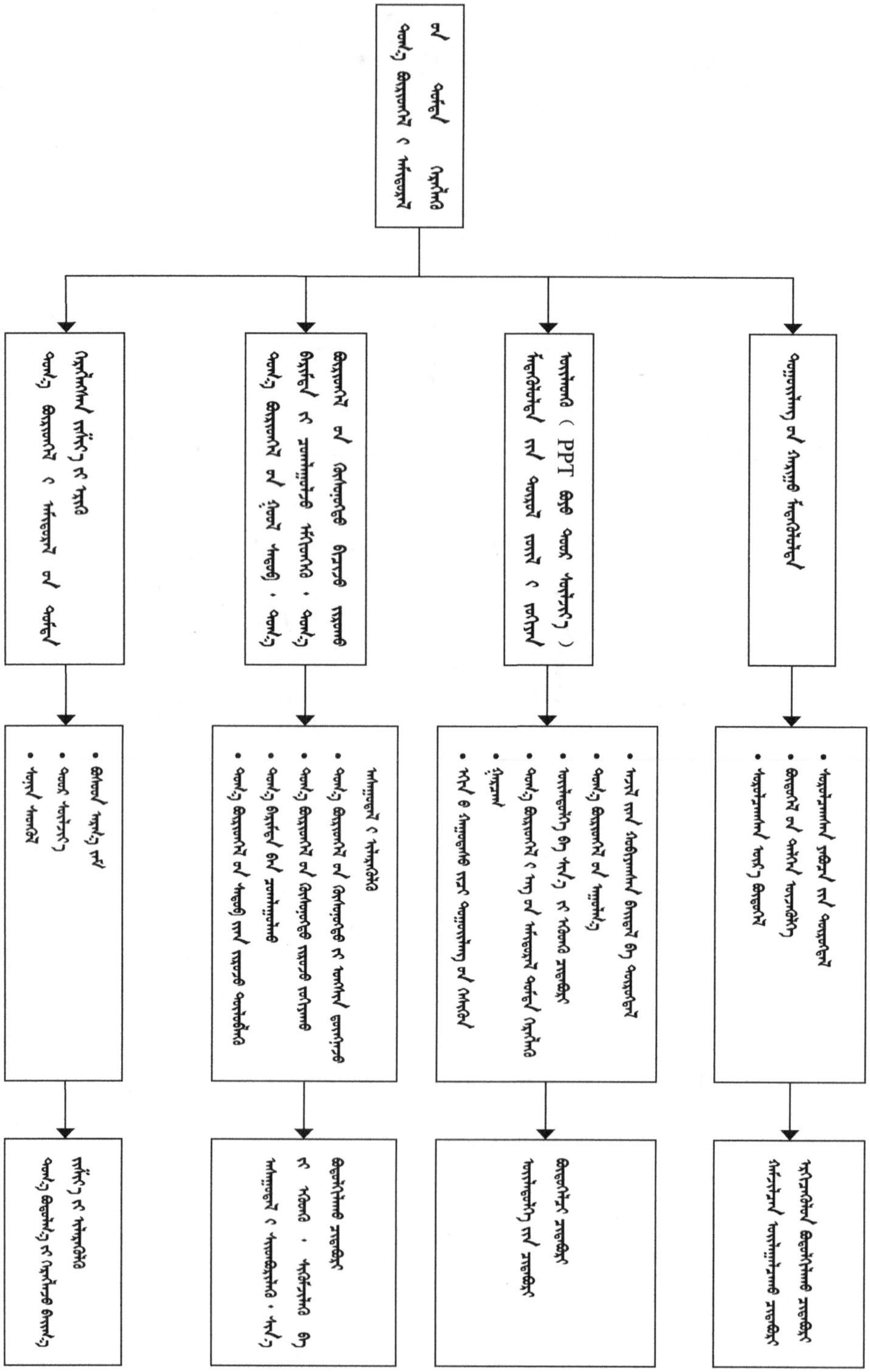

42

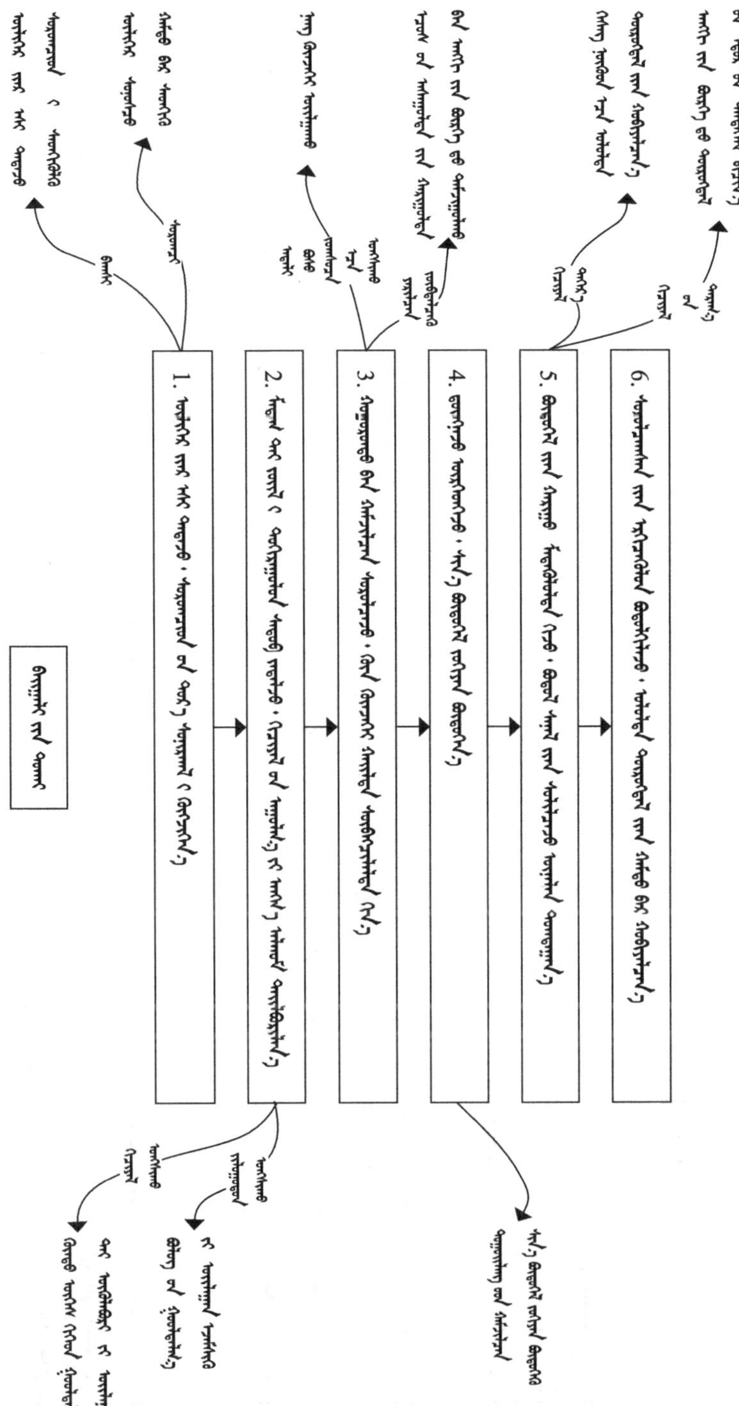

43

ᠬᠠᠷᠢᠯᠴᠠᠭᠠᠨ ᠢ ᠪᠠᠷᠢᠮᠵᠢᠶ᠎ᠠ ᠪᠠᠷ ᠢᠯᠡᠷᠬᠡᠢᠯᠡᠨ᠎ᠡ ᠃ ᠪᠣᠳᠤᠯ ᠤᠨ ᠵᠢᠷᠤᠭ ᠢ ᠲᠣᠳᠤᠷᠬᠠᠢ ᠪᠠᠷ ᠢᠯᠡᠷᠭᠡᠢᠯᠡᠨ᠎ᠡ ᠃

2. Lnspiration ᠤ ᠬᠡᠷᠡᠭᠯᠡᠭᠡᠨ ᠦ ᠴᠣᠩᠬᠣ ᠶᠢᠨ ᠲᠠᠨᠢᠯᠴᠠᠭᠤᠯᠭ᠎ᠠ

（1）ᠰᠢᠨ᠎ᠡ ᠶᠢᠨ ᠪᠢᠴᠢᠭ ᠢ ᠨᠡᠭᠡᠭᠡᠬᠦ ᠳᠦ ᠬᠡᠷᠡᠭᠯᠡᠬᠦ ᠲᠣᠪᠴᠢᠯᠠᠭᠤᠷ ᠵᠢᠷᠤᠭ ᠢ ᠰᠢᠨ᠎ᠡ ᠶᠢᠨ ᠪᠢᠴᠢᠭ ᠦᠨ ᠵᠢᠷᠤᠭ ᠃ ᠵᠢᠷᠤᠭ 41 ᠲᠦ ᠦᠵᠡᠭᠦᠯᠪᠡ ᠃

（2）ᠬᠠᠳᠠᠭᠠᠯᠠᠬᠤ ᠪᠠ ᠬᠡᠪᠯᠡᠬᠦ ᠳᠦ ᠲᠣᠪᠴᠢᠯᠠᠭᠤᠷ ᠤᠨ ᠬᠡᠷᠡᠭᠯᠡᠭᠡᠨ ᠦ ᠴᠣᠩᠬᠣ ᠶᠢᠨ ᠲᠣᠪᠴᠢᠯᠠᠭᠤᠷ ᠢ ᠳᠠᠷᠤᠭᠰᠠᠨ ᠪᠠᠷ ᠵᠢᠷᠤᠭ ᠃ ᠵᠢᠷᠤᠭ 42 ᠲᠦ ᠦᠵᠡᠭᠦᠯᠪᠡ ᠃ Inspiration ᠤ ᠵᠢᠷᠤᠭ ᠢ ᠬᠠᠳᠠᠭᠠᠯᠠᠬᠤ ᠬᠡᠷᠡᠭᠯᠡᠭᠡᠨ ᠦ ᠴᠣᠩᠬᠣ ᠶᠢᠨ ᠲᠣᠪᠴᠢᠯᠠᠭᠤᠷ ᠢ ᠳᠠᠷᠤᠨ᠎ᠠ ᠃ ᠬᠡᠷᠡᠭᠯᠡᠭᠡᠨ ᠦ ᠲᠣᠪᠴᠢᠯᠠᠭᠤᠷ ᠢ ᠳᠠᠷᠤᠭᠰᠠᠨ ᠤ ᠳᠠᠷᠠᠭ᠎ᠠ ᠬᠠᠳᠠᠭᠠᠯᠠᠭᠰᠠᠨ ᠪᠠ ᠵᠢᠷᠤᠭ ᠤᠨ ᠬᠡᠰᠡᠭ ᠢ ᠰᠢᠨᠡᠴᠢᠯᠡᠨ ᠬᠠᠳᠠᠭᠠᠯᠠᠬᠤ ᠪᠣᠯᠤᠨ᠎ᠠ ᠃

（3）ᠭᠠᠷᠴᠠᠭ ᠤᠨ ᠬᠡᠷᠡᠭᠯᠡᠭᠡᠨ ᠦ ᠴᠣᠩᠬᠣ ᠶᠢᠨ ᠲᠣᠪᠴᠢᠯᠠᠭᠤᠷ ᠢ ᠳᠠᠷᠤᠭᠰᠠᠨ ᠪᠠᠷ ᠵᠢᠷᠤᠭ ᠃ ᠵᠢᠷᠤᠭ 43 ᠲᠦ ᠦᠵᠡᠭᠦᠯᠪᠡ ᠃

3. Lnspiration ᠤ ᠪᠦᠲᠦᠭᠡᠯ ᠬᠠᠳᠠᠭᠠᠯᠠᠬᠤ ᠠᠷᠭ᠎ᠠ

ᠬᠠᠳᠠᠭᠠᠯᠠᠭᠰᠠᠨ ᠪᠠ ᠵᠢᠷᠤᠭ ᠤᠨ ᠬᠡᠰᠡᠭ ᠢ ᠪᠦᠲᠦᠭᠡᠯ ᠦᠨ ᠬᠡᠯᠪᠡᠷᠢ ᠪᠡᠷ ᠬᠠᠳᠠᠭᠠᠯᠠᠨ᠎ᠠ ᠃ Lnspiration ᠤ ᠵᠢᠷᠤᠭ ᠢ ᠬᠠᠳᠠᠭᠠᠯᠠᠬᠤ ᠳᠤ ᠰᠢᠨ᠎ᠡ ᠪᠢᠴᠢᠭ ᠦᠨ ᠨᠡᠷ᠎ᠡ ᠶᠢ ᠣᠷᠣᠭᠤᠯᠵᠤ ᠬᠠᠳᠠᠭᠠᠯᠠᠨ᠎ᠠ ᠃ ᠵᠢᠷᠤᠭ ᠤᠨ ᠪᠢᠴᠢᠭ ᠢ ᠬᠠᠳᠠᠭᠠᠯᠠᠬᠤ ᠳᠤ ᠪᠤᠰᠤᠳ ᠬᠡᠯᠪᠡᠷᠢ ᠪᠡᠷ ᠬᠠᠳᠠᠭᠠᠯᠠᠵᠤ ᠪᠣᠯᠣᠨ᠎ᠠ ᠃ ᠭᠠᠷᠴᠠᠭ ᠤᠨ ᠬᠡᠷᠡᠭᠯᠡᠭᠡᠨ ᠦ ᠴᠣᠩᠬᠣ ᠶᠢᠨ 《 ᠪᠢᠴᠢᠭ ᠦᠨ ᠹᠠᠢᠯ 》 ᠭᠡᠬᠦ ᠲᠣᠪᠴᠢᠯᠠᠭᠤᠷ ᠢ ᠳᠠᠷᠤᠨ᠎ᠠ ᠃ ᠨᠡᠭᠡᠭᠡᠭᠰᠡᠨ ᠴᠣᠩᠬᠣᠨ ᠳᠤ ᠵᠢᠷᠤᠭ ᠤᠨ ᠬᠡᠯᠪᠡᠷᠢ ᠶᠢ ᠰᠣᠩᠭᠣᠵᠤ ᠬᠠᠳᠠᠭᠠᠯᠠᠨ᠎ᠠ ᠃ ᠬᠠᠳᠠᠭᠠᠯᠠᠭᠰᠠᠨ ᠵᠢᠷᠤᠭ ᠢ ᠪᠤᠰᠤᠳ ᠫᠷᠣᠭ᠍ᠷᠠᠮ ᠳᠤ ᠬᠡᠷᠡᠭᠯᠡᠵᠦ ᠪᠣᠯᠣᠨ᠎ᠠ ᠃ ᠪᠠᠢᠭᠤᠯᠤᠯᠲᠠ ᠂ Lnspiration ᠤ ᠵᠢᠷᠤᠭ ᠢ ᠬᠡᠷᠡᠭᠯᠡᠭᠡᠨ ᠦ ᠪᠢᠴᠢᠭ ᠳᠤ ᠣᠷᠣᠭᠤᠯᠵᠤ ᠬᠠᠷᠢᠯᠴᠠᠭᠤᠯᠤᠨ᠎ᠠ ᠃

(2) ᠦᠭᠡᠰ ᠦᠨ ᠰᠤᠷᠭᠠᠯᠲᠠ ᠶᠢᠨ ᠬᠡᠰᠡᠭ ᠲᠦ ᠰᠤᠷᠭᠠᠯᠲᠠ ᠶᠢᠨ ᠦᠶ᠎ᠡ ᠳᠦ ᠬᠡᠯᠡᠬᠦ ᠂ ᠤᠩᠰᠢᠬᠤ ᠂ ᠪᠢᠴᠢᠬᠦ ᠶᠢᠨ ᠣᠯᠠᠨ ᠲᠠᠯ᠎ᠠ ᠶᠢᠨ ᠰᠤᠷᠭᠠᠯᠲᠠ ᠶᠢ ᠬᠢᠭᠰᠡᠨ ᠪᠠᠶᠢᠨ᠎ᠠ ᠃ Link ᠬᠡᠰᠡᠭ ᠲᠦ ᠰᠤᠷᠭᠠᠭᠤᠯᠢ ᠶᠢᠨ ᠰᠤᠷᠭᠠᠯᠲᠠ ᠶᠢᠨ ᠬᠠᠷᠢᠴᠠᠭ᠎ᠠ ᠳᠤ ᠵᠢᠱᠢᠶᠡᠯᠡᠪᠡᠯ ᠂ ᠰᠤᠷᠭᠠᠭᠤᠯᠢ ᠶᠢᠨ ᠪᠠᠶᠢᠳᠠᠯ ᠢ ᠬᠠᠷᠢᠴᠠᠭᠤᠯᠤᠭᠰᠠᠨ ᠪᠠᠶᠢᠨ᠎ᠠ ᠃ ᠨᠢᠭᠤᠷ 45 ᠳᠤ ᠪᠠᠶᠢᠨ᠎ᠠ ᠪᠡ ᠃

(1) ᠦᠭᠡᠰ ᠰᠤᠷᠤᠬᠤ ᠶᠢᠨ ᠬᠡᠰᠡᠭ ᠦᠨ ᠰᠤᠷᠭᠠᠭᠤᠯᠢ ᠶᠢᠨ ᠰᠤᠷᠭᠠᠯᠲᠠ ᠶᠢᠨ ᠬᠠᠷᠢᠴᠠᠭ᠎ᠠ ᠪᠠᠶᠢᠨ᠎ᠠ ᠃ Lnspiration ᠦᠨ ᠬᠡᠰᠡᠭ ᠲᠦ ᠂ 《 Main Ideaq 》

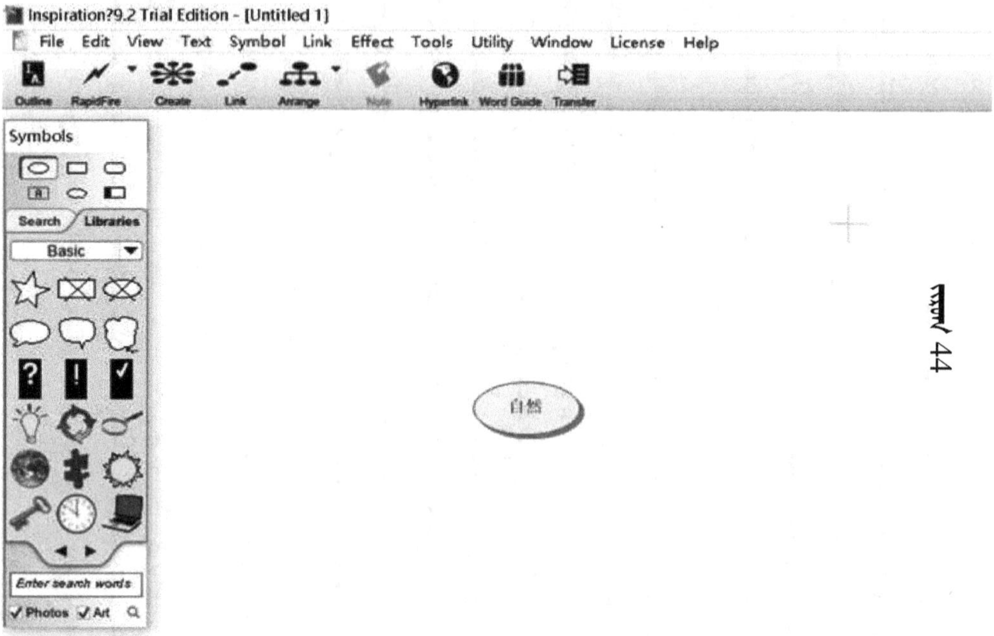

ᠵᠢᠷᠤᠭ 44

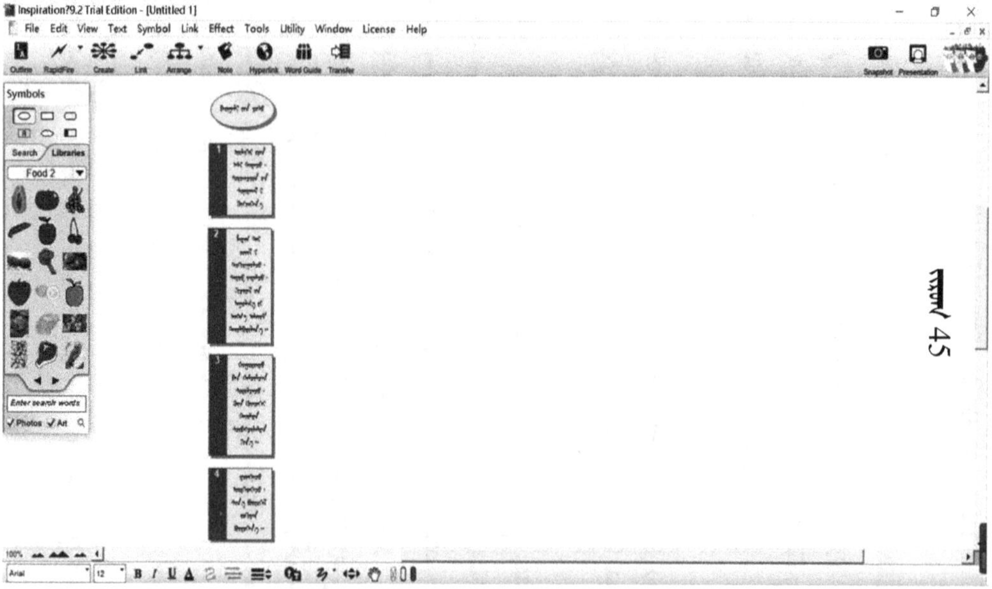

ᠵᠢᠷᠤᠭ 45

[illegible] ᠲᠤ ᠵᠢᠷᠤᠭ ᠣᠷᠤᠭᠤᠯᠬᠤ

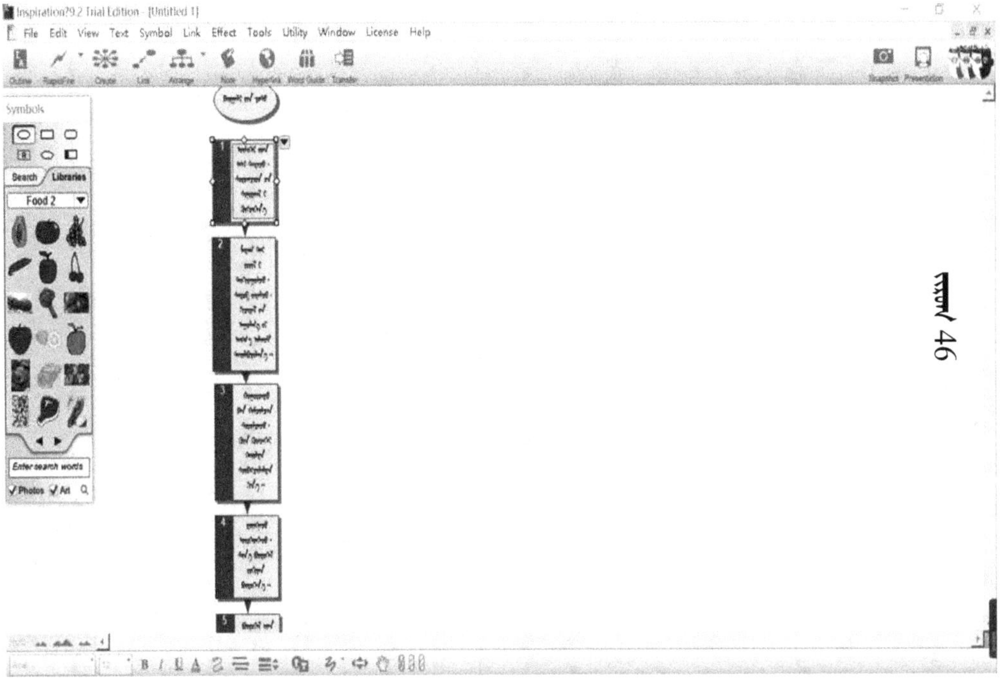

ᠵᠢᠷᠤᠭ 46

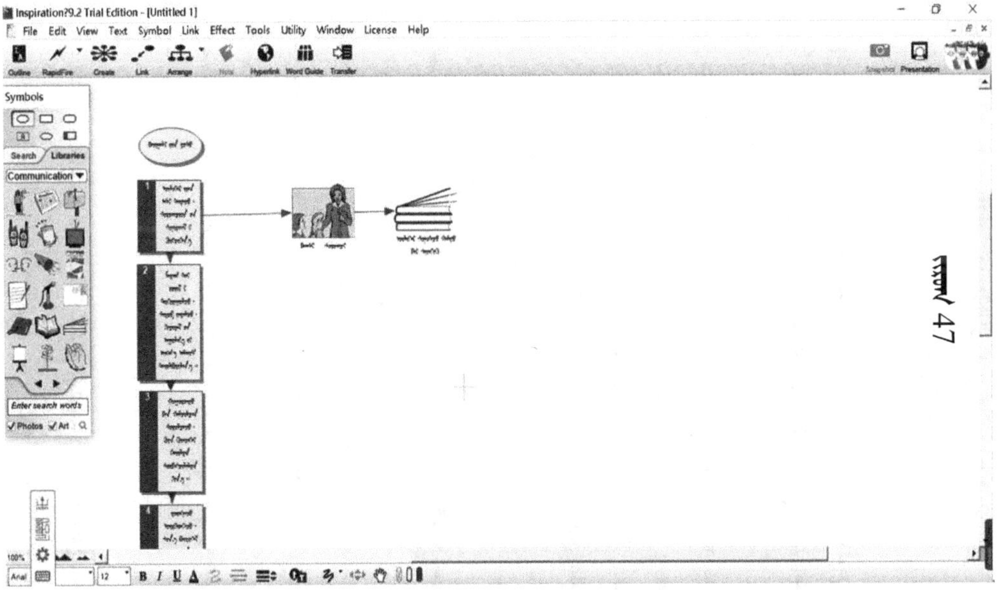

ᠵᠢᠷᠤᠭ 47

[illegible]

1. [illegible]

[illegible]

([illegible])

[illegible]

(5) [illegible] —— [illegible] —— [illegible]

[illegible] 《 Hyperlink 》 ([illegible]) [illegible]

[illegible] 《 Note 》 [illegible]

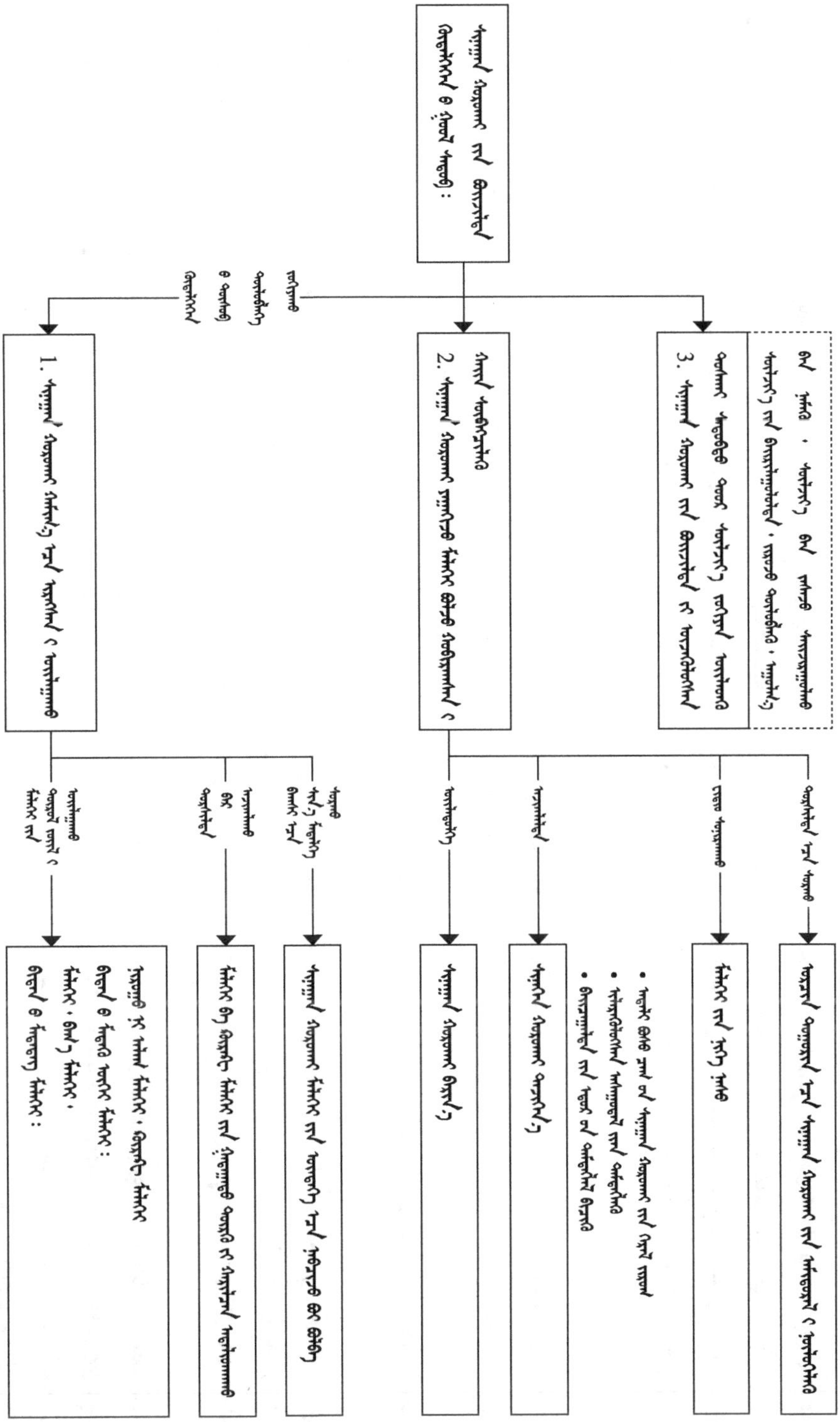

ᠵᠢᠷᠤᠭ 48

[illegible]

(2) [illegible]

[illegible]

(1) [illegible]

[illegible] 48 [illegible]

[illegible]

2. [illegible]

[illegible]

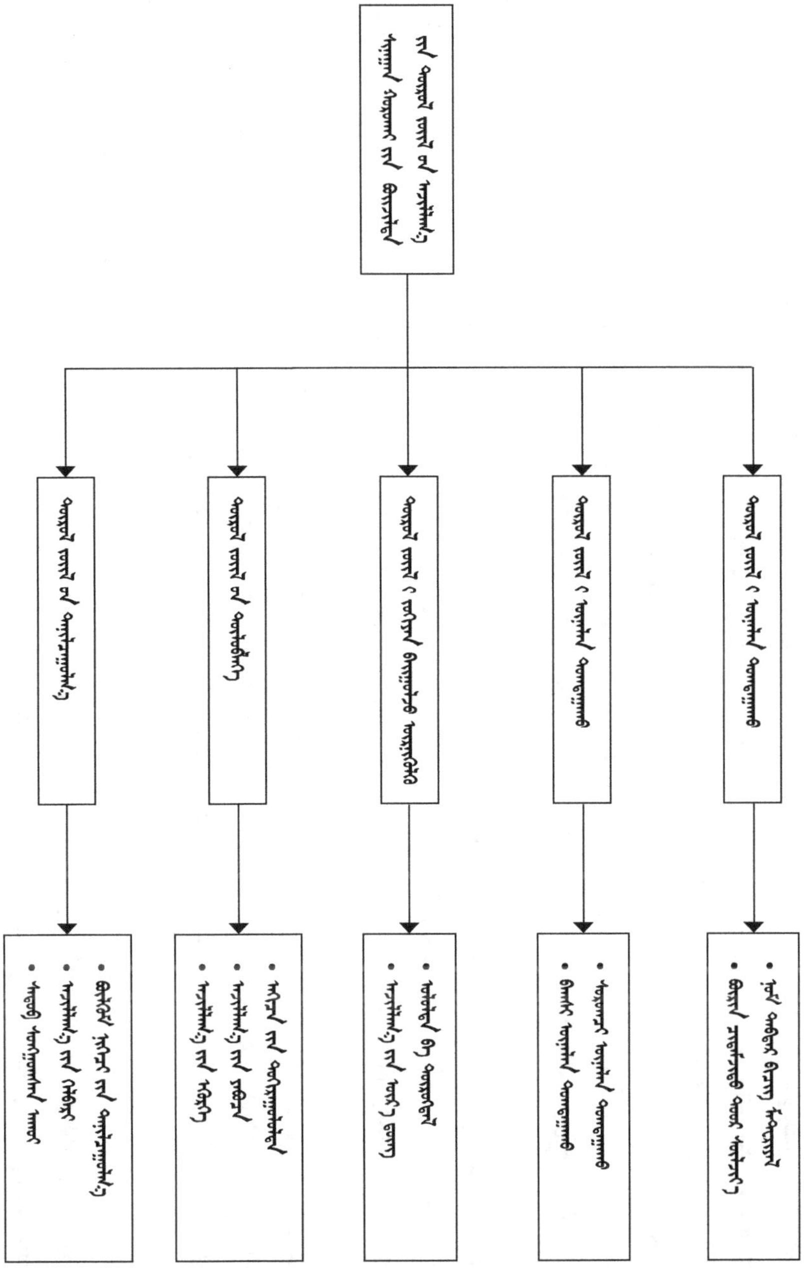

49

ᠰᠤᠷᠤᠭᠴᠢ ᠂ ᠪᠠᠭᠰᠢ ᠂ ᠰᠤᠷᠭᠠᠭᠤᠯᠢ ᠳᠤ ᠪᠦᠬᠦ ᠬᠦᠮᠦᠰ ᠪᠣᠯ ᠪᠦᠷ ᠰᠤᠷᠤᠯᠴᠠᠬᠤ ᠳᠠᠭᠠᠨ ᠢᠯᠡᠷᠡᠭᠦᠯᠬᠦ ᠮᠡᠳᠡᠯᠭᠡ ᠪᠠ ᠰᠡᠳᠬᠢᠯᠭᠡ ᠶᠢᠨ ᠦᠢᠯᠡ ᠶᠠᠪᠤᠴᠠ ᠶᠢ ᠪᠠᠷᠢᠮᠳᠠᠯᠠᠬᠤ ᠂ ᠳᠠᠮᠵᠢᠭᠤᠯᠬᠤ ᠰᠤᠷᠭᠠᠯ ᠤᠨ ᠪᠡᠯᠡᠳᠬᠡᠯ ᠢ ᠬᠡᠷᠡᠭᠯᠡᠵᠦ ᠂ MindManager ᠤᠨ ᠵᠢᠷᠤᠭ ᠢ ᠬᠡᠷᠡᠭᠯᠡᠬᠦ ᠨᠢ ᠰᠤᠷᠤᠭᠴᠢ ᠳᠤ ᠪᠣᠳᠤᠯᠭ᠎ᠠ ᠶᠢᠨ ᠵᠢᠷᠤᠭ ᠢ ᠵᠢᠷᠤᠬᠤ ᠂ ᠪᠠᠢᠭᠤᠯᠬᠤ ᠂ ᠰᠠᠢᠵᠢᠷᠠᠭᠤᠯᠬᠤ ᠂ ᠵᠠᠰᠠᠬᠤ ᠳᠤ ᠲᠤᠰᠠᠲᠠᠢ ᠪᠣᠯᠤᠨ᠎ᠠ ᠃ ᠵᠢᠷᠤᠭ 49 ᠲᠡᠢ ᠠᠳᠠᠯᠢ ᠪᠣᠯᠤᠨ᠎ᠠ ᠃

ᠪᠣᠳᠤᠯᠭ᠎ᠠ ᠶᠢᠨ ᠵᠢᠷᠤᠭ ᠤᠨ ᠪᠦᠲᠦᠴᠡ ᠶᠢ ᠪᠡᠯᠡᠳᠬᠡᠭᠰᠡᠨ ᠬᠤᠪᠢ ᠳᠤ ᠰᠤᠷᠤᠭᠴᠢ ᠶᠢᠨ ᠰᠡᠳᠬᠢᠯᠭᠡ ᠶᠢ ᠣᠯᠠᠨ ᠲᠠᠯ᠎ᠠ ᠪᠠᠷ ᠬᠥᠭᠵᠢᠭᠦᠯᠦᠨ᠎ᠡ ᠃ ᠪᠣᠳᠤᠯᠭ᠎ᠠ ᠶᠢᠨ ᠵᠢᠷᠤᠭ ᠪᠣᠯ ᠰᠤᠷᠤᠭᠴᠢ ᠳᠤ MindManager ᠰᠤᠹᠲ ᠤᠨ ᠲᠤᠰᠠᠯᠠᠮᠵᠢ ᠪᠠᠷ ᠵᠢᠷᠤᠭ ᠢ ᠵᠢᠷᠤᠬᠤ ᠂ ᠰᠤᠷᠤᠭᠴᠢ ᠶᠢᠨ ᠰᠡᠳᠬᠢᠬᠦ ᠴᠢᠳᠠᠪᠤᠷᠢ ᠶᠢ ᠳᠡᠭᠡᠭᠰᠢᠯᠡᠭᠦᠯᠬᠦ ᠳᠤ ᠴᠢᠬᠤᠯᠠ ᠠᠴᠠ ᠲᠠᠢ ᠃ ᠡᠨᠡ ᠰᠤᠷᠭᠠᠯᠲᠠ ᠶᠢᠨ ᠬᠢᠴᠢᠶᠡᠯ ᠪᠣᠯ ᠰᠤᠷᠤᠭᠴᠢ ᠶᠢᠨ ᠰᠡᠳᠬᠢᠯᠭᠡ ᠶᠢ ᠨᠡᠬᠡᠬᠦ ᠳᠤ ᠴᠢᠬᠤᠯᠠ ᠰᠣᠨᠢᠷᠬᠠᠯ ᠢ ᠲᠠᠲᠠᠬᠤ ᠨᠢ ᠳᠡᠬᠦ ᠬᠡᠷᠡᠭᠰᠡᠨ ᠪᠠᠢᠨ᠎ᠠ ᠃ ᠪᠣᠳᠤᠯᠭ᠎ᠠ ᠶᠢᠨ ᠵᠢᠷᠤᠭ ᠢ ᠪᠠᠢᠭᠤᠯᠬᠤ ᠳᠤ ᠰᠤᠷᠤᠭᠴᠢ ᠪᠡᠶ᠎ᠡ ᠪᠡᠶ᠎ᠡ ᠶᠢᠨ ᠪᠣᠳᠤᠯᠭ᠎ᠠ ᠶᠢ ᠢᠯᠡᠷᠡᠭᠦᠯᠵᠦ ᠪᠣᠯᠬᠤ ᠪᠣᠯᠤᠨ᠎ᠠ ᠃

[illegible]

[illegible]

[illegible] MindManager [illegible]

ᠰᠤᠷᠤᠭᠴᠢᠳ ᠤᠨ ᠬᠠᠷᠢᠭᠤᠯᠲᠠ ᠶᠢᠨ ᠬᠣᠯᠪᠣᠭᠳᠠᠯ ᠢ ᠲᠤᠰ ᠲᠤᠰ ᠳᠦ ᠪᠠᠨ ᠠᠭᠤᠯᠤᠭᠳᠠᠨ᠎ᠠ ᠃ ᠲᠤᠰ 50 ᠭᠠᠷᠤᠨ ᠳᠤ ᠃

(2) ᠬᠠᠷᠢᠭᠤᠯᠲᠠ ᠶᠢᠨ ᠰᠣᠩᠭᠣᠯᠲᠠ ᠂ ᠬᠠᠷᠢᠭᠤᠯᠲᠠ ᠶᠢᠨ ᠲᠣᠭ᠎ᠠ ᠂ ᠬᠠᠷᠢᠭᠤᠯᠲᠠ ᠶᠢᠨ ᠵᠥᠪ ᠪᠤᠷᠤᠭᠤ ᠶᠢ ᠰᠢᠯᠭᠠᠬᠤ ᠵᠡᠷᠭᠡ ᠪᠡᠷ ᠰᠤᠷᠤᠭᠴᠢᠳ ᠤᠨ ᠰᠤᠷᠤᠯᠴᠠᠭᠠᠨ ᠤ ᠪᠠᠢᠳᠠᠯ ᠢ ᠳᠦᠭᠦᠮ ᠦᠵᠡᠵᠦ ᠪᠣᠯᠣᠨ᠎ᠠ ᠃

1. Free Quizmaker ᠤᠨ ᠬᠡᠷᠡᠭᠯᠡᠭᠡ

(1) ᠰᠤᠷᠠᠭᠤᠯᠲᠠ ᠶᠢᠨ ᠬᠦᠰᠦᠨᠦᠭ ᠢ ᠪᠡᠯᠡᠳᠬᠡᠬᠦ ᠄ Free Quizmaker ᠢ ᠨᠡᠭᠡᠭᠡᠭᠡᠳ ᠂ ᠰᠤᠷᠠᠭᠤᠯᠲᠠ ᠶᠢᠨ ᠲᠦᠷᠦᠯ ᠢ ᠰᠣᠩᠭᠣᠨ᠎ᠠ ᠃

ᠡᠮᠦᠨ᠎ᠡ ᠰᠤᠷᠤᠭᠴᠢᠳ ᠤᠨ ᠰᠤᠷᠤᠯᠴᠠᠭᠠᠨ ᠤ ᠦᠷ᠎ᠡ ᠳ᠋ᠦᠩ ᠢ ᠬᠠᠷᠢᠴᠠᠭᠤᠯᠤᠨ ᠰᠢᠨᠵᠢᠯᠡᠬᠦ ᠳᠦ ᠂ ᠲᠤᠰ ᠰᠤᠷᠠᠭᠤᠯᠲᠠ ᠶᠢᠨ ᠬᠠᠷᠢᠭᠤᠯᠲᠠ ᠶᠢ ᠲᠣᠭᠠᠴᠠᠭᠠᠨ ᠰᠢᠨᠵᠢᠯᠡᠵᠦ ᠪᠣᠯᠣᠨ᠎ᠠ ᠃ SPSS ᠪᠣᠯ ᠲᠣᠭᠠᠨ ᠪᠠᠷᠢᠮᠲᠠ ᠶᠢ ᠰᠢᠨᠵᠢᠯᠡᠬᠦ ᠵᠢᠷᠤᠮ ᠤᠨ ᠰᠤᠹᠲ ᠪᠣᠯᠣᠨ᠎ᠠ ᠃ Free Quizmaker ᠪᠣᠯᠤᠨ SPSS ᠢ ᠬᠠᠮᠲᠤ ᠬᠡᠷᠡᠭᠯᠡᠵᠦ ᠂ ᠰᠤᠷᠠᠭᠤᠯᠲᠠ ᠶᠢᠨ ᠦᠷ᠎ᠡ ᠳ᠋ᠦᠩ ᠢ ᠰᠢᠨᠵᠢᠯᠡᠵᠦ ᠪᠣᠯᠣᠨ᠎ᠠ ᠃

ᠰᠤᠷᠠᠭᠤᠯᠲᠠ ᠶᠢᠨ ᠬᠠᠷᠢᠭᠤᠯᠲᠠ ᠶᠢ ᠲᠣᠭᠠᠴᠠᠭᠠᠨ ᠰᠢᠨᠵᠢᠯᠡᠬᠦ

(ᠨᠢᠭᠡ) ᠰᠤᠷᠠᠭᠤᠯᠲᠠ ᠶᠢᠨ ᠬᠠᠷᠢᠭᠤᠯᠲᠠ ᠶᠢ ᠲᠣᠭᠠᠴᠠᠭᠠᠨ ᠰᠢᠨᠵᠢᠯᠡᠬᠦ

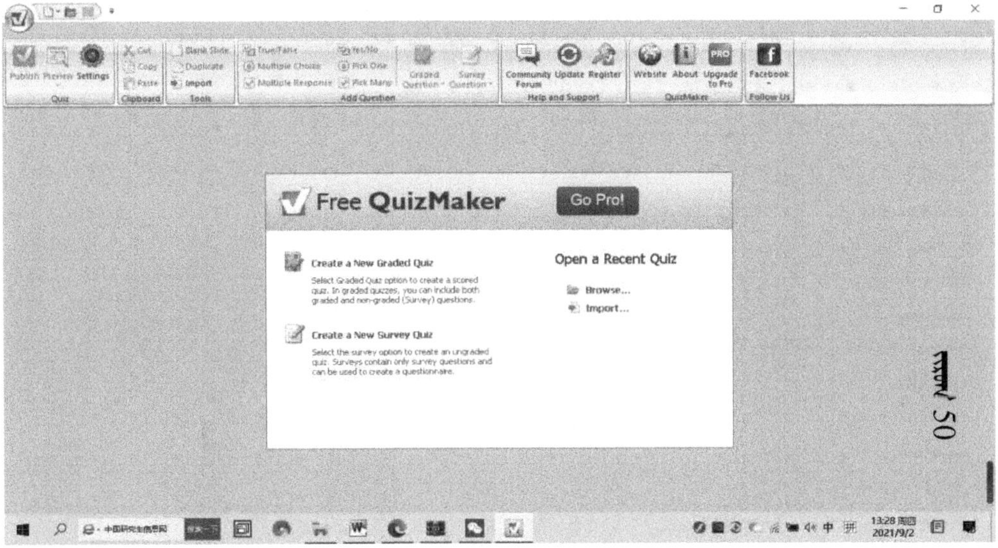

ᠵᠢᠷᠤᠭ 50

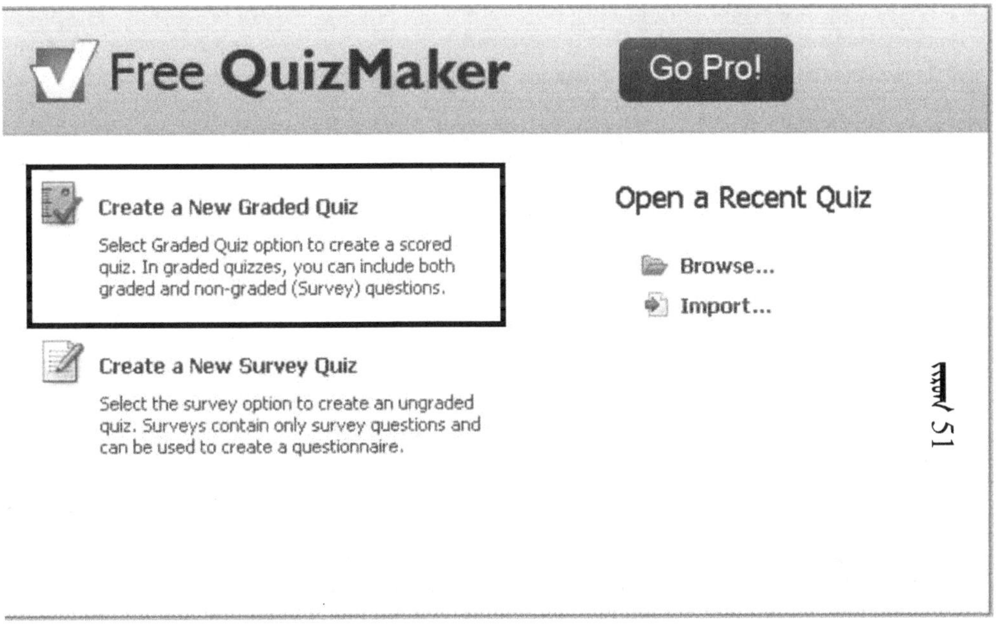

ᠵᠢᠷᠤᠭ 51

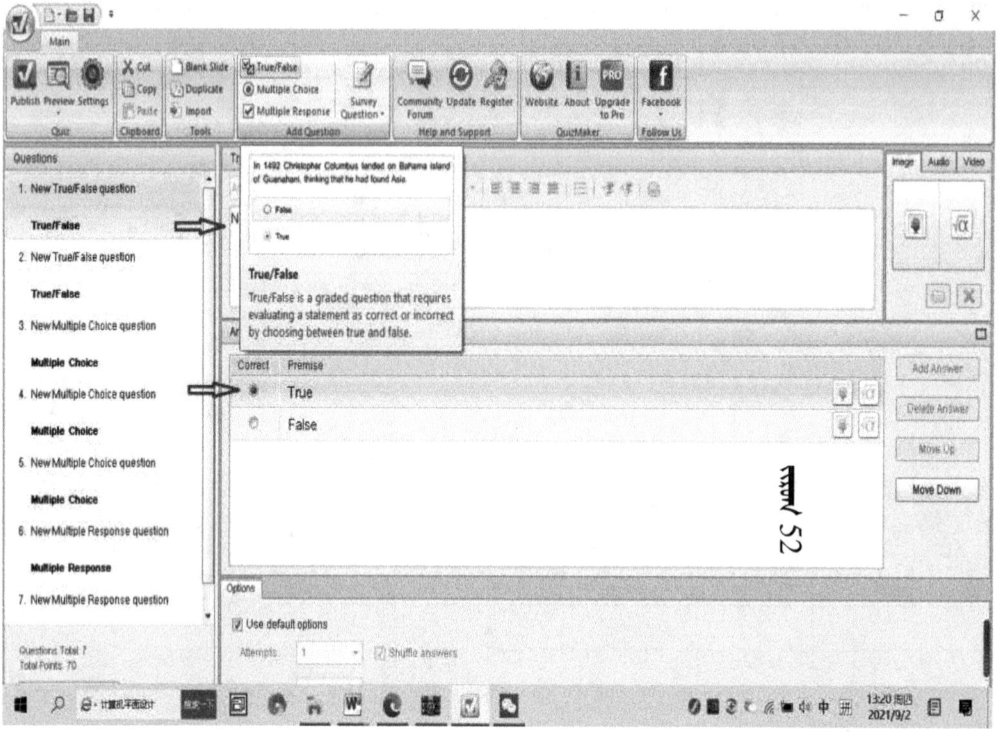

ᠵᠢᠷᠤᠭ 52

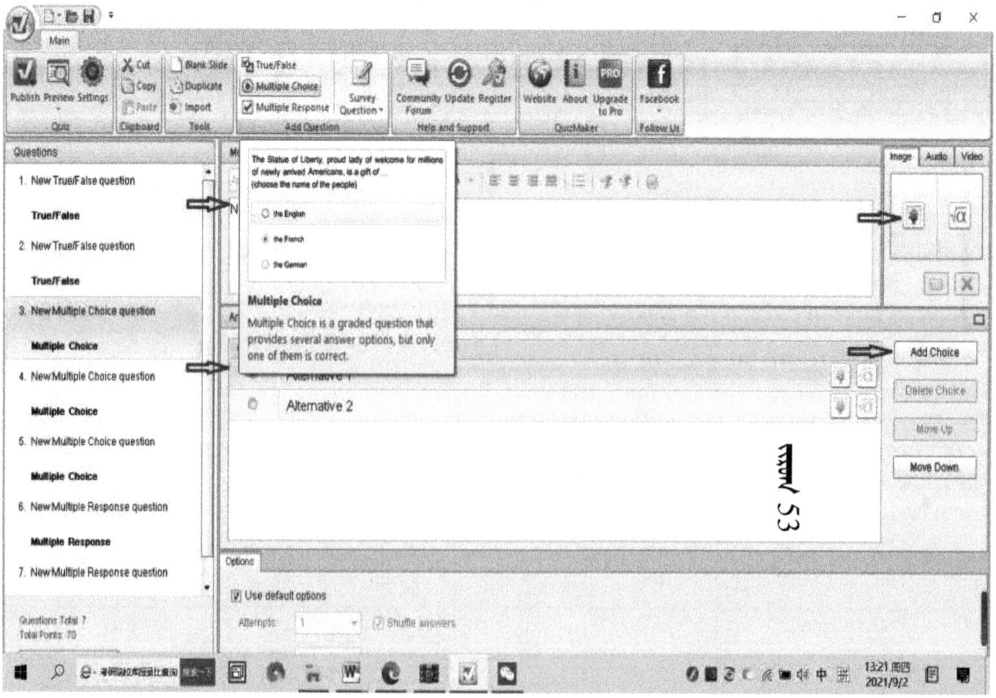

ᠵᠢᠷᠤᠭ 53

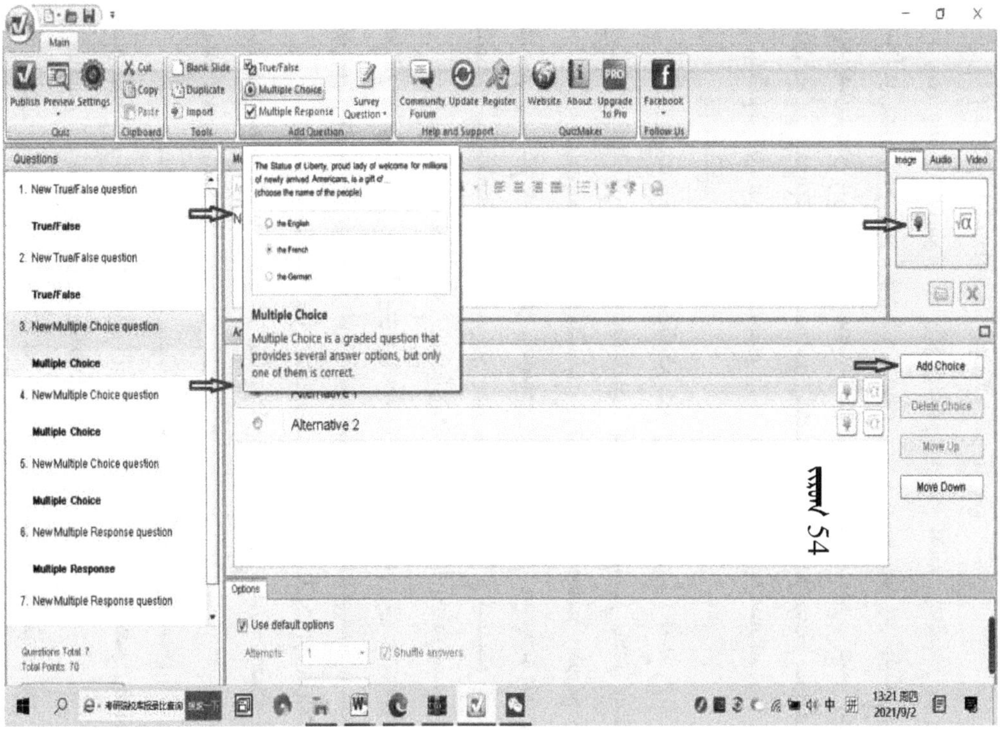

ᠵᠢᠷᠤᠭ 54

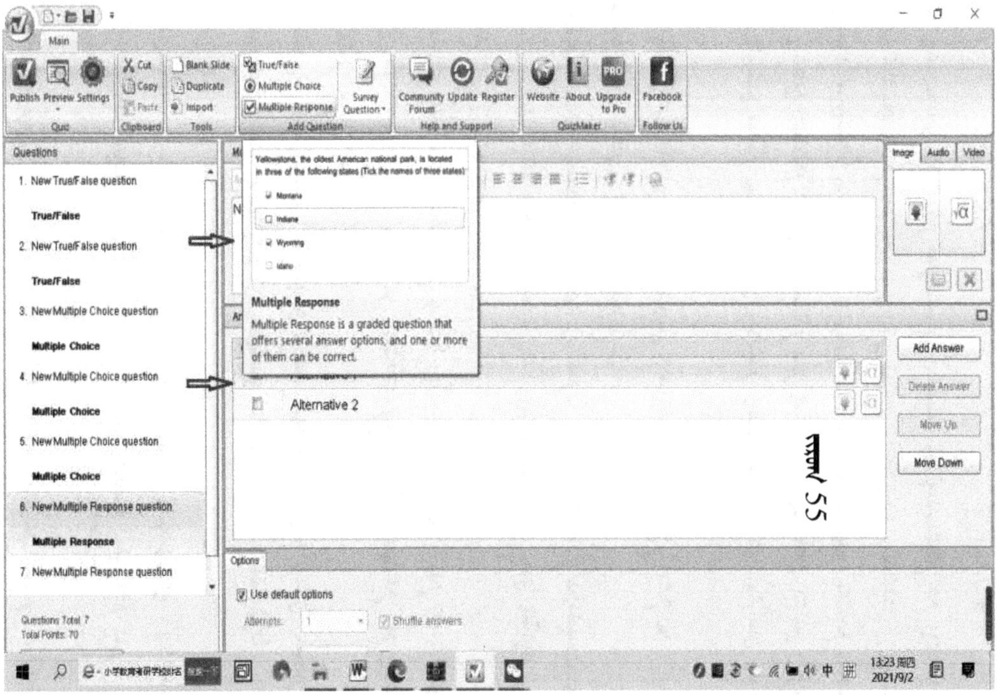

ᠵᠢᠷᠤᠭ 55

ᠰᠢᠯᠵᠢᠭᠦᠯᠦᠨ SWF ᠹᠣᠷᠮᠠᠲ ᠤᠨ ᠪᠦᠲᠦᠭᠡᠭᠳᠡᠬᠦᠨ ᠢ ᠪᠡᠯᠡᠳᠬᠡᠬᠦ ᠰᠣᠷᠢᠯ ᠤᠨ ᠲᠣᠭᠲᠠᠭᠠᠯ ᠮᠡᠲᠦ ᠵᠦᠢᠯ ᠢ ᠪᠠᠢᠭᠤᠯᠤᠨ᠎ᠠ ᠃ Free ᠤᠨ ᠰᠢᠯᠵᠢᠭᠦᠯᠦᠯ᠎ᠡ ᠃ ᠵᠢᠷᠤᠭ 55 ᠳᠤ ᠦᠵᠡᠭᠦᠯᠦᠯ᠎ᠡ ᠪᠡ ᠃

（5）ᠨᠡᠶᠢᠲᠡᠯᠡᠬᠦ ᠪᠦᠲᠦᠭᠡᠯ ᠦᠨ ᠰᠢᠯᠵᠢᠭᠦᠯᠬᠦ ᠲᠣᠪᠴᠢᠯᠠᠭᠤᠷ : 《 ᠥ 》 ᠳᠠᠷᠤᠪᠴᠢ ᠶᠢ ᠳᠠᠷᠤᠨ᠎ᠠ᠂ publish ᠰᠣᠩᠭᠣᠯᠲᠠ ᠶᠢ ᠳᠠᠷᠤᠨ᠎ᠠ᠂ ᠨᠡᠶᠢᠲᠡᠯᠡᠬᠦ ᠪᠦᠲᠦᠭᠡᠯ ᠦᠨ ᠰᠣᠷᠢᠯ ᠤᠨ ᠲᠣᠭᠲᠠᠭᠠᠯ ᠢ ᠪᠡᠯᠡᠳᠬᠡᠨ᠎ᠡ᠂ ᠨᠡᠶᠢᠲᠡᠯᠡᠬᠦ 54 ᠳᠦ ᠦᠵᠡᠭᠦᠯᠦᠯ᠎ᠡ ᠪᠡ ᠃

（4）ᠣᠯᠠᠨ ᠰᠣᠩᠭᠣᠯᠲᠠ ᠲᠠᠢ ᠰᠣᠷᠢᠯ ᠤᠨ ᠠᠰᠠᠭᠤᠯᠲᠠ : Multiple Response ᠳᠠᠷᠤᠪᠴᠢ ᠶᠢ ᠳᠠᠷᠤᠨ᠎ᠠ᠂ ᠣᠯᠠᠨ ᠰᠣᠩᠭᠣᠯᠲᠠ ᠲᠠᠢ ᠰᠣᠷᠢᠯ ᠤᠨ ᠠᠰᠠᠭᠤᠯᠲᠠ ᠶᠢ ᠪᠡᠯᠡᠳᠬᠡᠬᠦ ᠳᠦ ᠬᠡᠷᠡᠭᠯᠡᠨ᠎ᠡ ᠃ ᠵᠢᠷᠤᠭ ᠲᠤ ᠬᠠᠷᠠᠭᠤᠯᠪᠠᠯ ᠲᠤᠨ ᠳᠦᠷᠰᠦ ᠶᠢᠨ 《 ? 》 ᠲᠡᠮᠳᠡᠭ ᠦᠨ ᠳᠠᠷᠤᠪᠴᠢ᠂ ᠲᠡᠭᠦᠨ ᠦ ᠵᠢᠷᠤᠭ ᠲᠡᠮᠳᠡᠭ ᠪᠣᠯᠤᠨ᠎ᠠ ᠃ ᠵᠢᠷᠤᠭ 53 ᠳᠦ ᠦᠵᠡᠭᠦᠯᠦᠯ᠎ᠡ ᠪᠡ ᠃

（3）ᠨᠢᠭᠡ ᠰᠣᠩᠭᠣᠯᠲᠠ ᠲᠠᠢ ᠰᠣᠷᠢᠯ ᠤᠨ ᠠᠰᠠᠭᠤᠯᠲᠠ : Multiple ᠳᠠᠷᠤᠪᠴᠢ ᠶᠢ ᠳᠠᠷᠤᠨ᠎ᠠ᠂ ᠨᠢᠭᠡ ᠰᠣᠩᠭᠣᠯᠲᠠ ᠲᠠᠢ ᠰᠣᠷᠢᠯ ᠤᠨ ᠠᠰᠠᠭᠤᠯᠲᠠ ᠶᠢ ᠪᠡᠯᠡᠳᠬᠡᠨ᠎ᠡ ᠃ ᠡᠨᠡ ᠬᠦ ᠰᠣᠷᠢᠯ ᠤᠨ ᠲᠤᠬᠠᠢ ᠶᠢᠨ ᠬᠡᠯᠪᠡᠷᠢ ᠪᠣᠯᠤᠨ᠎ᠠ ᠃ ᠵᠢᠷᠤᠭ 52 ᠳᠦ ᠦᠵᠡᠭᠦᠯᠦᠯ᠎ᠡ ᠪᠡ ᠃

（2）ᠵᠥᠪ ᠪᠤᠷᠤᠭᠤ ᠶᠢ ᠰᠣᠩᠭᠣᠬᠤ ᠰᠣᠷᠢᠯ ᠤᠨ ᠠᠰᠠᠭᠤᠯᠲᠠ : True\False ᠳᠠᠷᠤᠪᠴᠢ ᠶᠢ ᠳᠠᠷᠤᠨ᠎ᠠ᠂ ᠵᠥᠪ ᠪᠤᠷᠤᠭᠤ ᠶᠢ ᠰᠣᠩᠭᠣᠬᠤ ᠰᠣᠷᠢᠯ ᠤᠨ ᠠᠰᠠᠭᠤᠯᠲᠠ ᠶᠢ ᠪᠡᠯᠡᠳᠬᠡᠨ᠎ᠡ ᠃ ᠵᠢᠷᠤᠭ 51 ᠳᠦ ᠦᠵᠡᠭᠦᠯᠦᠯ᠎ᠡ ᠪᠡ ᠃

（1）ᠰᠣᠷᠢᠯ ᠤᠨ ᠲᠣᠭᠲᠠᠭᠠᠯ ᠢ ᠪᠡᠯᠡᠳᠬᠡᠬᠦ ᠠᠷᠭ᠎ᠠ : Free Quizmaker ᠳᠠᠷᠤᠪᠴᠢ ᠶᠢᠨ ᠳᠡᠭᠡᠷᠡᠬᠢ ᠨᠢᠭᠡᠳᠦᠭᠡᠷ ᠳᠦ Create a New Graded Quiz ᠢ ᠰᠣᠩᠭᠣᠪᠠᠯ᠂ ᠰᠣᠷᠢᠯ ᠤᠨ ᠲᠣᠭᠲᠠᠭᠠᠯ ᠢ ᠪᠡᠯᠡᠳᠬᠡᠬᠦ ᠠᠷᠭ᠎ᠠ ᠪᠣᠯᠤᠨ᠎ᠠ ᠃ ᠡᠨᠡ ᠬᠦ ᠰᠣᠩᠭᠣᠯᠲᠠ ᠶᠢᠨ ᠳᠣᠲᠣᠷᠠᠬᠢ ᠰᠣᠷᠢᠯ ᠤᠨ ᠠᠰᠠᠭᠤᠯᠲᠠ ᠶᠢᠨ ᠬᠡᠯᠪᠡᠷᠢ ᠶᠢ ᠰᠣᠩᠭᠣᠵᠤ ᠪᠣᠯᠬᠤ ᠪᠥᠭᠡᠳ ᠰᠣᠷᠢᠯ ᠤᠨ ᠬᠡᠯᠪᠡᠷᠢ ᠶᠢᠨ ᠲᠣᠭ᠎ᠠ ᠨᠢ ᠬᠡᠮᠵᠢᠭᠳᠡᠬᠦ ᠦᠭᠡᠢ ᠃ ᠲᠤᠰ ᠫᠷᠣᠭ᠍ᠷᠠᠮ ᠢᠶᠠᠷ ᠨᠢᠭᠡ ᠳᠤᠭᠠᠷ ᠤᠨ ᠰᠣᠷᠢᠯ ᠤᠨ ᠲᠣᠭᠲᠠᠭᠠᠯ ᠳᠤ ᠡᠷᠭᠡᠬᠦ ᠶᠢᠨ ᠡᠬᠢᠨ ᠳᠦ ᠲᠠᠢᠯᠪᠤᠷᠢ ᠬᠢᠵᠦ ᠪᠣᠯᠬᠤ ᠪᠥᠭᠡᠳ᠂ ᠪᠦᠲᠦᠭᠡᠯ ᠦᠨ ᠬᠠᠮᠢᠶ᠎ᠠ ᠶᠢ ᠪᠣᠯᠭᠤᠨ ᠲᠦᠷᠭᠡᠨ ᠪᠡᠯᠡᠳᠬᠡᠨ᠎ᠡ᠂ ᠰᠣᠷᠢᠯ ᠤᠨ ᠲᠣᠭᠲᠠᠭᠠᠯ ᠢ ᠪᠡᠯᠡᠳᠬᠡᠬᠦ ᠳᠦ ᠵᠣᠬᠢᠰᠲᠠᠢ ᠪᠠᠢᠭᠤᠯᠤᠯ᠎ᠠ ᠃

2. Free Quizmaker ᠤᠨ ᠬᠡᠷᠡᠭᠯᠡᠭᠡ ᠪᠠ ᠠᠷᠭ᠎ᠠ

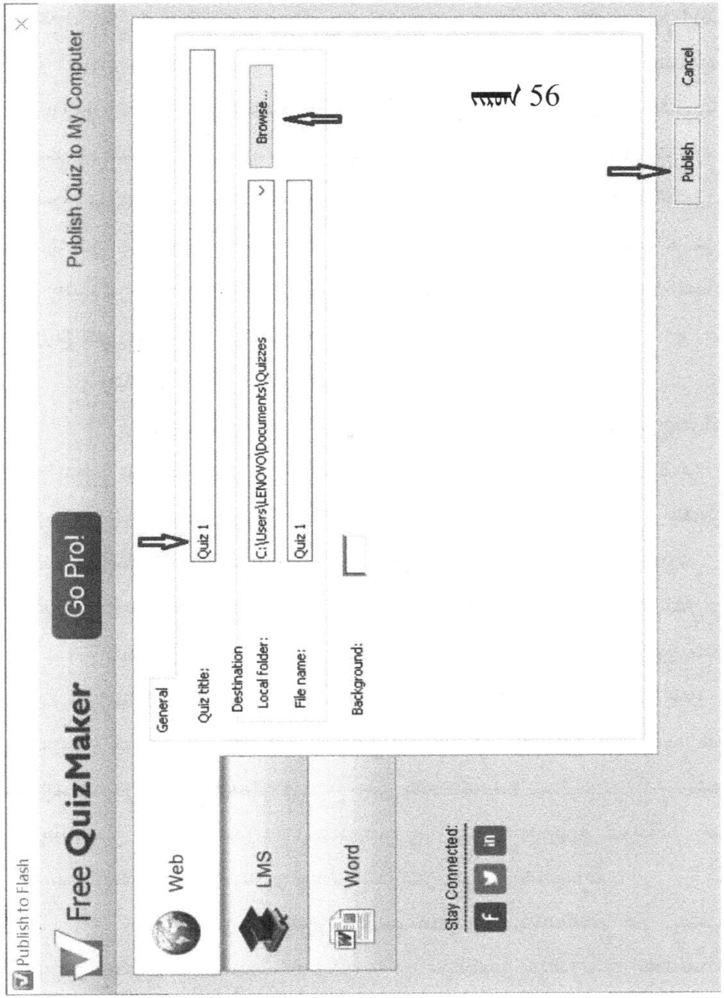

ᠵᠢᠷᠤᠭ 56

ᠲᠡᠭᠦᠨ ᠪᠣᠯᠤᠨᠠ :: ᠶᠠᠭᠤᠨ ᠤ ᠪᠠᠭᠰᠢ ᠶᠢᠨ ᠬᠢᠴᠢᠶᠡᠯ ᠪᠡᠯᠡᠳᠬᠡᠯ ᠲᠤᠰᠠᠯᠠᠮᠵᠢ ᠮᠠᠲᠧᠷᠢᠶᠠᠯ ᠂ ᠰᠤᠷᠤᠯᠴᠠᠭᠴᠢ ᠳᠠᠰᠬᠠᠯ ᠤᠨ ᠬᠢᠴᠢᠶᠡᠯ ᠂ ᠪᠠᠭᠰᠢ ᠶᠢᠨ ᠰᠤᠷᠭᠠᠨ ᠬᠦᠮᠦᠵᠢᠯ ᠦᠨ ᠲᠤᠷᠰᠢᠯᠭ᠎ᠠ ᠶᠢᠨ ᠰᠢᠯᠭᠠᠯᠲᠠ ᠵᠡᠷᠭᠡ

PhET ᠪᠤᠯ Physics Education Technolong ᠤᠨ

(ᠲᠣᠪᠴᠢ) ᠹᠢᠽᠢᠺ ᠤᠨ ᠲᠤᠷᠰᠢᠯᠲᠠ ᠶᠢᠨ ᠰᠢᠮᠦᠯᠧᠰᠢ — PhET

ᠲᠤᠷᠰᠢᠯᠲᠠ ᠶᠢᠨ ᠰᠢᠮᠦᠯᠧᠰᠢ — PhET ᠢ ᠵᠢᠱᠢᠯᠡᠨ ᠲᠠᠶᠢᠯᠪᠤᠷᠢᠯᠠᠶ᠎ᠠ ::
ᠰᠤᠷᠭᠠᠨ ᠬᠦᠮᠦᠵᠢᠯ ᠦᠨ ᠰᠢᠮᠦᠯᠧᠰᠢ ᠶᠢ ᠰᠤᠷᠭᠠᠯᠲᠠ ᠳᠤ ᠬᠡᠷᠡᠭᠯᠡᠬᠦ ᠳᠤ ᠲᠤᠰᠠᠲᠠᠶ ᠪᠣᠯᠤᠨᠠ :: ᠲᠡᠭᠦᠨ ᠹᠢᠽᠢᠺ ᠤᠨ ᠰᠤᠷᠭᠠᠯᠲᠠ ᠳᠤ ᠲᠤᠰᠠᠲᠠᠶ ᠪᠠᠶᠢᠬᠤ ᠂ ᠹᠢᠽᠢᠺ ᠤᠨ ᠲᠤᠷᠰᠢᠯᠲᠠ ᠶᠢᠨ ᠬᠡᠰᠡᠭ ᠦᠨ ᠰᠤᠷᠭᠠᠯᠲᠠ ᠶᠢᠨ ᠪᠠᠳᠠᠭ ᠲᠤᠷᠰᠢᠯᠲᠠ ᠶᠢ ᠲᠦᠷᠭᠡᠨ ᠪᠡᠯᠡᠳᠬᠡᠬᠦ ᠳᠤ ᠲᠤᠰᠠᠲᠠᠶ ᠪᠣᠯᠤᠨᠠ :: ᠡᠨᠡ ᠨᠢ ᠰᠤᠷᠭᠠᠯᠲᠠ ᠶᠢᠨ ᠵᠤᠷᠪᠤᠰ ᠢ ᠪᠡᠶᠡᠯᠡᠭᠦᠯᠬᠦ ᠂ ᠰᠤᠷᠤᠯᠴᠠᠭᠰᠠᠳ ᠤᠨ ᠰᠣᠨᠢᠷᠬᠠᠯ ᠢ ᠳᠡᠭᠡᠭᠰᠢᠯᠡᠭᠦᠯᠬᠦ ᠳᠤ ᠲᠤᠰᠠᠲᠠᠶ ᠪᠣᠯᠤᠨᠠ :: ᠡᠨᠡ ᠨᠢ ᠰᠤᠷᠤᠯᠴᠠᠭᠰᠠᠳ ᠤᠨ ᠬᠡᠷᠡᠭᠯᠡᠬᠦ ᠴᠢᠳᠠᠪᠤᠷᠢ ᠶᠢ ᠳᠡᠭᠡᠭᠰᠢᠯᠡᠭᠦᠯᠵᠦ ᠂ ᠰᠤᠷᠭᠠᠯᠲᠠ ᠶᠢᠨ ᠴᠢᠨᠠᠷ ᠢ ᠳᠡᠭᠡᠭᠰᠢᠯᠡᠭᠦᠯᠬᠦ ᠳᠤ ᠴᠢᠬᠤᠯᠠ ᠠᠴᠢ ᠬᠤᠯᠪᠤᠭᠳᠠᠯ ᠲᠠᠢ ::
ᠪᠠᠭᠰᠢ ᠨᠠᠷ ᠲᠡᠭᠦᠨ ᠢ ᠰᠤᠷᠭᠠᠯᠲᠠ ᠳᠤ ᠤᠯᠠᠮ ᠬᠡᠷᠡᠭᠯᠡᠵᠦ ᠪᠣᠯᠬᠤ ᠪᠠᠶᠢᠨ᠎ᠠ :: ᠲᠡᠷᠡ ᠨᠢ ᠹᠢᠽᠢᠺ ᠤᠨ ᠰᠤᠷᠭᠠᠯᠲᠠ ᠶᠢᠨ ᠰᠠᠭᠤᠷᠢ ᠮᠡᠳᠡᠯᠭᠡ ᠶᠢᠨ ᠴᠢᠭᠤᠯᠭᠠᠨ ᠳᠤ ᠬᠡᠷᠡᠭᠯᠡᠭᠳᠡᠬᠦ ᠦᠨᠳᠦᠰᠦ ᠲᠤᠷᠰᠢᠯᠲᠠ ᠶᠢᠨ ᠰᠢᠮᠦᠯᠧᠰᠢ ᠳᠤ ᠬᠠᠮᠢᠶ᠎ᠠ ᠲᠠᠢ ᠲᠤᠷᠰᠢᠯᠲᠠ ᠶᠢᠨ ᠰᠢᠮᠦᠯᠧᠰᠢ ᠪᠠᠭᠠᠵᠢ ᠂ ᠭᠡᠷ ᠡᠴᠡ ᠰᠠᠯᠤᠭᠠᠳ ᠴᠢ ᠪᠣᠯᠬᠤ ᠂ ᠰᠢᠮᠦᠯᠧᠰᠢ ᠲᠤᠷᠰᠢᠯᠲᠠ ᠶᠢᠨ ᠬᠡᠮᠵᠢᠭᠡᠨ ᠬᠢᠪᠡᠯ ᠢ ᠲᠤᠷᠰᠢᠯᠲᠠ ᠶᠢᠨ ᠬᠡᠷᠡᠭᠯᠡᠭᠡᠨ ᠳᠤ ᠬᠡᠷᠡᠭᠯᠡᠬᠦ

ᠬᠡᠷᠡᠭᠯᠡᠭᠡᠨ ᠦ ᠬᠤᠪᠢᠯᠪᠤᠷᠢ ᠶᠢᠨ ᠰᠢᠮᠦᠯᠧᠰᠢ ᠲᠤᠷᠰᠢᠯᠲᠠ ᠶᠢᠨ ᠵᠢᠱᠢᠶ᠎ᠡ

ᠶᠢᠨ ᠰᠤᠷᠭᠠᠯᠲᠠ ᠳᠤ ᠬᠡᠷᠡᠭᠯᠡᠬᠦ ᠵᠢᠱᠢᠶ᠎ᠡ ᠂ ᠹᠢᠽᠢᠺ ᠤᠨ ᠲᠤᠷᠰᠢᠯᠲᠠ ᠶᠢᠨ ᠬᠡᠰᠡᠭ ᠦᠨ ᠵᠢᠱᠢᠶ᠎ᠡ

ᠵᠢᠱᠢᠶ᠎ᠡ ᠪᠠᠷ ᠢ ᠬᠡᠷᠡᠭᠯᠡᠨ ᠲᠠᠶᠢᠯᠪᠤᠷᠢᠯᠠᠶ᠎ᠠ :: ᠵᠢᠷᠤᠭ 56 ᠳᠤ ᠦᠵᠡᠭᠦᠯᠪᠡ ::
Quizmaker ᠰᠢᠮᠦᠯᠧᠰᠢ ᠶᠢ ᠪᠡᠯᠡᠳᠬᠡᠬᠦ ᠬᠡᠷᠡᠭᠯᠡᠭᠡ ᠬᠡᠷᠡᠭᠯᠡᠭᠡᠨ ᠳᠤ ᠪᠠᠭᠰᠢ ᠶᠢᠨ

[illegible] Java ᠪᠣᠯᠤᠨ Flash [illegible] ::

[illegible] ::

(ᠨᠢᠭᠡ) PhET ᠦᠨ ᠬᠡᠢᠰᠪᠦᠷᠢ ᠲᠤᠷᠰᠢᠯᠲᠠ

1. ᠡᠨᠡ ᠬᠡᠢᠰᠪᠦᠷᠢ ᠲᠤᠷᠰᠢᠯᠲᠠ [illegible] ::

2. ᠡᠨᠡ ᠬᠡᠢᠰᠪᠦᠷᠢ ᠲᠤᠷᠰᠢᠯᠲᠠ [illegible] ::

3. ᠡᠨᠡ ᠬᠡᠢᠰᠪᠦᠷᠢ ᠲᠤᠷᠰᠢᠯᠲᠠ [illegible]

1.

PhET

[illegible]

2. [illegible]

3. [illegible]

4. [illegible] PhET [illegible]

[illegible] PhET [illegible]

《[illegible]》[illegible]

([illegible]) [illegible]

1996

(The Geometer's Sketchpad) Key Curriculum Press

ᠬᠡᠷᠡᠭᠯᠡᠭᠳᠡᠬᠦ ᠪᠣᠯᠤᠮᠵᠢ ᠲᠠᠢ ᠬᠠᠮᠲᠤᠷᠠᠯ ᠤᠨ ᠬᠡᠮᠵᠢᠭᠦᠷ ᠪᠠᠶᠢᠨ᠎ᠠ:: ᠪᠤᠯᠤᠷᠬᠠᠢ ᠲᠤᠰᠬᠠᠢ ᠬᠠᠶᠢᠭ ᠢ http:\\hotpot.uvic.ca ᠪᠣᠯᠤᠨ᠎ᠠ::

ᠲᠡᠷᠡ ᠬᠡᠷᠡᠭᠯᠡᠭᠳᠡᠬᠦ ᠶᠢᠨ ᠰᠤᠷᠭᠠᠯᠲᠠ ᠶᠢᠨ ᠬᠠᠮᠲᠤ ᠬᠣᠯᠪᠣᠭᠳᠠᠭᠰᠠᠨ ᠪᠣᠯᠤᠨ ᠬᠢᠴᠢᠶᠡᠯ ᠦᠨ ᠲᠦᠬᠡᠭᠡᠮᠵᠢ ᠶᠢ ᠪᠡᠯᠡᠳᠬᠡᠬᠦ ᠳᠦ ᠲᠤᠰᠠᠯᠠᠨ᠎ᠠ ᠪᠠᠶᠢᠨ᠎ᠠ ᠪᠢᠴᠢᠭ ᠦᠨ ᠬᠡᠯᠪᠡᠷᠢ ᠶᠢᠨ ᠵᠢᠱᠢᠶ᠎ᠡ Web ᠬᠠᠭᠤᠳᠠᠰᠤ ᠶᠢᠨ ᠰᠤᠷᠭᠠᠯᠲᠠ ᠶᠢᠨ ᠲᠦᠬᠡᠭᠡᠮᠵᠢ ᠶᠢ ᠪᠡᠯᠡᠳᠬᠡᠨ᠎ᠡ:: ᠡᠨᠡ ᠨᠢ ᠰᠤᠷᠭᠠᠭᠤᠯᠢ ᠶᠢᠨ ᠪᠠᠭᠰᠢ ᠨᠠᠷ ᠲᠤ ᠵᠣᠷᠢᠭᠤᠯᠤᠭᠰᠠᠨ ᠬᠡᠷᠡᠭᠯᠡᠭᠡᠨ ᠪᠣᠯᠤᠨ᠎ᠠ::

Hot Potatoes ᠪᠣᠯ ᠲᠤᠰᠬᠠᠢ ᠶᠢᠨ ᠵᠣᠬᠢᠶᠠᠯ ᠤᠨ ᠪᠠᠭᠠᠵᠢ ᠪᠣᠯᠤᠨ᠎ᠠ (ᠬᠠᠶᠢᠭ) ᠰᠤᠷᠭᠠᠭᠤᠯᠢ ᠶᠢᠨ ᠬᠡᠷᠡᠭᠯᠡᠭᠡᠨ ᠦ ᠲᠤᠰᠬᠠᠢ ᠬᠢᠴᠢᠶᠡᠯ ᠦᠨ ᠲᠦᠬᠡᠭᠡᠮᠵᠢ ᠶᠢ ᠪᠡᠯᠡᠳᠬᠡᠬᠦ ᠳᠦ ᠲᠤᠰᠠᠯᠠᠨ᠎ᠠ ᠪᠠᠶᠢᠨ᠎ᠠ::

ᠬᠢᠴᠢᠶᠡᠯ ᠦᠨ ᠲᠦᠬᠡᠭᠡᠮᠵᠢ ᠶᠢᠨ ᠬᠦᠮᠦᠵᠢᠯ ᠢ ᠰᠠᠶᠢᠵᠢᠷᠠᠭᠤᠯᠬᠤ ᠳᠤ ᠬᠡᠷᠡᠭᠯᠡᠭᠳᠡᠨ᠎ᠡ᠂ ᠰᠤᠷᠤᠯᠴᠠᠭᠴᠢ ᠶᠢᠨ ᠰᠤᠷᠤᠯᠭ᠎ᠠ ᠶᠢ ᠳᠡᠮᠵᠢᠬᠦ ᠪᠣᠯᠤᠨ ᠪᠠᠭᠰᠢ ᠶᠢᠨ ᠵᠢᠭᠠᠬᠤ ᠶᠢ ᠳᠡᠮᠵᠢᠨ᠎ᠡ᠂ ᠬᠦᠮᠦᠵᠢᠯ ᠦᠨ ᠲᠦᠬᠡᠭᠡᠮᠵᠢ ᠶᠢᠨ ᠬᠡᠷᠡᠭᠯᠡᠭᠡᠨ ᠦ ᠠᠷᠭ᠎ᠠ ᠶᠢ ᠪᠠᠶᠠᠵᠢᠭᠤᠯᠤᠨ᠎ᠠ:: ᠲᠤᠰᠬᠠᠢ ᠬᠠᠶᠢᠭ ᠨᠢ ᠤᠯᠠᠮ ᠬᠡᠷᠡᠭᠯᠡᠭᠳᠡᠬᠦ ᠶᠢᠨ ᠲᠤᠰᠬᠠᠢ ᠬᠢᠴᠢᠶᠡᠯ ᠦᠨ ᠲᠦᠬᠡᠭᠡᠮᠵᠢ ᠶᠢᠨ ᠬᠠᠶᠢᠭ ᠨᠢ (http:\\WWW.fossweb.com) ᠪᠣᠯᠤᠨ᠎ᠠ:: ᠡᠨᠡ ᠨᠢ ᠰᠤᠷᠭᠠᠭᠤᠯᠢ ᠶᠢᠨ ᠰᠤᠷᠭᠠᠯᠲᠠ ᠶᠢᠨ ᠪᠠᠭᠠᠵᠢ ᠪᠣᠯᠤᠨ᠎ᠠ:: ᠡᠨᠡ ᠨᠢ ᠪᠠᠭᠰᠢ ᠨᠠᠷ ᠲᠤ ᠵᠣᠷᠢᠭᠤᠯᠤᠭᠰᠠᠨ ᠬᠡᠷᠡᠭᠯᠡᠭᠡᠨ ᠪᠣᠯᠤᠨ᠎ᠠ::

FOSS (Full Option Science System) ᠪᠣᠯ ᠰᠢᠨᠵᠢᠯᠡᠬᠦ ᠤᠬᠠᠭᠠᠨ ᠤ ᠰᠤᠷᠭᠠᠯᠲᠠ ᠶᠢᠨ ᠬᠡᠷᠡᠭᠯᠡᠭᠡᠨ ᠦ ᠰᠤᠷᠭᠠᠯᠲᠠ ᠶᠢᠨ (ᠬᠠᠶᠢᠭ) ᠪᠣᠯᠤᠨ ᠰᠤᠷᠭᠠᠭᠤᠯᠢ ᠶᠢᠨ ᠪᠠᠭᠰᠢ ᠨᠠᠷ ᠲᠤ ᠵᠣᠷᠢᠭᠤᠯᠤᠭᠰᠠᠨ ᠲᠤᠰᠬᠠᠢ ᠬᠡᠷᠡᠭᠯᠡᠭᠡᠨ ᠦ ᠰᠤᠷᠭᠠᠯᠲᠠ ᠶᠢᠨ ᠬᠡᠷᠡᠭᠰᠡᠯ ᠢ ᠪᠠᠶᠢᠭᠤᠯᠤᠨ ᠬᠠᠩᠭᠠᠳᠠᠭ ᠪᠠᠶᠢᠨ᠎ᠠ ᠭᠡᠵᠡᠢ::

ᠰᠤᠷᠭᠠᠭᠤᠯᠢ ᠶᠢᠨ ᠲᠣᠭ᠎ᠠ ᠪᠣᠳᠣᠯᠭ᠎ᠠ ᠶᠢᠨ ᠬᠡᠷᠡᠭᠯᠡᠭᠡᠨ ᠦ ᠰᠤᠷᠭᠠᠯᠲᠠ ᠶᠢᠨ ᠲᠦᠬᠡᠭᠡᠮᠵᠢ ᠶᠢᠨ ᠬᠠᠶᠢᠭ ᠨᠢ ᠰᠤᠷᠭᠠᠭᠤᠯᠢ ᠶᠢᠨ ᠲᠣᠭ᠎ᠠ ᠪᠣᠳᠣᠯᠭ᠎ᠠ ᠶᠢᠨ ᠪᠠᠭᠰᠢ ᠨᠠᠷ ᠤᠨ ᠡᠪᠯᠡᠯ ᠦᠨ ᠰᠤᠷᠭᠠᠯᠲᠠ ᠶᠢᠨ (http:\\illum — inatons.nctm.org) ᠪᠣᠯᠤᠨ᠎ᠠ (ᠬᠠᠶᠢᠭ) ᠪᠣᠯᠤᠨ ᠪᠠᠭᠰᠢ ᠶᠢᠨ ᠵᠢᠱᠢᠶ᠎ᠡ ᠬᠡᠷᠡᠭᠯᠡᠭᠡᠨ ᠦ ᠰᠤᠷᠭᠠᠯᠲᠠ ᠶᠢᠨ ᠲᠦᠬᠡᠭᠡᠮᠵᠢ ᠶᠢ ᠬᠠᠩᠭᠠᠳᠠᠭ ᠪᠠᠶᠢᠨ᠎ᠠ:: ᠡᠨᠡ ᠨᠢ ᠰᠤᠷᠭᠠᠭᠤᠯᠢ ᠶᠢᠨ ᠪᠠᠭᠰᠢ ᠨᠠᠷ ᠤᠨ ᠰᠤᠷᠭᠠᠯᠲᠠ ᠶᠢᠨ ᠬᠦᠮᠦᠵᠢᠯ ᠢ ᠳᠡᠮᠵᠢᠬᠦ᠂ ᠰᠤᠷᠤᠯᠴᠠᠭᠴᠢ ᠨᠠᠷ ᠤᠨ ᠰᠤᠷᠤᠯᠭ᠎ᠠ ᠶᠢ ᠳᠡᠮᠵᠢᠬᠦ ᠳᠦ ᠲᠤᠰᠠᠯᠠᠨ᠎ᠠ᠂ ᠰᠤᠷᠭᠠᠯᠲᠠ ᠶᠢᠨ ᠴᠢᠨᠠᠷ ᠢ ᠳᠡᠭᠡᠭᠰᠢᠯᠡᠭᠦᠯᠬᠦ ᠳᠦ ᠴᠢᠬᠤᠯᠠ ᠠᠴᠠ ᠨᠦᠯᠦᠭᠡᠯᠡᠨ᠎ᠡ::

[illegible]

[illegible]

[illegible]

ᠪᠣᠯᠪᠠᠰᠤᠷᠠᠭᠤᠯᠬᠤ ᠪᠠᠢᠨ᠎ᠠ ᠬᠡᠷᠡᠭᠯᠡᠭᠡᠨ ᠦ ᠰᠢᠨᠵᠢ ᠪᠠᠢᠳᠠᠯ · ᠲᠡᠭᠦᠨ ᠦ ᠬᠡᠯᠡᠨ ᠦ ᠪᠠᠢᠳᠠᠯ ᠢ ᠬᠡᠯᠡᠨ ᠦ ᠬᠡᠷᠡᠭᠯᠡᠭᠡᠨ ᠦ ᠬᠡᠯᠪᠡᠷᠢ ᠡᠴᠡ ᠰᠤᠳᠤᠯᠤᠨ ᠰᠢᠨᠵᠢᠯᠡᠬᠦ ᠶᠢ ᠰᠢᠭᠠᠷᠳᠠᠯᠭ᠎ᠠ ᠪᠣᠯᠭᠠᠨ ᠳᠡᠪᠰᠢᠭᠦᠯᠬᠦ ᠬᠡᠷᠡᠭᠲᠡᠢ ᠪᠣᠯᠤᠨ᠎ᠠ ::

ᠪᠢ ᠰᠤᠷᠤᠯᠴᠠᠭᠠ ᠶᠢᠨ ᠰᠢᠨᠵᠢᠯᠡᠬᠦ ᠤᠬᠠᠭᠠᠨ ᠳᠤ
ᠮᠡᠳᠡᠯᠭᠡ ᠶᠢ ᠬᠡᠷᠡᠭᠯᠡᠬᠦ ᠪᠣᠯᠪᠠᠰᠤᠷᠠᠭᠤᠯᠬᠤ ᠮᠥᠷ ᠢ ᠬᠠᠢᠨ᠎ᠠ

ᠬᠡᠯᠡᠨ ᠦ ᠰᠢᠨᠵᠢᠯᠡᠬᠦ ᠤᠬᠠᠭᠠᠨ ᠤ ᠬᠥᠭᠵᠢᠯᠲᠡ ᠶᠢᠨ ᠲᠥᠯᠦᠪ ᠢ ᠰᠢᠭᠤᠳ ᠬᠠᠷᠢᠭᠤᠴᠠᠬᠤ ᠪᠣᠯᠪᠠᠰᠤᠷᠠᠯ ᠤᠨ ᠰᠤᠷᠭᠠᠯᠢ ᠶᠢᠨ ᠠᠷᠭ᠎ᠠ ᠪᠠᠷ ᠰᠢᠨᠵᠢᠯᠡᠨ ᠲᠤᠭᠤᠷᠢᠨ ᠪᠠᠢᠳᠠᠯ ᠢ ᠲᠣᠳᠣᠷᠬᠠᠢᠯᠠᠬᠤ ᠴᠢᠬᠤᠯᠠ ᠶᠢᠨ ᠲᠥᠯᠦᠪ ᠢ ᠬᠠᠮᠤᠷᠤᠨ᠎ᠠ · ᠮᠣᠩᠭᠣᠯ ᠬᠡᠯᠡᠨ ᠰᠤᠳᠤᠯᠭ᠎ᠠ ᠶᠢᠨ ᠣᠯᠠᠨ ᠲᠠᠯ᠎ᠠ ᠶᠢᠨ ᠰᠢᠨᠵᠢᠯᠡᠬᠦ ᠤᠬᠠᠭᠠᠨ ᠤ ᠣᠨᠣᠯ ᠪᠠ ᠠᠷᠭ᠎ᠠ ᠶᠢ ᠬᠡᠷᠡᠭᠯᠡᠭᠰᠡᠨ ᠦ ᠦᠷ᠎ᠡ ᠳᠦᠩ ᠢ ᠣᠯᠠᠨ ᠲᠠᠯ᠎ᠠ ᠪᠠᠷ ᠨᠢ ᠰᠢᠨᠵᠢᠯᠡᠨ ᠪᠢᠴᠢᠭᠰᠡᠨ ᠨᠢ — ᠮᠣᠩᠭᠣᠯ ᠬᠡᠯᠡᠨ ᠰᠤᠳᠤᠯᠭ᠎ᠠ ᠶᠢᠨ ᠬᠥᠭᠵᠢᠯᠲᠡ ᠶᠢᠨ ᠰᠢᠨ᠎ᠡ ᠲᠥᠯᠦᠪ ᠲᠦ ᠣᠷᠣᠭᠰᠠᠨ ᠢ ᠬᠠᠷᠠᠭᠤᠯᠵᠤ ᠪᠠᠢᠨ᠎ᠠ ::

ᠨᠢᠭᠡ · ᠮᠣᠩᠭᠣᠯ ᠬᠡᠯᠡᠨ ᠰᠤᠳᠤᠯᠭ᠎ᠠ ᠶᠢᠨ ᠰᠢᠨ᠎ᠡ ᠴᠢᠬᠤᠯᠠ ᠰᠤᠳᠤᠯᠭ᠎ᠠ

(ᠨᠢᠭᠡ) ᠮᠣᠩᠭᠣᠯ ᠬᠡᠯᠡᠨ ᠰᠤᠳᠤᠯᠭ᠎ᠠ ᠶᠢᠨ ᠰᠢᠨ᠎ᠡ ᠴᠢᠬᠤᠯᠠ ᠪᠠᠢᠳᠠᠯ ᠪᠠ ᠠᠰᠠᠭᠤᠳᠠᠯ

ᠰᠢᠨᠵᠢᠯᠡᠬᠦ ᠤᠬᠠᠭᠠᠨ ᠤ ᠬᠥᠭᠵᠢᠯᠲᠡ ᠶᠢᠨ ᠳᠠᠭᠠᠭ᠎ᠠ ᠲᠡᠭᠦᠨ ᠦ ᠰᠢᠨᠵᠢᠯᠡᠬᠦ ᠠᠷᠭ᠎ᠠ ᠪᠠ ᠬᠡᠯᠡᠨ ᠦ ᠪᠠᠢᠳᠠᠯ ᠢ ᠰᠤᠳᠤᠯᠬᠤ ᠤᠬᠠᠭᠠᠨ ᠤ 21 ᠳᠦᠭᠡᠷ ᠵᠠᠭᠤᠨ ᠤ ᠬᠥᠭᠵᠢᠯᠲᠡ ᠶᠢᠨ ᠴᠢᠬᠤᠯᠠ ᠠᠰᠠᠭᠤᠳᠠᠯ ᠪᠣᠯᠤᠨ᠎ᠠ :: ᠡᠨᠡ ᠨᠢ ᠮᠣᠩᠭᠣᠯ ᠬᠡᠯᠡᠨ ᠰᠤᠳᠤᠯᠭ᠎ᠠ ᠶᠢᠨ ᠰᠢᠨᠵᠢᠯᠡᠬᠦ ᠠᠷᠭ᠎ᠠ ᠪᠠ ᠣᠨᠣᠯ ᠤᠨ ᠰᠢᠨᠵᠢᠯᠡᠬᠦ ᠤᠬᠠᠭᠠᠨ ᠤ ᠬᠥᠭᠵᠢᠯᠲᠡ ᠶᠢᠨ ᠬᠠᠷᠢᠴᠠᠭ᠎ᠠ ᠶᠢ ᠲᠣᠳᠣᠷᠬᠠᠢᠯᠠᠨ᠎ᠠ · ᠮᠣᠩᠭᠣᠯ ᠬᠡᠯᠡᠨ ᠰᠤᠳᠤᠯᠭ᠎ᠠ ᠶᠢᠨ ᠣᠯᠠᠨ ᠤᠯᠤᠰ ᠤᠨ ᠰᠢᠨᠵᠢᠯᠡᠬᠦ ᠤᠬᠠᠭᠠᠨ ᠤ ᠬᠥᠭᠵᠢᠯᠲᠡ ᠶᠢᠨ ᠪᠠᠢᠳᠠᠯ ᠢ ᠰᠤᠳᠤᠯᠬᠤ ᠳᠤ ᠮᠣᠩᠭᠣᠯ ᠬᠡᠯᠡᠨ ᠦ ᠪᠣᠳᠤᠯᠭ᠎ᠠ ᠶᠢᠨ ᠰᠤᠳᠤᠯᠭ᠎ᠠ ᠶᠢ ᠬᠠᠮᠲᠤ ᠪᠠᠷ ᠬᠥᠭᠵᠢᠭᠦᠯᠬᠦ ᠶᠢᠨ ᠲᠥᠯᠦᠭᠡ ᠮᠣᠩᠭᠣᠯ ᠬᠡᠯᠡᠨ ᠰᠤᠳᠤᠯᠭ᠎ᠠ ᠶᠢᠨ ᠰᠢᠨ᠎ᠡ ᠴᠢᠬᠤᠯᠠ ᠠᠰᠠᠭᠤᠳᠠᠯ ᠢ ᠰᠢᠢᠳᠪᠦᠷᠢᠯᠡᠬᠦ ᠬᠡᠷᠡᠭᠲᠡᠢ :: ᠡᠨᠡ ᠨᠢ ᠮᠣᠩᠭᠣᠯ ᠬᠡᠯᠡᠨ ᠰᠤᠳᠤᠯᠭ᠎ᠠ ᠶᠢᠨ ᠬᠥᠭᠵᠢᠯᠲᠡ ᠶᠢᠨ ᠰᠢᠨ᠎ᠡ ᠴᠢᠭᠯᠡᠯ ᠪᠣᠯᠤᠨ᠎ᠠ :: ᠡᠩ ᠲᠦᠷᠦᠭᠦᠨ ᠳᠦ ᠮᠣᠩᠭᠣᠯ ᠬᠡᠯᠡᠨ ᠦ ᠪᠠᠢᠳᠠᠯ ᠢ ᠰᠢᠨᠵᠢᠯᠡᠬᠦ ᠤᠬᠠᠭᠠᠨ ᠤ ᠣᠨᠣᠯ ᠪᠠ ᠠᠷᠭ᠎ᠠ ᠶᠢᠨ ᠬᠥᠭᠵᠢᠯᠲᠡ ᠶᠢᠨ ᠳᠠᠭᠠᠭ᠎ᠠ ᠰᠢᠨ᠎ᠡ ᠲᠥᠯᠦᠪ ᠪᠠᠢᠳᠠᠯ ᠳᠤ ᠣᠷᠣᠭᠰᠠᠨ · ᠬᠡᠯᠡ ᠬᠡᠷᠡᠭᠯᠡᠭᠡᠨ ᠦ ᠰᠢᠨᠵᠢ ᠴᠢᠨᠠᠷ ᠢ ᠲᠣᠳᠣᠷᠬᠠᠢᠯᠠᠬᠤ ᠶᠢᠨ ᠬᠠᠮᠲᠤ ᠮᠣᠩᠭᠣᠯ ᠬᠡᠯᠡᠨ ᠦ ᠪᠠᠢᠳᠠᠯ ᠢ ᠲᠠᠨᠢᠨ ᠮᠡᠳᠡᠬᠦ ᠶᠢᠨ ᠬᠡᠷᠡᠭᠴᠢᠶ᠎ᠡ ᠶᠢ ᠬᠠᠩᠭᠠᠨ᠎ᠠ ::

ᠪᠣᠯᠤᠭᠰᠠᠭᠠᠷ ᠃ ᠰᠤᠷᠭᠠᠯᠲᠠ ᠶᠢᠨ ᠪᠣᠳᠠᠲᠤ ᠶᠢ ᠬᠥᠳᠡᠯᠭᠡᠭᠡᠨ ᠦ ᠲᠣᠬᠢᠷᠠᠭᠤᠯᠤᠯᠲᠠ ᠃ ᠰᠠᠢᠳ ᠦᠭᠡ ᠂ ᠬᠥᠳᠡᠯᠭᠡᠭᠡᠨ ᠰᠤᠷᠭᠠᠯᠲᠠ ᠶᠢᠨ ᠬᠡᠯᠪᠡᠷᠢ ᠶᠢ ᠪᠠᠰᠠ ᠡᠨᠡ ᠰᠤᠷᠭᠠᠭᠤᠯᠢ ᠶᠢᠨ ᠰᠤᠷᠭᠠᠮᠵᠢ ᠪᠣᠯᠭᠠᠨ ᠲᠣᠬᠢᠷᠠᠭᠤᠯᠤᠭᠰᠠᠨ ᠪᠠᠢᠨ᠎ᠠ ᠃ ᠪᠠᠰᠠ ᠂ ᠬᠥᠳᠡᠯᠭᠡᠭᠡᠨ ᠰᠤᠷᠭᠠᠯᠲᠠ ᠶᠢᠨ ᠬᠡᠯᠪᠡᠷᠢ ᠶᠢᠨ ᠤᠳᠬ᠎ᠠ ᠨᠢ ᠂ ᠬᠥᠳᠡᠯᠭᠡᠭᠡᠨ ᠰᠤᠷᠭᠠᠯᠲᠠ ᠪᠣᠯ 《ᠬᠥᠳᠡᠯᠭᠡᠭᠡᠨ》 ᠪᠠ 《ᠰᠤᠷᠭᠠᠯᠲᠠ》 ᠭᠡᠬᠦ ᠬᠣᠶᠠᠷ ᠦᠭᠡ ᠡᠴᠡ ᠪᠦᠷᠢᠯᠳᠦᠭᠰᠡᠨ ᠪᠠᠢᠨ᠎ᠠ ᠃ ᠡᠨᠳᠡ ᠂ ᠬᠥᠳᠡᠯᠭᠡᠭᠡᠨ ᠰᠤᠷᠭᠠᠯᠲᠠ ᠶᠢᠨ ᠬᠡᠯᠪᠡᠷᠢ ᠶᠢᠨ ᠬᠠᠮᠤᠭ ᠤᠨ ᠴᠢᠬᠤᠯᠠ ᠣᠨᠴᠠᠯᠢᠭ ᠨᠢ ᠰᠤᠷᠭᠠᠯᠲᠠ ᠶᠢᠨ ᠬᠡᠯᠪᠡᠷᠢ ᠳᠦ ᠣᠷᠣᠰᠢᠳᠠᠭ ᠃ ᠬᠥᠳᠡᠯᠭᠡᠭᠡᠨ ᠰᠤᠷᠭᠠᠯᠲᠠ ᠶᠢᠨ ᠬᠡᠯᠪᠡᠷᠢ ᠶᠢ ᠠᠩᠭᠯᠢ ᠬᠡᠯᠡ ᠪᠡᠷ 《ᠬᠥᠳᠡᠯᠭᠡᠭᠡᠨ ᠰᠤᠷᠭᠠᠨ ᠬᠦᠮᠦᠵᠢᠯ》 ᠭᠡᠵᠦ Learning ᠬᠡᠮᠡᠨ M – Edu – Cation ᠭᠡᠵᠦ ᠲᠡᠮᠳᠡᠭᠯᠡᠳᠡᠭ ᠃ ᠲᠤᠰ ᠦᠭᠡ ᠨᠢ ᠬᠣᠯᠪᠣᠭᠳᠠᠯ ᠪᠦᠬᠦᠢ ᠬᠥᠳᠡᠯᠭᠡᠭᠡᠨ ᠰᠤᠷᠭᠠᠯᠲᠠ ᠶᠢᠨ ᠬᠡᠯᠪᠡᠷᠢ ᠶᠢ ᠲᠡᠮᠳᠡᠭᠯᠡᠵᠦ ᠪᠣᠢ ᠪᠠ ᠰᠤᠷᠭᠠᠨ ᠬᠦᠮᠦᠵᠢᠯ ᠦᠨ ᠰᠢᠨ᠎ᠡ ᠵᠠᠮ ᠪᠣᠯᠤᠭᠰᠠᠨ ᠠᠵᠤ ᠃ ᠲᠤᠰ ᠦᠭᠡ ᠨᠢ ᠤᠬᠠᠭᠠᠨ ᠤ M – ᠬᠥᠳᠡᠯᠭᠡᠭᠡᠨ ᠰᠤᠷᠭᠠᠯᠲᠠ ᠶᠢᠨ ᠬᠡᠯᠪᠡᠷᠢ ᠶᠢᠨ ᠬᠠᠮᠤᠭ ᠤᠨ ᠰᠢᠨ᠎ᠡ ᠲᠣᠮᠢᠶ᠎ᠠ ᠪᠣᠯᠤᠨ᠎ᠠ ᠃

(ᠬᠣᠶᠠᠷ) ᠬᠥᠳᠡᠯᠭᠡᠭᠡᠨ ᠰᠤᠷᠭᠠᠯᠲᠠ ᠶᠢᠨ ᠬᠡᠯᠪᠡᠷᠢ ᠶᠢᠨ ᠬᠥᠭᠵᠢᠯᠲᠡ ᠶᠢᠨ ᠲᠥᠯᠥᠪ ᠪᠠᠢᠳᠠᠯ

ᠬᠥᠳᠡᠯᠭᠡᠭᠡᠨ ᠰᠤᠷᠭᠠᠯᠲᠠ ᠶᠢᠨ ᠬᠥᠭᠵᠢᠯᠲᠡ ᠶᠢᠨ ᠲᠥᠯᠥᠪ ᠪᠠᠢᠳᠠᠯ ᠢ ᠰᠤᠳᠤᠯᠬᠤ ᠳᠤ ᠂ PBL ᠭᠡᠬᠦ ᠰᠢᠨᠵᠢᠯᠡᠬᠦ ᠰᠤᠷᠭᠠᠯᠲᠠ ᠶᠢᠨ ᠠᠷᠭ᠎ᠠ ᠶᠢ ᠬᠡᠷᠡᠭᠯᠡᠵᠦ ᠂ ᠠᠩᠬᠠᠨ ᠤ WAP ᠰᠦᠯᠵᠢᠶ᠎ᠡ ᠶᠢᠨ ᠬᠠᠷᠢᠯᠴᠠᠭ᠎ᠠ ᠶᠢᠨ ᠪᠠᠭᠠᠵᠢ ᠂ ᠬᠥᠳᠡᠯᠭᠡᠭᠡᠨ ᠤᠲᠠᠰᠤ ᠶᠢᠨ ᠰᠤᠷᠭᠠᠯᠲᠠ ᠶᠢᠨ ᠬᠡᠯᠪᠡᠷᠢ ᠶᠢ ᠪᠠᠶᠠᠵᠢᠭᠤᠯᠵᠤ ᠪᠠᠢᠨ᠎ᠠ ᠃ ᠰᠦᠯᠵᠢᠶ᠎ᠡ ᠶᠢᠨ ᠬᠥᠭᠵᠢᠯ ᠢ ᠬᠥᠳᠡᠯᠭᠡᠭᠡᠨ ᠤᠲᠠᠰᠤ ᠶᠢᠨ ᠰᠦᠯᠵᠢᠶ᠎ᠡ ᠳᠦ ᠬᠠᠷᠢᠯᠴᠠᠭᠤᠯᠵᠤ ᠂ ᠰᠤᠷᠭᠠᠭᠤᠯᠢ ᠶᠢᠨ ᠰᠤᠷᠭᠠᠮᠵᠢ ᠂ ᠮᠡᠳᠡᠭᠡ ᠰᠤᠷᠭᠠᠮᠵᠢ ᠶᠢᠨ ᠬᠣᠯᠪᠣᠭᠳᠠᠯ ᠢ ᠪᠡᠬᠢᠵᠢᠭᠦᠯᠦᠨ ᠰᠤᠷᠭᠠᠭᠤᠯᠢ ᠶᠢᠨ ᠲᠣᠭᠤᠷᠢᠭ ᠢᠶᠡᠷ ᠪᠦᠷᠢᠯᠳᠦᠭᠦᠯᠬᠦ ᠳᠦ ᠮᠠᠰᠢ ᠴᠢᠬᠤᠯᠠ ᠠᠴᠢ ᠬᠣᠯᠪᠣᠳᠠᠯ ᠲᠠᠢ ᠪᠣᠯᠤᠨ᠎ᠠ ᠃ ᠲᠡᠭᠦᠨ ᠦ ᠬᠥᠭᠵᠢᠯᠲᠡ ᠶᠢᠨ ᠦᠢᠯᠡ ᠶᠠᠪᠤᠴᠠ ᠨᠢ ᠂ E — Learning ᠡᠴᠡ ᠡᠬᠢᠯᠡᠨ ᠂ M — Learning ᠤ ᠳᠠᠪᠬᠤᠷᠭ᠎ᠠ ᠳᠤ ᠬᠥᠷᠦᠭᠰᠡᠨ ᠪᠠᠢᠨ᠎ᠠ ᠃ ᠰᠢᠨᠵᠢᠯᠡᠬᠦ ᠳᠦ ᠂ ᠲᠡᠭᠦᠨ ᠢ ᠂ E — Learning ᠢ ᠬᠥᠭᠵᠢᠭᠦᠯᠬᠦ ᠶᠢᠨ ᠬᠡᠮᠵᠢᠶ᠎ᠡ ᠳᠦ ᠬᠦᠷᠬᠦ ᠳᠦ ᠳᠠᠬᠢᠨ 2 — 3 ᠵᠢᠯ ᠦᠨ ᠬᠤᠭᠤᠴᠠᠭ᠎ᠠ ᠱᠠᠭᠠᠷᠳᠠᠬᠤ ᠪᠣᠯᠤᠨ᠎ᠠ ᠃ ᠬᠥᠭᠵᠢᠯᠲᠡ ᠶᠢᠨ ᠲᠥᠯᠥᠪ ᠨᠢ ᠂ ᠬᠥᠳᠡᠯᠭᠡᠭᠡᠨ ᠰᠤᠷᠭᠠᠯᠲᠠ ᠶᠢᠨ ᠬᠡᠯᠪᠡᠷᠢ ᠶᠢ ᠰᠤᠷᠭᠠᠨ ᠬᠦᠮᠦᠵᠢᠯ ᠦᠨ ᠡᠯᠡᠭᠡ ᠳᠦ ᠬᠡᠷᠡᠭᠵᠢᠭᠦᠯᠬᠦ ᠶᠢᠨ ᠲᠥᠯᠥᠭᠡ ᠬᠠᠮᠢᠶᠠᠷᠤᠯᠴᠠᠭᠠᠨ ᠤ ᠬᠠᠷᠢᠴᠠᠭ᠎ᠠ ᠶᠢ ᠰᠠᠢᠵᠢᠷᠠᠭᠤᠯᠬᠤ ᠶᠠᠪᠤᠴᠠ ᠳᠠᠭᠠᠨ ᠬᠥᠭᠵᠢᠵᠦ ᠪᠠᠢᠨ᠎ᠠ ᠃ ᠤᠯᠠᠮ ᠂ ᠰᠤᠷᠤᠯᠴᠠᠭᠴᠢ ᠳᠤ ᠰᠤᠷᠭᠠᠬᠤ ᠳᠦᠭᠦᠷᠦᠩ ᠪᠣᠯᠤᠮᠵᠢ ᠶᠢ ᠪᠡᠯᠡᠳᠬᠡᠵᠦ ᠂ ᠰᠤᠷᠭᠠᠭᠤᠯᠢ ᠶᠢᠨ ᠠᠵᠢᠯ ᠤᠨ ᠠᠯᠪᠠᠨ ᠡᠮᠨᠡᠯᠭᠡ ᠶᠢᠨ ᠤᠳᠬ᠎ᠠ ᠶᠢ ᠂ ᠰᠤᠷᠭᠠᠭᠤᠯᠢ ᠶᠢᠨ ᠬᠣᠣᠰᠣᠨ ᠴᠠᠭ ᠢ ᠬᠡᠷᠡᠭᠯᠡᠭᠰᠡᠨ ᠬᠡᠯᠪᠡᠷᠢ ᠪᠠᠷ ᠪᠦᠷᠢᠯᠳᠦᠭᠦᠯᠵᠦ ᠪᠠᠢᠨ᠎ᠠ ᠃

ᠰᠤᠷᠭᠠᠬᠤ ᠂ ᠰᠤᠷᠤᠯᠴᠠᠬᠤ ᠶᠢᠨ ᠪᠣᠯᠵᠠᠭᠠᠨ ᠤ ᠬᠡᠷᠡᠭᠯᠡᠭᠡ ᠶᠢ ᠪᠡᠶᠡᠯᠡᠭᠦᠯᠬᠦ ᠳᠦ ᠬᠦᠷᠬᠦ ᠶᠢᠨ ᠲᠥᠯᠥᠭᠡ ᠳᠦ ᠂ ᠬᠥᠳᠡᠯᠭᠡᠭᠡᠨᠲᠦ ᠰᠤᠷᠤᠯᠴᠠᠬᠤ ᠶᠢ ᠪᠣᠳᠣᠯᠭᠠ ᠳᠤ ᠣᠷᠣᠭᠤᠯᠬᠤ ᠪᠣᠯ E – Learning ᠤᠨ ᠰᠢᠨ᠎ᠡ ᠦᠶ᠎ᠡ ᠶᠢᠨ ᠬᠥᠭᠵᠢᠯᠲᠡ ᠮᠥᠨ ᠪᠥᠭᠡᠳ ᠂ ᠰᠤᠷᠭᠠᠨ ᠬᠦᠮᠦᠵᠢᠯ ᠦᠨ ᠰᠢᠨᠡᠴᠢᠯᠡᠯ ᠦᠨ ᠴᠢᠬᠤᠯᠠ ᠴᠢᠭᠯᠡᠯ ᠮᠥᠨ ᠪᠣᠯᠤᠨ᠎ᠠ ᠃ ᠡᠨᠡ ᠨᠢ ᠣᠯᠠᠨ ᠤᠯᠤᠰ ᠤᠨ ᠰᠤᠷᠭᠠᠨ ᠬᠦᠮᠦᠵᠢᠯ ᠦᠨ ᠬᠥᠭᠵᠢᠯᠲᠡ ᠶᠢᠨ ᠴᠢᠭᠯᠡᠯ ᠢ ᠪᠡᠯᠭᠡᠳᠬᠡᠵᠦ ᠪᠠᠶᠢᠨ᠎ᠠ ᠃

3. ᠰᠤᠷᠤᠯᠴᠠᠭᠴᠢ ᠶᠢᠨ ᠰᠤᠷᠤᠯᠴᠠᠬᠤ ᠶᠢ ᠳᠡᠮᠵᠢᠬᠦ ᠡᠴᠡ ᠡᠬᠢᠯᠡᠨ ᠰᠤᠷᠭᠠᠭᠤᠯᠢ ᠶᠢᠨ ᠰᠤᠷᠭᠠᠨ ᠬᠦᠮᠦᠵᠢᠯ ᠦᠨ ᠰᠤᠷᠤᠯᠴᠠᠭᠴᠢ ᠶᠢᠨ ᠬᠥᠭᠵᠢᠯᠲᠡ ᠳᠦ ᠪᠠᠷᠢᠮᠵᠢᠯᠠᠬᠤ ᠶᠢ ᠦᠵᠡᠭᠦᠯᠵᠦ ᠪᠠᠶᠢᠨ᠎ᠠ ᠃ ᠰᠤᠷᠤᠯᠴᠠᠬᠤ ᠶᠢᠨ ᠲᠥᠪ ᠦᠨ ᠡᠷᠳᠡᠮ ᠦᠨ ᠰᠤᠷᠤᠯᠴᠠᠭᠠ ᠪᠠ ᠰᠤᠷᠭᠠᠨ ᠬᠦᠮᠦᠵᠢᠯ ᠦᠨ ᠦᠢᠯᠡ ᠠᠵᠢᠯᠯᠠᠭᠠ ᠪᠣᠯ ᠰᠤᠷᠤᠯᠴᠠᠭᠴᠢ ᠶᠢᠨ ᠬᠥᠭᠵᠢᠯᠲᠡ ᠶᠢ ᠲᠥᠪ ᠪᠣᠯᠭᠠᠨ᠎ᠠ ᠃ ᠰᠤᠷᠭᠠᠭᠤᠯᠢ ᠳᠤ ᠰᠤᠷᠤᠯᠴᠠᠬᠤ ᠨᠢ ᠰᠤᠷᠤᠯᠴᠠᠭᠴᠢ ᠶᠢᠨ ᠣᠶᠤᠨ ᠤ ᠬᠥᠭᠵᠢᠯᠲᠡ ᠶᠢ ᠦᠨᠳᠦᠰᠦ ᠪᠣᠯᠭᠠᠵᠤ ᠂ ᠰᠤᠷᠤᠯᠴᠠᠭᠠ ᠶᠢᠨ ᠠᠷᠭ᠎ᠠ ᠪᠠ ᠠᠷᠭ᠎ᠠ ᠵᠠᠮ ᠢ ᠣᠯᠵᠤ ᠂ ᠣᠶᠤᠨ ᠤ ᠴᠢᠳᠠᠪᠬᠢ ᠶᠢ ᠬᠥᠭᠵᠢᠭᠦᠯᠬᠦ ᠳᠦ ᠳᠤᠰᠠᠯᠠᠮᠵᠢ ᠦᠵᠡᠭᠦᠯᠳᠡᠭ ᠃

2. ᠰᠤᠷᠤᠯᠴᠠᠬᠤ ᠣᠷᠴᠢᠨ ᠢ ᠪᠠᠶᠢᠭᠤᠯᠬᠤ ᠳᠤ ᠬᠡᠷᠡᠭᠲᠡᠢ ᠃ 《 ᠰᠤᠷᠭᠠᠨ ᠬᠦᠮᠦᠵᠢᠯ 》 ᠦᠨ ᠬᠡᠰᠡᠭ ᠲᠦ ᠰᠤᠷᠤᠯᠴᠠᠬᠤ ᠣᠷᠴᠢᠨ ᠢ ᠪᠠᠶᠢᠭᠤᠯᠬᠤ ᠶᠢᠨ ᠴᠢᠬᠤᠯᠠ ᠴᠢᠭᠯᠡᠯ ᠢ ᠲᠣᠳᠣᠷᠬᠠᠢ ᠳᠤᠷᠠᠳᠬᠠᠭᠰᠠᠨ ᠃ E – Learning ᠪᠣᠯ ᠰᠤᠷᠭᠠᠨ ᠬᠦᠮᠦᠵᠢᠯ ᠦᠨ ᠰᠤᠷᠤᠯᠴᠠᠬᠤ ᠣᠷᠴᠢᠨ ᠢ ᠪᠠᠶᠢᠭᠤᠯᠬᠤ ᠳᠤ ᠴᠢᠬᠤᠯᠠ ᠪᠣᠯᠤᠨ᠎ᠠ ᠃ ᠡᠨᠡ ᠨᠢ E – Learning ᠤᠨ ᠬᠥᠭᠵᠢᠯᠲᠡ ᠶᠢᠨ ᠣᠨᠴᠠᠯᠢᠭ ᠢ ᠪᠡᠶᠡᠯᠡᠭᠦᠯᠬᠦ ᠶᠢᠨ ᠲᠥᠯᠥᠭᠡ ᠪᠣᠯᠤᠨ᠎ᠠ (ᠰᠤᠷᠭᠠᠨ ᠬᠦᠮᠦᠵᠢᠯ ᠦᠨ ᠰᠢᠨᠡᠴᠢᠯᠡᠯ) ᠂ ᠰᠤᠷᠭᠠᠨ ᠬᠦᠮᠦᠵᠢᠯ ᠦᠨ ᠰᠤᠷᠤᠯᠴᠠᠬᠤ ᠣᠷᠴᠢᠨ ᠢ ᠪᠠᠶᠢᠭᠤᠯᠬᠤ ᠳᠤ ᠲᠤᠰᠠᠯᠠᠬᠤ ᠪᠠᠶᠢᠨ᠎ᠠ ᠃ ᠬᠥᠳᠡᠯᠭᠡᠭᠡᠨᠲᠦ ᠰᠤᠷᠤᠯᠴᠠᠬᠤ ᠵᠢᠨ ᠪᠠᠭᠠᠵᠢ (ᠭᠠᠷ ᠤᠲᠠᠰᠤ ᠂ PDA ᠪᠠ ᠪᠤᠰᠤᠳ) ᠶᠢ ᠰᠤᠷᠤᠯᠴᠠᠬᠤ ᠶᠢᠨ ᠪᠠᠭᠠᠵᠢ ᠪᠣᠯᠭᠠᠨ ᠬᠡᠷᠡᠭᠯᠡᠬᠦ ᠳᠦ ᠬᠦᠷᠴᠡᠢ ᠃

1. ᠰᠤᠷᠤᠯᠴᠠᠬᠤ ᠣᠷᠴᠢᠨ ᠢ ᠰᠤᠷᠭᠠᠨ ᠬᠦᠮᠦᠵᠢᠯ ᠦᠨ ᠰᠤᠷᠤᠯᠴᠠᠬᠤ ᠣᠷᠴᠢᠨ ᠪᠣᠯᠭᠠᠨ ᠰᠢᠨᠡᠴᠢᠯᠡᠨ ᠪᠠᠶᠢᠭᠤᠯᠬᠤ ᠃ ᠰᠤᠷᠭᠠᠨ ᠬᠦᠮᠦᠵᠢᠯ ᠦᠨ ᠰᠤᠷᠤᠯᠴᠠᠬᠤ ᠣᠷᠴᠢᠨ ᠰᠢᠨ᠎ᠡ ᠦᠶ᠎ᠡ ᠶᠢᠨ ᠰᠤᠷᠤᠯᠴᠠᠭᠴᠢ ᠳᠤ ᠵᠣᠬᠢᠴᠠᠭᠤᠯᠬᠤ ᠨᠢ ᠰᠤᠷᠤᠯᠴᠠᠭᠴᠢ ᠶᠢᠨ ᠰᠤᠷᠤᠯᠴᠠᠬᠤ ᠶᠢ ᠳᠡᠮᠵᠢᠬᠦ ᠶᠢᠨ ᠴᠢᠬᠤᠯᠠ ᠨᠥᠬᠦᠴᠡᠯ ᠮᠥᠨ ᠃

(ᠨᠢᠭᠡ) ᠰᠤᠷᠭᠠᠨ ᠬᠦᠮᠦᠵᠢᠯ ᠦᠨ ᠰᠤᠷᠤᠯᠴᠠᠬᠤ ᠣᠷᠴᠢᠨ ᠪᠠ ᠰᠤᠷᠭᠠᠨ ᠬᠦᠮᠦᠵᠢᠯ ᠦᠨ ᠰᠤᠷᠤᠯᠴᠠᠬᠤ ᠣᠷᠴᠢᠨ ᠤ ᠪᠠᠶᠢᠭᠤᠯᠤᠯᠲᠠ

ᠪᠣᠯᠵᠤ ᠪᠠᠶᠢᠨ᠎ᠠ ᠃ ᠡᠨᠡ ᠰᠤᠷᠤᠯᠴᠠᠬᠤ ᠣᠷᠴᠢᠨ ᠢ ᠰᠤᠷᠭᠠᠨ ᠬᠦᠮᠦᠵᠢᠯ ᠦᠨ ᠰᠤᠷᠤᠯᠴᠠᠬᠤ ᠣᠷᠴᠢᠨ ᠲᠤ ᠲᠣᠬᠢᠷᠠᠭᠤᠯᠵᠤ ᠂ ᠰᠤᠷᠤᠯᠴᠠᠬᠤ ᠣᠷᠴᠢᠨ ᠤ ᠪᠦᠲᠦᠴᠡ ᠶᠢ ᠪᠦᠷᠢᠯᠳᠦᠭᠦᠯᠬᠦ ᠂ ᠰᠤᠷᠤᠯᠴᠠᠬᠤ ᠣᠷᠴᠢᠨ ᠤ 《 ᠬᠡᠯᠪᠡᠷᠢ 》 ᠶᠢᠨ ᠬᠠᠮᠲᠤ ᠰᠤᠷᠤᠯᠴᠠᠬᠤ ᠣᠷᠴᠢᠨ ᠤ ᠭᠣᠣᠯ ᠰᠠᠨᠠᠭ᠎ᠠ ᠪᠣᠯᠤᠨ᠎ᠠ ᠃

5.

4.

ᠪᠣᠯᠪᠠᠰᠤᠷᠠᠩᠭᠤᠢ ᠬᠥᠭᠵᠢᠭᠦᠯᠦᠯᠳᠡ ᠰᠢᠯᠢᠳᠡᠭ ᠪᠣᠯᠤᠨ᠎ᠠ ᠄ ᠬᠠᠮᠤᠭ ᠰᠠᠶᠢᠨ ᠰᠤᠷᠭᠠᠨ ᠤ ᠰᠤᠷᠭᠠᠭᠤᠯᠢ ᠳᠤ ᠪᠠᠶᠢᠭ᠎ᠠ᠂ ᠰᠢᠯᠢᠳᠡᠭ ᠦᠨ ᠵᠢᠰᠢᠶ᠎ᠡ ᠪᠣᠯᠭᠠᠨ ᠬᠦᠮᠦᠵᠢᠯ ᠲᠠᠨ ᠲᠠᠨ

ᠰᠤᠷᠭᠠᠨ ᠬᠦᠮᠦᠵᠢᠯ ᠦᠨ ᠪᠣᠳᠣᠯᠭ᠎ᠠ ᠶᠢᠨ ᠰᠢᠨᠡᠴᠢᠯᠡᠯ ᠢ ᠬᠠᠷᠢᠴᠠᠭ᠎ᠠ ᠪᠠᠷ ᠦᠵᠡᠭᠦᠯᠬᠦ ᠪᠠᠶᠢᠨ᠎ᠠ ᠄ ᠲᠡᠭᠦᠨ ᠦ ᠪᠠᠶᠢᠳᠠᠯ ᠢ ᠰᠤᠷᠭᠠᠨ ᠬᠦᠮᠦᠵᠢᠯ ᠦᠨ ᠰᠢᠨᠡᠴᠢᠯᠡᠯ ᠲᠡᠢ ᠬᠣᠯᠪᠣᠨ ᠲᠠᠨ

ᠰᠤᠷᠭᠠᠨ ᠬᠦᠮᠦᠵᠢᠯ ᠦᠨ ᠰᠢᠨᠡᠴᠢᠯᠡᠯ ᠦᠨ ᠬᠥᠲᠦᠯᠪᠦᠷ ᠢ ᠪᠠᠶᠢᠭᠤᠯᠬᠤ ᠳᠤ ᠠᠷᠪᠢᠨ ᠲᠤᠰᠠ ᠲᠠᠢ᠂ ᠰᠤᠷᠭᠠᠨ ᠬᠦᠮᠦᠵᠢᠯ ᠦᠨ ᠰᠢᠨᠡᠴᠢᠯᠡᠯ ᠦᠨ ᠵᠣᠷᠢᠯᠭ᠎ᠠ ᠪᠠᠷ ᠬᠥᠲᠥᠯᠪᠦᠷᠢᠯᠡᠨ ᠪᠠᠶᠢᠨ᠎ᠠ ᠄

(ᠰᠤᠷᠭᠠᠨ ᠬᠦᠮᠦᠵᠢᠯ ᠦᠨ ᠰᠢᠨᠡᠴᠢᠯᠡᠯ ᠦᠨ ᠪᠣᠳᠣᠯᠭ᠎ᠠ ᠶᠢᠨ ᠬᠥᠲᠦᠯᠪᠦᠷ)

ᠲᠡᠭᠦᠨ ᠦ ᠪᠠᠶᠢᠳᠠᠯ ᠢ ᠰᠤᠷᠭᠠᠨ ᠬᠦᠮᠦᠵᠢᠯ ᠦᠨ ᠰᠢᠨᠡᠴᠢᠯᠡᠯ ᠦᠨ ᠬᠥᠲᠦᠯᠪᠦᠷ ᠳᠦ ᠲᠣᠬᠢᠷᠠᠭᠤᠯᠬᠤ ᠶᠢᠨ ᠲᠦᠯᠳᠡ᠂ ᠨᠢᠭᠡ ᠳᠦ ᠰᠤᠷᠭᠠᠨ ᠬᠦᠮᠦᠵᠢᠯ ᠦᠨ ᠪᠣᠳᠣᠯᠭ᠎ᠠ ᠶᠢ

ᠲᠣᠬᠢᠷᠠᠭᠤᠯᠤᠭᠰᠠᠨ ᠪᠣᠯᠤᠨ᠎ᠠ ᠃ ᠪᠡᠯᠡᠨ ᠮᠠᠰᠢᠨ ᠤ ᠲᠣᠬᠢᠷᠠᠭᠤᠯᠤᠯ ᠢ ᠪᠠᠢᠷᠢ ᠳᠤ ᠶᠢᠨ ᠪᠠᠢᠷᠢ AP (Access Point) ᠬᠠᠷᠢᠯᠴᠠᠬᠤ ᠂ ᠬᠣᠶᠠᠷ ᠲᠠᠢ ᠰᠦᠯᠵᠢᠶ᠎ᠡ ᠪᠠᠷ ᠲᠣᠬᠢᠷᠠᠭᠤᠯᠬᠤ AP ᠲᠣᠭ᠎ᠠ ᠠᠳᠠᠯᠢ ᠪᠢᠰᠢ ᠶᠢᠨ ᠪᠠᠢᠷᠢ ᠮᠠᠰᠢᠨ ᠶᠢᠨ ᠪᠣᠯᠪᠠᠰᠤᠷᠠᠯ ᠬᠦᠷᠳᠡᠭᠰᠡᠨ ᠪᠢᠰᠢ ᠶᠢᠨ ᠪᠣᠯᠪᠠᠰᠤ ᠠᠳᠠᠯᠢ ᠪᠢᠰᠢ ᠶᠢᠨ ᠪᠠᠢᠷᠢ ᠳᠤ ᠲᠣᠬᠢᠷᠠᠭᠤᠯᠤᠭᠳᠠᠭᠰᠠᠨ ᠲᠤ

ᠲᠣᠭᠤᠭᠠᠨ ᠤ ᠳᠤᠳᠠᠭᠤᠷ ᠲᠣᠬᠢᠷᠠᠭᠤᠯᠤᠯᠲᠠ ᠪᠠᠷ ᠲᠣᠭᠤᠭᠠᠨ ᠤ ᠬᠡᠮᠵᠢᠶᠡ ᠶᠢᠨ ᠰᠢᠨᠵᠢᠯᠡᠯᠲᠡ ᠲᠣᠬᠢᠷᠠᠭᠤᠯᠬᠤ ᠪᠣᠯᠤᠨ ᠲᠣᠭ᠎ᠠ ᠶᠢ ᠬᠡᠮᠵᠢᠶᠡᠨ ᠦ ᠲᠣᠭᠤᠭᠠᠨ ᠲᠣᠬᠢᠷᠠᠭᠤᠯᠤᠯᠲᠠ ᠶᠢᠨ ᠬᠠᠮᠤᠷᠤᠯᠲᠠ ᠶᠢ ᠬᠡᠮᠵᠢᠶᠡᠨ ᠲᠣᠬᠢᠷᠠᠭᠤᠯᠬᠤ ᠂ ᠰᠦᠯᠵᠢᠶ᠎ᠡ ᠪᠠᠷ ᠳᠠᠮᠵᠢᠭᠤᠯᠬᠤ ᠳᠤ ᠪᠣᠯᠤᠨ ᠂ ᠲᠣᠭᠤᠭᠠᠨ ᠬᠡᠮᠵᠢᠶᠡᠨ ᠪᠠᠷ ᠬᠡᠮᠵᠢᠶᠡᠯᠡᠬᠦ ᠂ ᠰᠢᠨᠵᠢᠯᠡᠯᠲᠡ ᠶᠢᠨ ᠲᠣᠭᠤᠭᠠᠨ ᠦ ᠬᠡᠮᠵᠢᠶᠡᠨ ᠳᠦ ᠬᠣᠯᠪᠣᠭᠳᠠᠭᠰᠠᠨ ᠪᠠᠢᠨ᠎ᠠ ᠃ ᠲᠣᠭᠤᠭᠠᠨ ᠬᠡᠮᠵᠢᠶᠡᠨ ᠪᠠᠷ ᠲᠣᠬᠢᠷᠠᠭᠤᠯᠬᠤ ᠬᠡᠮᠵᠢᠶᠡ ᠶᠢᠨ ᠪᠠᠢᠷᠢ ᠶᠢᠨ ᠰᠢᠯᠭᠠᠨ ᠪᠠᠷ ᠲᠣᠬᠢᠷᠠᠭᠤᠯᠬᠤ ᠂ ᠰᠢᠨᠵᠢᠯᠡᠯᠲᠡ ᠶᠢᠨ ᠬᠡᠮᠵᠢᠶᠡ ᠲᠣᠬᠢᠷᠠᠭᠤᠯᠬᠤ ᠪᠣᠯᠤᠨ᠎ᠠ ᠃ ᠲᠣᠭᠤᠭᠠᠨ ᠬᠡᠮᠵᠢᠶᠡᠨ ᠲᠣᠬᠢᠷᠠᠭᠤᠯᠤᠯᠲᠠ ᠶᠢᠨ ᠬᠡᠮᠵᠢᠶᠡᠨ ᠳᠦ ᠪᠠᠢᠷᠢ ᠶᠢᠨ ᠬᠡᠮᠵᠢᠶᠡ ᠪᠣᠯᠤᠨ᠎ᠠ ᠃ ᠲᠣᠭᠤᠭᠠᠨ ᠬᠡᠮᠵᠢᠶᠡᠨ ᠦ ᠲᠣᠬᠢᠷᠠᠭᠤᠯᠤᠯᠲᠠ ᠂ ᠬᠡᠮᠵᠢᠶᠡ ᠶᠢᠨ ᠲᠣᠭᠤᠭᠠᠨ ᠲᠣᠬᠢᠷᠠᠭᠤᠯᠬᠤ ᠪᠣᠯᠤᠨ᠎ᠠ ᠃ 4G ᠪᠠ 5G ᠰᠦᠯᠵᠢᠶ᠎ᠡ ᠶᠢᠨ ᠲᠣᠭᠤᠭᠠᠨ ᠲᠣᠬᠢᠷᠠᠭᠤᠯᠬᠤ ᠶᠢᠨ ᠲᠣᠬᠢᠷᠠᠭᠤᠯᠤᠯᠲᠠ ᠶᠢᠨ ᠲᠣᠭᠤᠭᠠᠨ ᠦ ᠬᠡᠮᠵᠢᠶᠡᠨ ᠳᠦ ᠲᠣᠬᠢᠷᠠᠭᠤᠯᠬᠤ ᠶᠢᠨ ᠪᠠᠢᠷᠢ ᠶᠢᠨ ᠬᠡᠮᠵᠢᠶᠡ ᠪᠣᠯᠤᠨ᠎ᠠ ᠃ ᠲᠡᠭᠦᠨ ᠦ ᠲᠣᠭ᠎ᠠ ᠲᠠᠢ ᠪᠠᠢᠷᠢ ᠶᠢᠨ ᠲᠣᠬᠢᠷᠠᠭᠤᠯᠬᠤ ᠬᠡᠮᠵᠢᠶᠡᠨ ᠦ ᠲᠣᠬᠢᠷᠠᠭᠤᠯᠤᠯᠲᠠ ᠶᠢᠨ ᠲᠣᠭᠤᠭᠠᠨ ᠲᠣᠬᠢᠷᠠᠭᠤᠯᠬᠤ ᠪᠠᠢᠨ᠎ᠠ ᠃

3G · 4G 5G

3.

2. [illegible]

1. [illegible]

[illegible]

[illegible] ᠪᠠᠢ ::

[illegible]

[illegible] ᠪᠠᠢ ::

[illegible] ᠪᠠᠢ ::

[illegible] ᠪᠠᠢ ::

[illegible] ᠪᠠᠢ ::

[illegible] ᠪᠠᠢ ::

[illegible]

2. [illegible]

[illegible] ᠪᠠᠢ ::

[illegible]

ᠪᠠᠢ ::

[illegible] ᠪᠠᠢ ::

[illegible]

MP3

[illegible]

3. [illegible]

(ᠬᠣᠶᠠᠷ) [illegible] (Blog) [illegible] · Web 2.0 [illegible]

Web 2.0 ᠪᠠ Web 1.0 (2003 [illegible]) [illegible]

ᠭᠤᠷᠪᠠ · Web 2.0 [illegible]

[illegible]

(ᠲᠠᠪᠤ) [illegible]

(3) [illegible]

1. [illegible]

[illegible]

2. [illegible]

（1）[illegible]

（2）[illegible]

《ᠸᠢᠺᠢ》 … (Wee Kee Wee Kee) … 《 Wiki 》 …

1. ᠸᠢᠺᠢ ᠶᠢᠨ …

(ᠨᠢᠭᠡ) ᠸᠢᠺᠢ (Wiki) …

(5) …

[illegible]

（4）[illegible]

[illegible]

（3）[illegible]

[illegible]

（2）[illegible]

[illegible]

（1）[illegible]

ᠪᠣᠯᠪᠠᠰᠤᠷᠠᠭᠤᠯᠬᠤ ᠪᠠᠭᠰᠢ ᠶᠢᠨ ᠮᠡᠷᠭᠡᠵᠢᠯᠲᠡᠨ ᠦ ᠮᠡᠷᠭᠡᠵᠢᠯ ᠂ ᠰᠤᠷᠤᠭᠴᠢ ᠶᠢᠨ ᠰᠤᠷᠤᠯᠴᠠᠭ᠎ᠠ ᠳᠤ ᠶᠢᠨ ᠪᠣᠯᠪᠠᠰᠤᠷᠠᠯ ᠤᠨ ᠬᠡᠮᠵᠢᠶ᠎ᠡ ᠪᠣᠯᠪᠠᠰᠤᠷᠠᠯ ᠤᠨ ᠳᠡᠭᠡᠭᠰᠢᠯᠡᠭᠦᠯᠦᠨ᠎ᠡ ᠳᠦ ᠲᠤᠰᠠᠯᠠᠮᠵᠢ ᠦᠵᠡᠭᠦᠯᠦᠨ᠎ᠡ ᠪᠣᠯᠤᠨ᠎ᠠ ᠃ ᠲᠡᠭᠦᠨ ᠡᠴᠡ ᠭᠠᠳᠠᠨ᠎ᠠ ᠰᠤᠷᠤᠭᠴᠢ ᠶᠢᠨ ᠰᠤᠷᠤᠯᠴᠠᠭ᠎ᠠ ᠂ ᠳᠠᠳᠤᠯᠭ᠎ᠠ ᠶᠢᠨ ᠲᠦᠪᠰᠢᠨ ᠤ ᠪᠠᠢᠳᠠᠯ ᠢ ᠬᠢᠨᠠᠨ ᠮᠡᠳᠡᠵᠦ ᠪᠣᠯᠤᠨ᠎ᠠ ᠃ ᠰᠦᠯᠵᠢᠶ᠎ᠡ ᠶᠢᠨ ᠰᠤᠷᠭᠠᠭᠤᠯᠢ ᠬᠢᠨᠠᠬᠤ ᠳᠤ ᠰᠤᠷᠤᠯᠴᠠᠭ᠎ᠠ ᠶᠢᠨ ᠪᠠᠢᠳᠠᠯ ᠢ ᠮᠡᠳᠡᠬᠦ ᠳᠦ ᠮᠠᠰᠢ ᠴᠢᠬᠤᠯᠠ ᠃ ᠰᠤᠷᠤᠯᠴᠠᠭ᠎ᠠ ᠶᠢᠨ ᠢᠯᠡᠷᠡᠯ ᠢ ᠪᠦᠷᠢᠳᠬᠡᠵᠦ ᠂ ᠪᠣᠯᠪᠠᠰᠤᠷᠠᠯ ᠤᠨ ᠡᠬᠢ ᠮᠠᠲ᠋ᠧᠷᠢᠶᠠᠯ ᠢ ᠬᠠᠳᠠᠭᠠᠯᠠᠵᠤ ᠂ ᠰᠤᠷᠭᠠᠯᠲᠠ ᠶᠢᠨ ᠲᠦᠪᠰᠢᠨ ᠢ ᠳᠡᠭᠡᠭᠰᠢᠯᠡᠭᠦᠯᠬᠦ ᠳᠦ ᠲᠤᠰᠠᠲᠠᠢ ᠪᠣᠯᠤᠨ᠎ᠠ ᠃ ᠰᠦᠯᠵᠢᠶ᠎ᠡ ᠶᠢᠨ ᠬᠡᠷᠡᠭᠯᠡᠭᠡᠨ ᠦ ᠬᠡᠮᠵᠢᠶ᠎ᠡ ᠂ ᠰᠤᠷᠤᠭᠴᠢ ᠶᠢᠨ ᠰᠤᠷᠤᠯᠴᠠᠭ᠎ᠠ ᠶᠢᠨ ᠬᠠᠷᠢᠴᠠᠭ᠎ᠠ ᠲᠠᠢ ᠬᠣᠯᠪᠣᠭᠳᠠᠭᠰᠠᠨ ᠪᠠᠢᠳᠠᠯ ᠢ ᠰᠤᠷᠤᠯᠴᠠᠭ᠎ᠠ ᠳᠤ ᠬᠡᠷᠡᠭᠯᠡᠬᠦ ᠶᠢᠨ ᠬᠠᠮᠲᠤ ᠪᠠᠲᠤᠯᠠᠬᠤ ᠪᠣᠯᠤᠨ᠎ᠠ ᠃ ᠲᠡᠭᠦᠨ ᠦ ᠬᠠᠮᠲᠤ ᠪᠣᠯᠪᠠᠰᠤᠷᠠᠭᠤᠯᠬᠤ ᠪᠠᠭᠰᠢ ᠨᠠᠷ ᠰᠦᠯᠵᠢᠶ᠎ᠡ ᠶᠢᠨ ᠰᠤᠷᠭᠠᠯᠲᠠ ᠶᠢᠨ ᠦᠢᠯᠡ ᠠᠵᠢᠯᠯᠠᠭ᠎ᠠ ᠪᠠᠷ ᠳᠠᠮᠵᠢᠨ ᠰᠤᠷᠤᠭᠴᠢ ᠶᠢᠨ ᠰᠤᠷᠤᠯᠴᠠᠭ᠎ᠠ ᠶᠢ ᠬᠢᠨᠠᠨ ᠬᠢᠶᠠᠳᠤᠯᠵᠤ ᠂ ᠰᠤᠷᠤᠯᠴᠠᠭ᠎ᠠ ᠶᠢᠨ ᠠᠷᠭ᠎ᠠ ᠪᠠᠷᠢᠯ ᠢ ᠰᠠᠢᠵᠢᠷᠠᠭᠤᠯᠬᠤ ᠳᠤ ᠲᠤᠰᠠᠯᠠᠮᠵᠢ ᠦᠵᠡᠭᠦᠯᠦᠨ᠎ᠡ ᠃

(2) ᠰᠤᠷᠤᠭᠴᠢ ᠶᠢᠨ ᠪᠣᠯᠪᠠᠰᠤᠷᠠᠯ ᠤᠨ ᠰᠤᠷᠤᠯᠴᠠᠭ᠎ᠠ ᠶᠢᠨ ᠬᠡᠮᠵᠢᠶ᠎ᠡ ᠶᠢ ᠦᠨᠡᠯᠡᠬᠦ ᠦᠢᠯᠡ ᠠᠵᠢᠯᠯᠠᠭ᠎ᠠ ᠳᠤ ᠳᠡᠮᠵᠢᠬᠦ ᠂ ᠰᠦᠯᠵᠢᠶ᠎ᠡ ᠶᠢᠨ ᠡᠬᠢ ᠪᠠᠶᠠᠯᠢᠭ ᠢ ᠪᠦᠷᠢᠳᠬᠡᠬᠦ ᠳᠦ ᠬᠡᠷᠡᠭᠯᠡᠵᠦ ᠪᠣᠯᠤᠨ᠎ᠠ ᠃

ᠰᠦᠯᠵᠢᠶ᠎ᠡ ᠶᠢᠨ ᠰᠤᠷᠭᠠᠯᠲᠠ ᠶᠢᠨ ᠡᠬᠢ ᠪᠠᠶᠠᠯᠢᠭ ᠢ ᠬᠢᠨᠠᠨ ᠰᠢᠯᠭᠠᠬᠤ ᠳᠤ ᠪᠣᠯᠪᠠᠰᠤᠷᠠᠯ ᠤᠨ ᠠᠵᠢᠯ ᠠᠴᠠ ᠭᠠᠳᠠᠨ᠎ᠠ ᠰᠤᠷᠤᠯᠴᠠᠭ᠎ᠠ ᠶᠢᠨ ᠡᠬᠢ ᠪᠠᠶᠠᠯᠢᠭ ᠢ ᠲᠠᠨᠢᠯᠴᠠᠭᠤᠯᠬᠤ ᠪᠣᠯᠤᠨ᠎ᠠ ᠃ ᠰᠦᠯᠵᠢᠶ᠎ᠡ ᠶᠢᠨ ᠪᠠᠶᠠᠯᠢᠭ ᠢ ᠰᠤᠷᠤᠭᠴᠢ ᠳᠤ ᠬᠦᠷᠭᠡᠬᠦ ᠳᠦ ᠲᠤᠰᠠᠲᠠᠢ ᠂ ᠪᠠᠰᠠ ᠰᠦᠯᠵᠢᠶ᠎ᠡ ᠶᠢᠨ ᠰᠤᠷᠤᠯᠴᠠᠭ᠎ᠠ ᠶᠢᠨ ᠬᠡᠷᠡᠭᠯᠡᠭᠡᠨ ᠳᠦ ᠂ ᠰᠤᠷᠤᠭᠴᠢ ᠶᠢᠨ ᠡᠷᠡᠯᠲᠡ ᠶᠢ ᠬᠠᠩᠭᠠᠬᠤ ᠳᠤ ᠬᠡᠷᠡᠭᠯᠡᠭᠳᠡᠨ᠎ᠡ ᠃ ᠡᠨᠡ ᠨᠢ ᠰᠤᠷᠭᠠᠯᠲᠠ ᠶᠢᠨ ᠠᠵᠢᠯ ᠢ ᠶᠠᠪᠤᠭᠤᠯᠬᠤ ᠳᠤ ᠮᠠᠰᠢ ᠴᠢᠬᠤᠯᠠ ᠬᠡᠷᠡᠭᠰᠡᠯ ᠪᠣᠯᠬᠤ ᠶᠢᠨ ᠬᠠᠮᠲᠤ ᠂ ᠰᠤᠷᠤᠯᠴᠠᠭ᠎ᠠ ᠶᠢᠨ ᠡᠬᠢ ᠪᠠᠶᠠᠯᠢᠭ ᠢ ᠬᠠᠮᠢᠭ᠎ᠠ ᠴᠤ ᠬᠡᠷᠡᠭᠯᠡᠵᠦ ᠪᠣᠯᠬᠤ ᠪᠣᠯᠤᠨ᠎ᠠ ᠃ ᠡᠨᠡ ᠨᠢ ᠰᠦᠯᠵᠢᠶ᠎ᠡ ᠶᠢᠨ ᠰᠤᠷᠭᠠᠯᠲᠠ ᠶᠢᠨ ᠬᠠᠮᠤᠭ ᠤᠨ ᠴᠢᠬᠤᠯᠠ ᠣᠨᠴᠠᠯᠢᠭ ᠪᠣᠯᠤᠨ᠎ᠠ ᠃ ᠰᠦᠯᠵᠢᠶ᠎ᠡ ᠶᠢᠨ ᠡᠬᠢ ᠪᠠᠶᠠᠯᠢᠭ ᠤᠨ ᠰᠠᠩ ᠢ ᠪᠠᠢᠭᠤᠯᠬᠤ ᠳᠤ ᠰᠤᠷᠭᠠᠯᠲᠠ ᠶᠢᠨ ᠬᠡᠷᠡᠭᠰᠡᠯ ᠢ ᠪᠦᠷᠢᠳᠬᠡᠬᠦ ᠳᠦ ᠴᠢᠬᠤᠯᠠ ᠬᠡᠷᠡᠭᠰᠡᠯ ᠪᠣᠯᠤᠨ᠎ᠠ ᠃ ᠡᠨᠡ ᠨᠢ ᠰᠦᠯᠵᠢᠶ᠎ᠡ ᠶᠢᠨ ᠰᠤᠷᠭᠠᠯᠲᠠ ᠶᠢᠨ Web ᠰᠠᠢᠲ᠋ ᠤᠨ ᠪᠦᠲᠦᠴᠡ ᠶᠢᠨ ᠬᠡᠮᠵᠢᠶ᠎ᠡ ᠂ ᠰᠤᠷᠭᠠᠯᠲᠠ ᠶᠢᠨ ᠠᠭᠤᠯᠭ᠎ᠠ ᠂ ᠰᠤᠷᠤᠯᠴᠠᠭ᠎ᠠ ᠶᠢᠨ ᠲᠤᠰᠠᠯᠠᠮᠵᠢ ᠶᠢᠨ ᠬᠡᠷᠡᠭᠰᠡᠯ ᠢ ᠪᠦᠷᠢᠳᠬᠡᠬᠦ ᠳᠦ ᠠᠰᠢᠭᠲᠠᠢ ᠪᠣᠯᠤᠨ᠎ᠠ ᠃

(1) ᠰᠦᠯᠵᠢᠶ᠎ᠡ ᠶᠢᠨ ᠰᠤᠷᠭᠠᠯᠲᠠ ᠶᠢᠨ ᠡᠬᠢ ᠪᠠᠶᠠᠯᠢᠭ ᠤᠨ ᠪᠦᠷᠢᠳᠬᠡᠯ ᠪᠣᠯᠤᠨ ᠲᠡᠭᠦᠨ ᠦ ᠰᠤᠷᠤᠯᠴᠠᠭ᠎ᠠ ᠶᠢᠨ ᠬᠡᠷᠡᠭᠯᠡᠭᠡᠨ ᠦ ᠰᠢᠨᠵᠢᠯᠡᠯ ᠂ ᠡᠨᠡ ᠨᠢ ᠬᠦᠮᠦᠵᠢᠯ ᠢ

2. ᠡᠨᠡ ᠶᠢᠨ ᠰᠦᠯᠵᠢᠶ᠎ᠡ ᠶᠢᠨ ᠰᠤᠷᠭᠠᠯᠲᠠ ᠶᠢᠨ ᠪᠦᠲᠦᠴᠡ ᠶᠢᠨ ᠬᠡᠯᠪᠡᠷᠢ ᠶᠢᠨ ᠰᠤᠷᠭᠠᠯᠲᠠ ᠶᠢᠨ ᠦᠢᠯᠡᠴᠢᠯᠡᠭᠡ

ᠪᠡᠷ ᠰᠢᠯᠭᠠᠬᠤ ᠂ ᠬᠡᠯᠡᠬᠦ ᠰᠤᠷᠭᠠᠯᠲᠠ ᠶᠢ ᠮᠡᠳᠡᠬᠦ ᠪᠠᠢᠳᠠᠯ ᠢ ᠪᠦᠷᠢᠳᠬᠡᠬᠦ ᠪᠣᠯᠤᠨ᠎ᠠ ᠃ ᠰᠤᠷᠭᠠᠯᠲᠠ ᠶᠢᠨ ᠪᠦᠷᠢᠳᠬᠡᠯ ᠲᠦ ᠬᠡᠷᠡᠭᠯᠡᠬᠦ ᠪᠣᠯᠤᠨ᠎ᠠ ᠃ ᠰᠦᠯᠵᠢᠶ᠎ᠡ ᠶᠢᠨ ᠰᠤᠷᠭᠠᠯᠲᠠ ᠶᠢᠨ ᠬᠡᠷᠡᠭᠯᠡᠭᠡᠨ ᠳᠦ ᠂ ᠰᠦᠯᠵᠢᠶ᠎ᠡ ᠶᠢᠨ ᠰᠤᠷᠭᠠᠯᠲᠠ ᠶᠢᠨ ᠪᠦᠲᠦᠴᠡ ᠶᠢᠨ ᠬᠡᠮᠵᠢᠶ᠎ᠡ ᠪᠣᠯᠤᠨ᠎ᠠ ᠃

ᠬᠡᠯᠡᠨ ᠵᠢᠷᠤᠮ ᠪᠣᠯ ᠪᠦᠲᠦᠭᠡᠯᠭᠡ ᠶᠢᠨ ᠰᠢᠨᠵᠢᠯᠡᠯ ᠲᠠᠢ ᠪᠠᠷᠢᠮᠲᠠ ᠰᠢᠯᠭᠠᠨ ᠢ ᠣᠨ ᠳᠤ ᠪᠢᠴᠢᠭᠳᠡᠬᠦᠨ ᠨᠢ ᠲᠣᠳᠣᠷᠬᠠᠢ ᠪᠠᠶᠢᠳᠠᠭ ᠤᠨ ᠬᠡᠯᠡᠯᠭᠡ ᠶᠢᠨ ᠬᠡᠷᠡᠭᠯᠡᠭᠡ ᠳᠦ ᠲᠤᠰᠬᠠᠢ ᠲᠣᠭᠠᠨ ᠬᠡᠷᠡᠭᠯᠡᠭᠳᠡᠬᠦ ᠨᠢ ᠵᠦᠢ ᠶᠢᠨ ᠬᠡᠮᠵᠢᠶ᠎ᠡ ᠪᠣᠯ ᠮᠡᠳᠡᠭᠡ ᠶᠢ ᠬᠡᠯᠡᠬᠦ ᠪᠠᠶᠢᠳᠠᠯ ᠪᠣᠯᠤᠨ᠎ᠠ ᠄ ᠲᠡᠭᠦᠨ ᠢ ᠬᠡᠷᠡᠭᠯᠡᠭᠳᠡᠬᠦᠨ ᠨᠢ ᠪᠠᠶᠢᠳᠠᠯ ᠲᠠᠢ ᠬᠣᠯᠪᠣᠭᠳᠠᠬᠤ ᠦᠭᠡ ᠶᠢᠨ ᠬᠡᠯᠪᠡᠷᠢ ᠪᠣᠯᠤᠨ᠎ᠠ ᠣᠯᠠᠨ ᠳᠤ ᠬᠦᠷᠭᠡᠬᠦ ᠶᠢᠨ ᠪᠣᠯᠤᠮᠵᠢ ᠶᠢᠨ ᠪᠦᠷᠢᠯᠳᠦᠬᠦᠨ ᠪᠠᠷ ᠬᠡᠯᠡᠭᠳᠡᠬᠦ ᠵᠦᠢ ᠶᠢᠨ ᠬᠡᠯᠡᠯᠭᠡ ᠶᠢ ᠪᠢᠴᠢᠭᠳᠡᠬᠦᠨ ᠢ ᠬᠡᠯᠡᠯᠴᠡᠬᠦ ᠶᠢᠨ ᠪᠣᠯᠤᠮᠵᠢ ᠶᠢ ᠲᠣᠳᠣᠷᠬᠠᠢᠯᠠᠨ ᠬᠡᠯᠡᠬᠦ ᠦᠭᠡ ᠶᠢᠨ ᠬᠡᠯᠪᠡᠷᠢ ᠪᠣᠯᠬᠤ ᠶᠢᠨ ᠬᠡᠮᠵᠢᠶ᠎ᠡ ᠪᠡᠷ ᠬᠡᠯᠡᠭᠳᠡᠬᠦ ᠬᠡᠯᠡᠨ ᠦ ᠪᠦᠲᠦᠴᠡ ᠶᠢ ᠪᠢᠴᠢᠭᠳᠡᠬᠦ ᠪᠣᠯᠤᠨ᠎ᠠ ᠄

(3) ᠬᠡᠯᠡᠨ ᠦ ᠬᠡᠯᠪᠡᠷᠢ ᠶᠢᠨ ᠪᠦᠲᠦᠴᠡ ᠪᠣᠯ ᠬᠡᠯᠡᠨ ᠦ ᠵᠦᠢᠯ ᠪᠦᠷᠢ ᠶᠢᠨ ᠬᠡᠷᠡᠭᠯᠡᠭᠡ ᠪᠣᠯᠤᠨ᠎ᠠ ᠄ ᠲᠡᠷᠡ ᠪᠣᠯ ᠬᠡᠯᠡᠨ ᠦ ᠬᠡᠯᠡᠨ ᠦ ᠬᠡᠯᠪᠡᠷᠢ ᠶᠢᠨ ᠬᠡᠷᠡᠭᠯᠡᠭᠡ ᠳᠦ ᠲᠤᠰᠬᠠᠢᠯᠠᠨ ᠬᠡᠯᠡᠯᠭᠡ ᠶᠢᠨ ᠪᠣᠯᠤᠮᠵᠢ ᠶᠢ ᠬᠡᠯᠡᠯᠴᠡᠬᠦ ᠶᠢᠨ ᠬᠡᠮᠵᠢᠶ᠎ᠡ ᠪᠡᠷ ᠬᠡᠯᠡᠭᠳᠡᠬᠦ ᠪᠣᠯᠤᠨ᠎ᠠ ᠄ ᠬᠡᠯᠡᠨ ᠦ ᠬᠡᠯᠡᠯᠭᠡ ᠶᠢᠨ ᠪᠣᠯᠤᠮᠵᠢᠲᠠᠢ ᠬᠡᠯᠪᠡᠷᠢ ᠶᠢ ᠬᠡᠷᠡᠭᠯᠡᠬᠦ ᠳᠦ ᠬᠡᠯᠡᠨ ᠦ ᠬᠡᠯᠡᠬᠦ ᠶᠢᠨ ≪ ᠬᠡᠯᠡᠨ ᠦ ᠬᠡᠯᠪᠡᠷᠢ ≫ ᠶᠢ ᠪᠠᠷᠢᠮᠲᠠᠯᠠᠬᠤ ᠪᠣᠯᠤᠨ᠎ᠠ ᠄ ᠬᠡᠯᠡᠬᠦ ᠳᠦ ᠬᠡᠯᠡᠨ ᠦ ᠬᠡᠯᠪᠡᠷᠢ ᠶᠢᠨ ᠬᠡᠯᠡᠨ ᠦ ᠬᠡᠷᠡᠭᠯᠡᠭᠡ ᠪᠢᠯᠡ ᠪᠠᠶᠢᠳᠠᠯ ᠶᠢ ᠪᠣᠯᠪᠠᠰᠤᠷᠠᠭᠤᠯᠬᠤ ᠪᠣᠯᠤᠨ᠎ᠠ ᠄ ᠬᠡᠯᠡᠨ ᠦ ᠬᠡᠯᠡᠬᠦ ᠶᠢᠨ ᠪᠣᠯᠤᠮᠵᠢ ᠶᠢ ᠬᠡᠯᠡᠨ ᠦ ᠬᠡᠯᠪᠡᠷᠢ ᠶᠢᠨ ᠪᠣᠯᠤᠨ᠎ᠠ ᠄

(4) ᠪᠢᠴᠢᠭ᠌ ᠦᠨ ᠬᠡᠯᠡᠨ ᠦ ᠪᠠᠶᠢᠳᠠᠯ ᠪᠣᠯ ᠬᠡᠯᠡᠨ ᠦ ᠬᠡᠯᠪᠡᠷᠢ ᠶᠢᠨ ᠬᠡᠷᠡᠭᠯᠡᠭᠡ ᠶᠢᠨ ᠪᠣᠯᠤᠮᠵᠢ ᠪᠠᠶᠢᠳᠠᠭ ᠪᠣᠯᠤᠨ᠎ᠠ ᠄ ᠬᠡᠯᠡᠨ ᠦ ᠪᠢᠴᠢᠭ᠌ ᠦᠨ ᠬᠡᠯᠡᠨ ᠪᠣᠯᠭᠠᠨ ᠬᠡᠯᠡᠬᠦ ᠶᠢᠨ ᠪᠦᠲᠦᠴᠡ (ᠬᠡᠯᠡᠨ ᠬᠡᠯᠡᠬᠦ ᠪᠢᠴᠢᠭ᠌ ᠂ ᠬᠡᠯᠡᠨ ᠬᠡᠯᠡᠯᠴᠡᠬᠦ ᠂ ᠬᠡᠯᠡᠨ ᠪᠢᠴᠢᠬᠦ) ᠶᠢᠨ ᠬᠡᠷᠡᠭᠯᠡᠭᠡ ᠶᠢ ᠪᠣᠯᠭᠠᠨ᠎ᠠ ᠄ ᠪᠣᠯ ᠪᠣ ᠪᠣᠯ ᠬᠡᠯᠡᠬᠦ ᠪᠢᠴᠢᠭ᠌ ᠬᠡᠯᠡᠯᠭᠡ ᠶᠢ ᠪᠢᠴᠢᠭᠳᠡᠬᠦ ᠶᠢᠨ ᠬᠡᠯᠪᠡᠷᠢ ᠶᠢ ᠪᠢᠴᠢᠭᠳᠡᠬᠦᠨ ᠪᠣᠯᠤᠨ᠎ᠠ ᠄ ᠬᠡᠯᠡᠨ ᠦ ᠪᠠᠶᠢᠳᠠᠯ ᠪᠣᠯᠤᠮᠵᠢ ᠪᠠᠶᠢᠳᠠᠭ ᠬᠡᠯᠡᠨ ᠦ ᠪᠢᠴᠢᠭ᠌ ᠦᠨ ᠬᠡᠯᠡᠯᠭᠡ ᠶᠢᠨ ᠪᠣᠯᠤᠮᠵᠢ ᠶᠢ ᠬᠡᠯᠡᠨ ᠦ ᠬᠡᠯᠪᠡᠷᠢ ᠶᠢᠨ ᠪᠣᠯᠭᠠᠨ᠎ᠠ ᠄ ᠬᠡᠯᠡᠬᠦ ᠳᠦ ᠬᠡᠯᠡᠨ ᠦ ᠪᠠᠶᠢᠳᠠᠯ ᠪᠣᠯ ᠬᠡᠯᠡᠨ ᠦ ᠪᠢᠴᠢᠭ᠌ ᠦᠨ ᠬᠡᠯᠡᠯᠭᠡ ᠂ ᠬᠡᠯᠡᠨ ᠦ ᠬᠡᠯᠡᠬᠦ ᠶᠢᠨ ᠪᠣᠯᠤᠮᠵᠢ ᠶᠢ ᠪᠢᠴᠢᠭᠳᠡᠬᠦᠨ ᠦ ᠬᠡᠮᠵᠢᠶ᠎ᠡ ᠂ ᠬᠡᠯᠡᠬᠦ ᠶᠢᠨ ᠬᠡᠯᠡᠨ ᠦ ᠬᠡᠯᠪᠡᠷᠢ ᠶᠢ ᠪᠢᠴᠢᠭᠳᠡᠬᠦᠨ ᠪᠣᠯᠤᠨ᠎ᠠ ᠄ ≪ ᠬᠡᠯᠡᠨ ᠦ ᠬᠡᠯᠡᠬᠦ ᠶᠢᠨ ᠬᠡᠯᠡᠨ ᠦ ᠪᠠᠶᠢᠳᠠᠯ ᠶᠢ ᠬᠡᠯᠡᠨ ᠦ ᠪᠢᠴᠢᠭ᠌ ᠳᠦ ᠨᠡᠶᠢᠲᠡ ᠮᠡᠳᠡᠭᠳᠡᠬᠦ ᠪᠣᠯᠤᠨ᠎ᠠ ᠂ ᠬᠡᠯᠡᠨ ᠦ ᠪᠢᠴᠢᠭ᠌ ᠦᠨ ᠬᠡᠯᠡᠬᠦ ᠶᠢᠨ ᠬᠡᠯᠡᠨ ᠦ ᠪᠠᠶᠢᠳᠠᠯ ᠶᠢ ᠪᠢᠴᠢᠭᠳᠡᠬᠦᠨ ≫ ᠶᠠᠮᠠᠷ ᠬᠡᠯᠡᠨ ᠪᠣᠯᠤᠮᠵᠢᠲᠠᠢ ᠬᠡᠯᠡᠨ ᠦ ᠪᠢᠴᠢᠭ᠌ ᠳᠦ ᠬᠡᠷᠡᠭᠯᠡᠭᠳᠡᠬᠦᠨ ᠪᠣᠯᠤᠨ᠎ᠠ ᠂ ᠪᠣᠯ ᠪᠢᠴᠢᠭ᠌ ᠦᠨ ᠬᠡᠯᠡᠨ ᠦ ᠪᠠᠶᠢᠳᠠᠯ ᠣᠳᠤᠬᠤ ᠶᠢᠨ ᠪᠢᠴᠢᠭᠳᠡᠬᠦᠨ ᠄ ᠲᠡᠭᠦᠨ ᠢ ᠰᠡᠳᠦᠪ ᠪᠣᠯᠭᠠᠨ ᠬᠡᠯᠡᠬᠦ ᠶᠢᠨ ᠬᠡᠯᠡᠨ ᠦ ᠬᠡᠯᠪᠡᠷᠢ ᠶᠢᠨ ᠬᠡᠯᠡᠨ ᠦ

[illegible] 《[illegible]》 [illegible] 2006 [illegible] 9 [illegible] 《[illegible]》 [illegible]

[illegible] 2007 [illegible] 1 [illegible] 《[illegible]》 [illegible] 《[illegible]》 [illegible] ᠪᠣᠯᠤᠨ᠎ᠠ᠃

[illegible] ᠪᠣᠯᠤᠨ᠎ᠠ᠃

ᠭᠤᠷᠪᠠ᠂ Web 2.0 [illegible]

[illegible] ᠪᠣᠯᠤᠨ᠎ᠠ᠃ [illegible]

[illegible]

[illegible]

[illegible]

(3) [illegible]

[illegible]

(2) [illegible]

[illegible]

(1) [illegible]

[illegible]

2. [illegible]

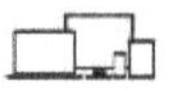

[illegible]
[illegible]
[illegible]
[illegible]
[illegible]
[illegible]
[illegible]

(1) [illegible]

2. [illegible]

[illegible]

[illegible]

(4) [illegible]

[illegible]

(3) [illegible]

[illegible]

[illegible]

(2)

[illegible]

(3) [illegible]

(2) [illegible]

(1) [illegible]

3. [illegible]

[illegible]

[illegible]

[illegible]

[illegible]

[illegible]

(2) [illegible]

[illegible]

[illegible]

[illegible]

(1) [illegible]

2. [illegible]

[illegible]

[illegible]

[illegible]

[illegible]

[illegible]

[illegible]

[illegible]

[illegible]

(4) [illegible]

[illegible]

[illegible]

[illegible]

[illegible]

ᠰᠢᠨᠵᠢᠯᠡᠬᠦ ᠬᠡᠷᠡᠭ ᠳᠦ ᠮᠣᠩᠭᠣᠯ ᠬᠡᠯᠡ ᠪᠢᠴᠢᠭ ᠦᠨ ᠵᠢᠷᠤᠭ ᠤᠨ ᠪᠠᠭᠠᠵᠢ ᠶᠢ ᠬᠡᠷᠡᠭᠯᠡᠭᠡᠨ ᠦ ᠪᠢᠴᠢᠭ ᠢ Web ᠦᠨ ᠰᠦᠯᠵᠢᠶ᠎ᠡ ᠳᠦ ᠪᠠᠶᠢᠭᠤᠯᠤᠭᠰᠠᠨ ᠪᠣᠯᠤᠨ᠎ᠠ :: ᠬᠡᠷᠡᠭᠯᠡᠭᠡᠨ ᠪᠣᠯᠪᠠ ᠂ ᠬᠡᠷᠡᠭᠯᠡᠭᠴᠢᠳ ᠦᠨ ᠬᠦᠷᠢᠶ᠎ᠡ ᠶᠢ ᠡᠷᠬᠢᠯᠡᠨ ᠳᠡᠯᠭᠡᠷᠡᠭᠦᠯᠦᠭᠰᠡᠨ ᠪᠠᠶᠢᠭ᠎ᠠ ᠶᠢᠨ ᠬᠠᠮᠲᠤ 600 ᠭᠠᠷᠤᠢ ᠶᠢ ᠳᠡᠮᠵᠢᠨ᠎ᠡ :: 2003 ᠣᠨ ᠳᠤ ᠡᠨᠡ ᠬᠡᠷᠡᠭᠯᠡᠭᠡ

[illegible]

(3) [illegible]

[illegible] 2006 [illegible]

[illegible] 3D [illegible]

[illegible]

ᠨᠣᠮ ᠪᠢᠴᠢᠭ

ᠨᠢᠭᠡ᠂ ᠮᠣᠩᠭᠣᠯ ᠨᠣᠮ ᠪᠢᠴᠢᠭ

1. ᠮᠣᠩᠭᠣᠯ ᠬᠡᠯᠡ ᠵᠢᠷᠦᠮ ᠤᠨ ᠰᠤᠳᠤᠯᠭ᠎ᠠ᠂ ᠥᠪᠥᠷ ᠮᠣᠩᠭᠣᠯ ᠤᠨ ᠶᠡᠬᠡ ᠰᠤᠷᠭᠠᠭᠤᠯᠢ ᠶᠢᠨ ᠬᠡᠪᠯᠡᠯ ᠦᠨ ᠬᠣᠷᠢᠶ᠎ᠠ᠂ 1999 ᠣᠨ ᠤ 6 ᠰᠠᠷ᠎ᠠ ᠃

2. ᠪᠠᠪᠤ ᠨᠠᠶ᠂ ᠯᠢ ᠰᠢᠨ ᠨᠠᠶᠢᠷᠠᠭᠤᠯᠤᠭᠰᠠᠨ: ᠮᠣᠩᠭᠣᠯ ᠬᠡᠯᠡᠨ ᠦ ᠰᠤᠳᠤᠯᠭᠠᠨ ᠤ ᠲᠣᠪᠴᠢᠶᠠᠨ᠂ ᠥᠪᠥᠷ ᠮᠣᠩᠭᠣᠯ ᠤᠨ ᠰᠤᠷᠭᠠᠨ ᠬᠦᠮᠦᠵᠢᠯ ᠦᠨ ᠬᠡᠪᠯᠡᠯ ᠦᠨ ᠬᠣᠷᠢᠶ᠎ᠠ᠂ 2000 ᠣᠨ ᠃

3. ᠴᠣᠢᠵᠢᠯᠵᠠᠪ ᠨᠠᠶᠢᠷᠠᠭᠤᠯᠤᠭᠰᠠᠨ: ᠮᠣᠩᠭᠣᠯ ᠬᠡᠯᠡᠨ ᠦ ᠰᠤᠷᠭᠠᠨ ᠬᠦᠮᠦᠵᠢᠯ ᠦᠨ ᠲᠣᠯᠢ᠂ ᠦᠨᠳᠦᠰᠦᠲᠡᠨ ᠦ ᠬᠡᠪᠯᠡᠯ ᠦᠨ ᠬᠣᠷᠢᠶ᠎ᠠ᠂ 2001 ᠣᠨ ᠃

4. ᠰᠤᠷᠭᠠᠭᠤᠯᠢ ᠶᠢᠨ ᠮᠣᠩᠭᠣᠯ ᠬᠡᠯᠡᠨ ᠦ ᠰᠤᠷᠬᠤ ᠪᠢᠴᠢᠭ᠂ ᠥᠪᠥᠷ ᠮᠣᠩᠭᠣᠯ ᠤᠨ ᠰᠤᠷᠭᠠᠨ ᠬᠦᠮᠦᠵᠢᠯ ᠦᠨ ᠬᠡᠪᠯᠡᠯ ᠦᠨ ᠬᠣᠷᠢᠶ᠎ᠠ᠂ ᠮᠣᠩᠭᠣᠯ ᠬᠡᠯᠡᠨ ᠦ ᠨᠣᠮ ᠤᠨ ᠬᠣᠷᠢᠶ᠎ᠠ ᠶᠢᠨ ᠬᠡᠪᠯᠡᠯ ᠦᠨ ᠬᠣᠷᠢᠶ᠎ᠠ (ᠮᠣᠩᠭᠣᠯ ᠪᠢᠴᠢᠭ) ᠂ 2014 .04

5. ᠵᠠᠩ ᠮᠠᠨᠳᠠᠬᠤ᠂ ᠯᠢ ᠰᠢᠨ᠂ ᠰᠤᠷᠭᠠᠭᠤᠯᠢ᠂ ᠪᠠᠭᠰᠢ ᠰᠤᠷᠭᠠᠭᠤᠯᠢ ᠶᠢᠨ ᠮᠣᠩᠭᠣᠯ ᠬᠡᠯᠡᠨ ᠦ ᠰᠤᠷᠬᠤ ᠪᠢᠴᠢᠭ ᠦᠨ ᠬᠣᠷᠢᠶ᠎ᠠ ᠶᠢᠨ ᠬᠡᠪᠯᠡᠯ ᠦᠨ ᠬᠣᠷᠢᠶ᠎ᠠ (ᠮᠣᠩᠭᠣᠯ ᠪᠢᠴᠢᠭ) ᠂ 2017.01.

6. ᠰᠤᠷᠭᠠᠭᠤᠯᠢ᠂ ᠳᠤᠮᠳᠠ ᠰᠤᠷᠭᠠᠭᠤᠯᠢ ᠶᠢᠨ ᠮᠣᠩᠭᠣᠯ ᠬᠡᠯᠡᠨ ᠦ ᠰᠤᠷᠬᠤ ᠪᠢᠴᠢᠭ ᠦᠨ ᠬᠣᠷᠢᠶ᠎ᠠ᠂ ᠥᠪᠥᠷ ᠮᠣᠩᠭᠣᠯ ᠤᠨ ᠰᠤᠷᠭᠠᠨ ᠬᠦᠮᠦᠵᠢᠯ ᠦᠨ ᠬᠡᠪᠯᠡᠯ ᠦᠨ ᠬᠣᠷᠢᠶ᠎ᠠ ᠶᠢᠨ ᠬᠡᠪᠯᠡᠯ ᠦᠨ ᠬᠣᠷᠢᠶ᠎ᠠ (ᠮᠣᠩᠭᠣᠯ ᠪᠢᠴᠢᠭ) ᠂ 2008.06

7. ᠮᠣᠩᠭᠣᠯ ᠬᠡᠯᠡ ᠶᠢᠨ ᠵᠦᠢ ᠶᠢᠨ ᠰᠤᠳᠤᠯᠭ᠎ᠠ ᠶᠢᠨ ᠬᠡᠪᠯᠡᠯ ᠦᠨ ᠬᠣᠷᠢᠶ᠎ᠠ᠂ ᠦᠨᠳᠦᠰᠦᠲᠡᠨ ᠦ ᠬᠡᠪᠯᠡᠯ᠂ 2008 ᠣᠨ ᠃

8. ᠰᠤᠷᠭᠠᠭᠤᠯᠢ᠂ ᠡᠩ ᠦᠨ ᠬᠡᠯᠡ ᠶᠢᠨ ᠵᠦᠢ ᠶᠢᠨ ᠰᠤᠳᠤᠯᠭ᠎ᠠ ᠶᠢᠨ ᠲᠣᠪᠴᠢᠶᠠᠨ ᠢ ᠰᠤᠷᠭᠠᠨ ᠬᠦᠮᠦᠵᠢᠯ ᠦᠨ ᠮᠣᠩᠭᠣᠯ ᠬᠡᠯᠡᠨ ᠦ ᠰᠤᠷᠬᠤ ᠪᠢᠴᠢᠭ ᠦᠨ ᠬᠣᠷᠢᠶ᠎ᠠ ᠶᠢᠨ ᠬᠡᠪᠯᠡᠯ ᠦᠨ ᠬᠣᠷᠢᠶ᠎ᠠ (ᠮᠣᠩᠭᠣᠯ ᠪᠢᠴᠢᠭ) ᠂ 2011.03.

9. ᠮᠣᠩᠭᠣᠯ ᠬᠡᠯᠡ ᠶᠢᠨ ᠰᠤᠳᠤᠯᠭ᠎ᠠ ᠶᠢᠨ ᠲᠣᠯᠢ ᠶᠢᠨ ᠬᠡᠪᠯᠡᠯ ᠦᠨ ᠬᠣᠷᠢᠶ᠎ᠠ᠂ ᠦᠨᠳᠦᠰᠦᠲᠡᠨ ᠦ ᠬᠡᠪᠯᠡᠯ᠂ 2013 ᠣᠨ ᠃

10. [illegible]
[illegible] · 2014 .04
11. [illegible]
[illegible] · 2016.04
12. [illegible]
[illegible] · 2016.04
13. [illegible]
[illegible] · 2016.04.

ᠬᠢᠲᠠᠳ · ᠮᠣᠩᠭᠣᠯ ᠨᠣᠮ ᠪᠢᠴᠢᠭ

1．高芳：《教育技术实用与协同创新的多元化发展》，延边大学出版社，2020年版。
2．刘梅：《现代教育技术应用》，北京师范大学出版社，2016年版。
3．柯清超：《现代教育技术应用》，高等教育出版社，2016年版。
4．朱世昕、周世菊：《新时代教育技术理论与应用探究》，吉林人民出版社，2018年版。
5．沈莉：《现代教育技术应用》，科学技术出版社，2020年版。
6．顾明远：《教育技术》，高等教育出版社，1999年版。
7．潘中淑：《新编现代教育技术教程》，苏州大学出版社，1999年版。
8．张剑平：《现代教育技术：理论与应用》，高等教育出版社，2003年版。
9．张海、王以宁：《网络化学习环境的构筑》，载《中国电化教育》2001年第11期。
10．皮连生：《教学设计：心理学的理论与技术》，高等教育出版社，2000年版。

11. 丁兴富：《远程教育学》，北京师范大学出版社，2001年版。
12. L.W.安德森等：《学习、教学和评估的分类学》，皮连生主译，华东师大出版社，2008年版。
13. 郑大伟、柯清超：《信息技术支持的项目学习》，人民教育出版社，2010年版。
14. 李克东：《数字化学习（上）——信息技术与课程整合的核心》，载《电化教育研究》2001年第8期。
15. 孟小峰、慈祥：《大数据管理：概念、技术与挑战》，载《计算机研究与发展》2013年第1期。
16. 王济华：《“基于问题的学习”（PBL）模式研究》，载《当代教育理论与实践》2010年第3期。
17. 江苏省电化教育馆：《现代教育技术》，苏州大学出版社，1998年版。
18. 祝智庭：《现代教育技术：走进信息话教育》，高等教育出版社，2001年版。
19. 施良方：《教学论》，人民教育出版社，1992年版。
20. 乌美娜：《教学设计》，高等教育出版社，1994年版。
21. 曾火焕：《影视理论与教学节目·制作》，长征出版社，2000年版。
22. 张景生、史舒人：《现代教育技术》，航空工业出版社，2002年版。
23. 卢湘鸿：《计算机应用教程》（第3版），清华大学出版社，2002年版。
24. 陈炳木、张剑平：《多媒体课件设计：案例教程》，科海电子出版社，2003年版。
25. 李中国：《高校教师教育者胜任特征模型实证研究》，载《湖南师大教科学报》2016年第6期。
26. 李中国：《教师队伍建设与中国教育现代化》，载《教育研究》2017年第12期。
27. 余大中、王洪录：《教学幻灯》，东北师范大学出版社，1987年版。
28. 夏家发、彭近兰：《教育活动设计》，华中师范大学出版社，2010年版。

39. 李克东：《教育技术学研究方法》，北京师范大学出版社，2003年版。

38. 黄荣怀：《信息资源建设》，中央广播电视大学出版社，2001年版。

37. 王洪录：《现代教育技术》（第4版），高等教育出版社，2013年版。

36. 李芒：《现代教育技术》，东北师范大学出版社，1999年版。

35. 何克抗、李文光：《教育技术学》，北京师范大学出版社，2002年版。

34. 谢幼如等：《“网络教学设计”专题学习网站的设计与开发》，载《中国电化教育》2003年第5期。

33. 伊俊华、庄榕霞、戴正南：《教育技术学导论》（第2版），高等教育出版社，2002年版。

32. 杜士珍：《现代教育技术基础》，华中师范大学出版社，2002年版。

31. 高凌云、高玲：《整合式教学模式在远程开放教育中的应用》，载《开放教育研究》2012年第4期。

30. 王永固、李克东：《主题式网络协作学习模型及其案例研究》，载《中国电化教育》2008年第2期。

29. 马秀芳等：《探索远程协作项目学习的设计与实施》，载《中小学信息技术教育》2010年第5期。

ᠬᠠᠷᠢᠭᠤᠴᠠᠭᠰᠠᠨ ᠨᠠᠶᠢᠷᠠᠭᠤᠯᠤᠭᠴᠢ : ᠰᠠᠷᠠ ᠪᠣ ᠷᠠ
ᠬᠠᠪᠲᠠᠰᠤᠨ ᠤ ᠳᠦᠷᠰᠦ ᠲᠣᠬᠢᠷᠠᠭᠤᠯᠤᠭᠴᠢ : ᠰᠣᠳᠤᠪᠠᠭᠠ
ᠬᠠᠷᠢᠭᠤᠴᠠᠭᠰᠠᠨ ᠬᠢᠨᠠᠨ ᠬᠠᠷᠭᠤᠯᠤᠭᠴᠢ : ᠮᠥᠩᠬᠡᠪᠠᠶᠠᠷ

ᠲᠥᠪ ᠦᠨ ᠦᠨᠳᠦᠰᠦᠲᠡᠨ ᠦ ᠶᠡᠬᠡ ᠰᠤᠷᠭᠠᠭᠤᠯᠢ ᠶᠢᠨ ᠬᠡᠪᠯᠡᠯ ᠦᠨ ᠬᠣᠷᠢᠶ᠎ᠠ ᠬᠡᠪᠯᠡᠨ ᠨᠡᠶᠢᠲᠡᠯᠡᠪᠡ
ᠰᠢᠨ ᠬᠤᠸᠠ ᠪᠢᠴᠢᠭ ᠦᠨ ᠳᠡᠯᠭᠡᠭᠦᠷ ᠲᠠᠷᠠᠭᠠᠭᠠᠪᠠ

*

ᠪᠡᠭᠡᠵᠢᠩ ᠤᠨ ᠬᠠᠢ ᠳ᠋ᠢᠶᠠᠨ ᠪᠦ ᠭᠤᠳᠤᠮᠵᠢ ᠶᠢᠨ ᠵᠢᠩ ᠰᠢ ᠵᠠᠮ ᠤᠨ ᠳᠤᠭᠠᠷ ᠲᠣᠭᠠᠲᠤ
ᠬᠤᠸᠠ ᠵᠢᠶᠠᠩ ᠤᠨ ᠬᠡᠪᠯᠡᠯ ᠦᠨ ᠡᠳ ᠬᠣᠷᠢᠶᠠᠯᠠᠩ ᠤᠨ ᠬᠢᠮᠠᠳ ᠬᠣᠷᠢᠶ᠎ᠠ ᠬᠡᠪᠯᠡᠪᠡ
ᠪᠡᠭᠡᠵᠢᠩ ᠬᠣᠲᠠ ᠶᠢᠨ ᠰᠢᠨ ᠬᠤᠸᠠ ᠪᠢᠴᠢᠭ ᠦᠨ ᠳᠡᠯᠭᠡᠭᠦᠷ ᠲᠠᠷᠠᠭᠠᠭᠠᠪᠠ
ᠪᠢᠴᠢᠭ ᠦᠨ ᠬᠡᠪ ᠦᠨ ᠬᠡᠮᠵᠢᠶ᠎ᠡ ᠪᠤᠶᠤ ᠰᠢᠷᠬᠡᠭ ᠦᠨ ᠲᠣᠭ᠎ᠠ ᠨᠢ ᠬᠡᠪᠯᠡᠯ ᠦᠨ ᠬᠣᠷᠢᠶ᠎ᠠ ᠳᠤ ᠬᠠᠮᠢᠶᠠᠷᠠᠨ᠎ᠠ

*

ᠬᠡᠪᠯᠡᠯ : 010－68472815　68932218
ᠱᠤᠳᠠᠨ ᠤ ᠳ᠋ᠤᠭᠠᠷ : 100081
ISBN : 978－7－5660－1605－8
2021 ᠣᠨ ᠤ 12 ᠰᠠᠷ᠎ᠠ ᠳᠤ ᠨᠢᠭᠡᠳᠦᠭᠡᠷ ᠬᠡᠪᠯᠡᠯ
2021 ᠣᠨ ᠤ 12 ᠰᠠᠷ᠎ᠠ ᠳᠤ ᠨᠢᠭᠡᠳᠦᠭᠡᠷ ᠤᠳᠠᠭ᠎ᠠ ᠬᠡᠪᠯᠡᠪᠡ

ᠦᠨ᠎ᠡ ᠶᠢᠨ ᠺᠤ : 82.00 ᠶᠤᠸᠠᠨ